KB192712

편한 마음

편한 마음

지은이 | 김은영
초판 발행 | 2025. 1. 15
등록번호 | 제1988-000080호
등록된 곳 | 서울특별시 용산구 서빙고로65길 38
발행처 | 사단법인 두란노서원
영업부 | 2078-3333   FAX | 080-749-3705
출판부 | 2078-3331

책 값은 뒤표지에 있습니다.
ISBN 978-89-531-4998-4   03230

독자의 의견을 기다립니다.
tpress@duranno.com   http://www.duranno.com

두란노서원은 바울 사도가 3차 전도여행 때 에베소에서 성령 받은 제자들을 따로 세워 하나님의 말씀으로 양육하
던 장소입니다. 사도행전 19장 8-20절의 정신에 따라 첫째 목회자를 돕는 사역과 평신도를 훈련시키는 사역, 둘째
세계선교(TIM)와 문서선교(단행본·잡지) 사역, 셋째 예수문화 및 경배와 찬양 사역, 그리고 가정·상담 사역 등을
감당하고 있습니다. 1980년 12월 22일에 창립된 두란노서원은 주님 오실 때까지 이 사역들을 계속할 것입니다.

성경적 마음 이해

편한 마음

✝ 김은영 ✝

두란노

 나를 이해하고 이웃을 사랑하려면
어떻게 해야 할까요

마음과 생각을 잘 지켜 내고 계시나요? 저는 마음이 힘든 분들을 만나는 심리상담 일을 하다 보니 '마음을 지키는 것이 정말 어렵구나'라는 생각을 자주 합니다. 내 마음을 지키기도 어려운데 다른 사람들과 얽히고설키며 살아가는 관계는 정말 쉽지 않지요. 방법을 알아도 마음이나 행동이 따라와 주지 않을 때도 있고요. 때로는 어찌하면 좋을지 몰라 더 괴롭기도 합니다.

저는 심리학과 상담심리를 전공하고 일반 상담 현장에서 일한 경험이 있습니다. 그러다가 선교사로 부름받아 갔던 곳에서 우연히 선교사님들 상담을 시작하게 되었습니다. 그때부터 "믿음이 없어서 (또는 믿음이 부족해서) 마음이 어려운 거야"라는 말이 일종의 폭력이 될 수 있음을 깨달았습니다. 기독교상담학으로 박사 학위를 취득하고 계속 상담 현장에 있으면서 신앙인들이 마음을 잘못 이해해서 더 힘들어하고, 관계를 더 파괴적으로 몰고 갈 수 있음을 경험했습니다.

하나님은 우리를 고유하고, 중요하고, 의미 있는 존재로 창조하셨습니다. 이에 반하는 정보들이 우리 삶에 들어올 때 심리적인 증상이 생길 수 있습니다. 예를 들어 '뭔가를 잘해야 쓸모 있는 사람이다'라는 정보가 내 삶에 있으면, 기능이 내 존재의 어떠함을 결정하게 됩니다. 그러나 이런 반응은 기독교적인 시각과는 맞지 않습니다. 교회나 가정 안에서조차 기능을 잘하거나 성과를 잘 낼 때 더 가치 있는 사람이라는 생각도 그렇지요. 또한 우리는 관계적 존재로 창조되었습니다. 따라서 타인과 상호작용하면서 영향을 주고받을 수밖에 없습니다. 그런데 자율성을 침범하는 수준으로 누군가를 통제하면 그를 무기력하게 만들 수 있습니다. 또 회피나 침묵하는 태도는 상대를 우울이나 소외감으로 내몰 수 있지요.

저는 이 책에서 우리 마음과 관계 영역에서 일어나는 대표적인 주제들을 기독교적인 시각으로 이해해 보고자 했습니다. 이를 위해 성경에 근거한 마음의 원리들을 찾아보고, 심리 정서적인 차원에서 나를 이해하고 사랑하려면 어떻게 해야 하는지, 더 나아가 내 주변 이웃을 사랑하려면 어떻게 해야 하는지 나누어 보고자 합니다.

이 책은 두란노바이블칼리지에서 강의한 '성경적 마음 이해' 내용을 토대로 정리했습니다. 우리 삶에서 일어나는 관계와 사례들을 중심으로 정보들을 제시하고 있어 읽는 분들이 공감하리라 생각합니다. 바라기는 이 책을 읽는 분들의 삶이 주님 안에서 마음과 생각을 잘 지켜 더 평안해지는 여정이 되기를 기대합니다.

2025년 1월   김은영

차 례

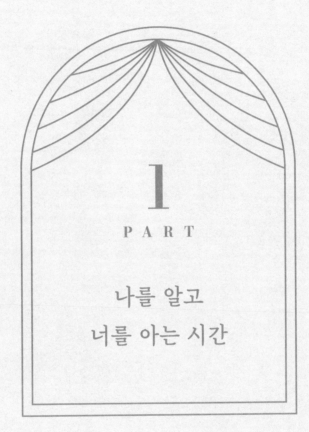

1

PART

나를 알고
너를 아는 시간

01

인간 본성, 우리는 원래

윌리엄 R. 밀러(William R. Miller)와 해럴드 D. 델라니(Harold D. Delaney)는 《심리학에서의 유대-기독교 관점》이라는 책에서 '인간 본성에 대한 유신론적 이해를 어떻게 할 수 있을까?'에 관하여 여덟 가지 요소를 제시한다. 첫째, 인간은 영적인 존재이다. 둘째, 인간은 신이 아니다. 셋째, 인간은 죄인이다. 넷째, 인간은 이 땅에서 대행자로서 살아간다. 다섯째, 인간은 영적으로 건강할 수도, 건강하지 못할 수도 있는 존재이다. 여섯째, 인간은 관계적인 책임이 있는 존재이다. 일곱째, 소망을 가질 수 있고, 여덟째, 변형할 수 있는 존재이다.

기독교인이라면 밀러와 델라니가 제시하는 위의 여덟 개의 인간 본성에 동의할 것이라고 짐작한다. 이 가운데 마음과 관계 영역에 초점을 맞추어 몇 가지를 중점적으로 다뤄 보고자 한다.

Not God

첫째는, "인간은 신이 아니다(Not God)"이다. 당연한 이야기라 생각할 수 있지만, 이 짧은 문장을 우리 삶에 적용해 보면 정말 많은 메시지가 담겼음을 알게 된다. 이 말은 "인간은 도덕성의 궁극적인 권위자가 아니다"라는 의미이다. 즉 인간은 누가 옳은지 그른지를 판단하는 것에 제한이 있을 수밖에 없다는 말이다. 이것은 나 자신에 대해서도 적용할 수 있다. 예를 들어, 나 자신을 향해 '나는 왜 이 모양일까' '나는 한심해' '나는 정말 무가치한 사람이야'라는 식의 판단을 지속적으로 반복한다고 생각해 보자. 이것은 나 자신이 판단의 궁극적인 권위자 위치에 있음을 의미한다.

또 다른 예로, 사람들을 만나고 헤어져 집에 혼자 있게 될 때, '그 사람에게 그런 얘기는 하지 않는 게 좋았을 텐데' 또는 '나는 왜 그런 행동을 했을까' 하면서 자책하는 경우가 있다. 그런데 이런 자책을 잠시 하다가 다른 일상생활을 하면 문제가 없을 텐데, 어떤 사람은 자책에 빠져서 헤어나지 못하기도 한다. 일주일이 넘도록 때로는 그 이상의 시간을 괴로워하면서 일상생활을 못 하는 지경에 이른다. 여기에는 마치 내 행동을 내 힘으로 모두 통제해야만 했다는 전제가 깔린다. 그러나 우리는 신이 아니고, 따라서 나 자신을 완벽하게 통제할 수 없음을 기억해야 한다.

우리는 너무 당연하게 내 행동을 내가 통제해야 한다고 생각한다. 그러지 못하면 스스로를 향한 정죄감으로 너무나 괴로

위한다. 그중 하나가 '민폐 끼치는 행동'이다. 현대인들이 남들에게 민폐 끼치지 않으려고 얼마나 애쓰면서 살아가는지 모른다. 특히 크리스천 중에는 주변에 폐를 끼치지 않으려고 지나치게 조심하는 사람들이 있다. 어쩌다가 주변을 불편하게 하는 일들이 일어나면 스스로를 향해서 냉혹하게 판단하고 책망한다. 특히 선교사나 목회자 자녀들, 또는 신앙생활을 열심히 하는 성도들 중에 이런 사례가 많다. 자살을 예측하는 변인 중 하나가 '민폐를 끼치는 것 같은 느낌(burdensomeness)'이라고 한다. 생명이 가장 중요한데, 남들에게 민폐를 끼치는 것을 괴로워하다가 극단적인 선택을 하게 된다는 것이 얼마나 안타까운 일인지 모른다.

물론 이웃을 배려하는 행동은 필요하다. 주변에 폐가 되지 않게 행동하는 것도 한편으로는 미덕일 수 있다. 그러나 여기서 이야기하고 싶은 것은 민폐를 끼치지 않으려고 지나치게 자신을 옭아매거나 그런 일이 일어났을 때 정상 범주를 넘어설 정도로 자책하는 상황이다. 우리는 하나님이 아니기 때문에 때로는 민폐 끼치는 행동을 하게 될 수 있다. 어떻게 보면 인간은 불완전한 존재이기 때문에 우리 행동이 완벽할 수 없고, 주변에 민폐를 끼치는 일이 때로는 자연스러울 수도 있는 것이다. 이 사실을 인정하고 마음에 여지를 둔다면 상황이 극단으로 치닫는 일들은 조금 줄어들 수 있지 않을까?

누군가와 대화할 때도 되도록 사용하지 말아야 할 단어들이 있다. '항상' '절대로' '똑바로' '백프로' '반드시' 같은 것들이다.

배우자와 싸울 때를 예로 들어 보자. 베란다에 재활용 쓰레기가 가득 차 있다. 그러면 우리는 흔히 배우자에게 어떻게 이야기하는가.

"당신은 항상 집안일을 안 하더라. 재활용 쓰레기 한 번이라도 버려 본 적이 있어?"

그러면 과연 배우자가 '저 사람이 화가 났구나. 나한테 섭섭하구나. 내가 뭘 잘못했을까? 어떻게 하면 저 사람의 화를 풀어 줄 수 있을까?'라고 생각하겠는가. 그렇지 않다. 내가 "당신은 항상…" 하는 순간, 배우자의 머릿속에서는 '항상이라고? 한 번은 치운 적이 있지 않나?' 하는 생각부터 떠오른다. 그러면 오히려 "당신은 그게 문제야. 절대로 좋은 말로 하지 않지?" 하는 역공이 날아오고, 문제가 커지면서 다툼으로 번진다. '항상' '절대로' '똑바로' '반드시'와 같은 단어들은 마치 우리가 하나님이라도 된 것처럼 판단하고 평가하는 태도로 전달되기 때문에 그렇다. 이럴 때는 "당신은 어느 날 보면 쓰레기 버리는 걸 잊는 것 같아"라고 말해 보면 어떨까. '항상' '절대로' '똑바로'라는 강하고 극단적인 어조의 표현을 빼고 '대체적으로' '그런 경향이 있는 것 같아'라는 식으로 말한다면 오히려 내가 의도한 대로 의미를 전달할 수 있다.

Sin. 죄인이라는 건

둘째는, "인간은 모두 죄인이다(Sin)"이다. 목사든 집사든, 또

성경적 마음 이해 ——— 편한 마음

남자든 여자든, 20대든 60대든 우리가 '인간'이라는 범주 안에 있는 것은 분명하다. 모든 인간은 하나님이 아니며, 모두 죄인이다. 아담과 하와가 선악을 알게 하는 열매를 먹은 결과 우리는 어쩔 수 없이 죄인으로 살아간다는 것이다. 이것이 우리 심리 정서적인 주제들과 어떻게 연결되는지 살펴보자.

볼프하르트 판넨베르크(Wolfhart Pannenberg)라는 조직신학자는 죄 자체를 "하나님과 타인의 필요에 대하여 열려 있는 것과 자기중심성 간의 끊임없는 긴장이다"라고 말한다. 이 말을 심리 정서 영역에 적용해 볼 때, 하나의 예가 '메시아 신드롬'이다. '구세주 증후군' '세이비어 신드롬' '메시아 콤플렉스'라고도 하는데, 누군가를 도와주는 일에 몰입되어 있는 상태를 말한다. 누군가를 돕는다는데 그게 뭐가 나쁘겠는가. 특히 신앙생활을 하는 사람들은 이웃을 돕고 배려하는 일에 동기부여가 잘 된다. 그런데 여기에 '증후군' '신드롬' '콤플렉스'가 붙으면 말이 달라진다. 증후군이라 함은 건강한 상태가 아닌 일종의 증상들이라고 볼 수 있다. 즉 구세주 증후군은 누군가를 돕는 활동에서 나 자신의 컨디션이 배제된 상태, 누군가를 돕는 활동에만 몰입되어 정작 '나를 소외시키는' 현상으로 이해해 볼 수 있다.

선행과 구세주 증후군을 구별하는 방법은 선행 안에 숨은 동기를 살펴보는 것이다. 선행의 동기가 단지 하나님과 타인을 위해서가 아닐 수 있다. 나에게 다른 유익, 예를 들어 착한 사람, 좋은 사람이라고 인정받고자 한다거나, 다른 사람들이 '나를 필요로 한다'고 느끼면서 쓸모 있는 사람이라 여기는 등 다른 유익을 기대하는 것이다. 물론 돕는 활동을 통해서 이런 유익을 얻는 것이 나쁘진 않다. 그런데 이런 유익이 선행의 목적이 되다 보면 나를 소외시키면서까지 돕는 일에 집중하게 된다. 따라서 선행을 하려면, 우리의 숨겨진 동기를 알아차리고 돕는 행위의 유익을 인정해야 할 필요가 있다.

우리는 죄가 우리의 생각과 행동에 영향을 미친다는 사실을 잘 알고 있다. 그런데 이 죄가 행동의 동기, 의도에까지 확대되어 영향을 미친다는 것도 기억해야 한다. 신앙생활을 하다 보면 '내 성품이 이랬으면 좋겠다'고 생각하는데, 그게 잘 안 된다. 바로 죄 때문이다. 그래서 크리스천들이 뭘 할까. 기도하고 묵상하고 성경공부하는 훈련의 여정을 보낸다. 그런데 그보다 먼저, 출발 단계에서 우리가 해야 할 것이 있다. 바로 죄가 내 행동, 생각, 나아가 내 동기와 의도에까지 영향을 미친다는 사실을 인정하는 것이다.

김 집사님의 이야기이다. 김 집사님은 마음이 따뜻하고 긍휼히 여기는 마음이 누구보다 많은 분이다. 김 집사님이 섬기는 교회 목장 식구 중에 한 분이 동생을 먼저 암으로 떠나보냈다. 그 동생이 먼 거리에 살고 있었는데, 그에게 중학교 1학년 되는 아들이 하나 있었다. 아버지도 일찍 집을 나갔는데, 엄마까지 암으로 떠나고 나니 졸지에 고아가 되었다. 함께 장례식장에 갔는데, 거기서 고작 중학교 1학년짜리 남자아이가 상주가 되어 장례를

성경적 마음 이해 ——— 편한 마음

치르는 모습을 보니 마음이 아팠다. 아이의 이모가 되는 그 목장 식구는 직장을 다니고 있어 조카를 돌볼 수 없다고 했다.

그날부터 김 집사님은 집에서 세 시간이나 되는 곳을 매일 운전하여 가서 그 아이를 돌봤다. 학교 다녀오는 시간이면 음식을 준비해 놓고 기다리며 맞아 주고, 주말이면 그 지역 교회에도 같이 나가 주었다. 그런데 문제는 김 집사님에게 고등학교 3학년 쌍둥이 자녀가 있었다는 사실이다. 물론 남편도 있었다. 매일 장거리 운전을 하며 그 아이를 돌보느라 정작 자신의 가정은 방치되고, 자녀들과 남편의 불만이 커지면서 가족의 갈등이 커지는 상황이 벌어졌다. 이런 사정을 잘 모르는 주변 사람들, 특히 같은 교회에 다니는 사람들은 말할 것이다.

"김 집사님 정말 대단하다. 어떻게 그렇게 예쁜 마음으로 도와줄 수가 있어?"

"김 집사님은 정말 훌륭한 사람이야."

우리는 '나 아니면 안 돼!' '나밖에 도와줄 수가 없어'라는 생각이 들 때 김 집사님의 사례를 한번 생각해 봐야 한다. 혹시 내가 누군가를 도우려고 하는 그 일의 동기가 내가 인정받고 싶어서는 아닌가. 내가 다른 사람들보다 좀 더 나은 사람이라는 걸 증명하고 싶어서 그런 것은 아닌가. 내 선행의 의도에 죄가 들어갈 수 있다는 것을 인정해야 한다. 그렇다고 모든 선행을 그만두고 기도만 하라는 얘기가 아니다. 내 안에 그런 욕구가 있다는 것을 인정하는 데서부터 새롭게 출발한다면 좋겠다.

구세주 증후군 못지않게 '착한 사람 증후군'이라는 말도 많이 들어 봤을 것이다. 타인의 부탁을 잘 거절하지 못하고 'Yes'만 하는 사람을 말한다. 내가 이성교제를 하는 젊은 청년들을 만나면 자주 하는 말이 있다. "교제하는 사람이 너무 착하고, '예'만 한다면 결혼을 고려해 봐라"라는 말이다. 물론 착하면서 좋은 성품을 가진 사람일 수 있지만, 혹시 착한 사람 증후군이지 않을까 생각해 보자는 맥락이다.

우리는 모두가 하나님이 아닐뿐더러 죄인이기 때문에 모든 삶의 현장에서 끊임없이 "예, 예" 하면서 살 수만은 없다. 어떻게 모든 사람을 맞춰만 주면서 살 수 있겠는가. 때로는 타인의 부탁이나 요구를 적절히 거절하고 선을 긋는 것도 지혜이다. 그런데 그걸 못하면 결국 사람은 한계에 부딪히게 된다. 한국인에게서만 발견되는 병이 있다고 하는데, 바로 '화병'이다. 일종의 우울증이다. 거기에 호흡곤란이나 명치끝에 뭔가가 걸려 넘어가지 않는 것 같은 신체 증상을 호소하는 사람들도 있다. 또 밖에서는 '좋은 사람' 소리를 들으며 호인으로 인정받는데, 정작 집에서는 가정폭력을 일삼는 사람도 많다. 밖에서는 싫은 소리 못 하고 화를 참다가 결국 집에서 폭발해 어마어마한 폭력성으로 나타나는 것이다. 교회에서 신실한 크리스천으로 인정받는 사람들 중에서도 이런 사례가 많다. 우리가 죄인이다 보니 어쩔 수가 없다.

우리 집 아이가 고등학교 다닐 무렵, 하루는 집에 와서 계속 화를 내고 짜증을 부리기에 "너 오늘 밖에서 착한 사람 하느라 되게 고생했나 보다" 했다. 그러자 어이가 없는지 피식 웃더니 "맞아. 나 오늘 친구들한테 좋은 사람 하려고 되게 애썼어" 했다.

이와 같은 대화가 흘러갈 수 있는 것은 사실 내가 착한 사람 증후군인 것을, 내가 죄인인 것을 인정해야 가능하다. 어떤가. 혹시 지금 거절 못 하는 내가 착한 사람 증후군은 아닌가.

그런데 여기서 헷갈리지 말아야 할 것이 있다. 착한 사람 증후군에서 벗어나겠다고 무조건 이웃의 부탁을 거절하라는 말이 아니다. 예수님도 "또 누구든지 너로 억지로 오 리를 가게 하거든 그 사람과 십 리를 동행하고 네게 구하는 자에게 주며 네게 꾸고자 하는 자에게 거절하지 말라"(마 5:41-42)고 하셨다. 이웃의 부탁을 들어주고, 그를 위해 선행을 베푸는 것은 하나님도 기뻐하시는 아주 좋은 일이다. 그러나 때로는 마음과 다르게 내가 지금 10리를 갈 수 없는 상태일 때가 있다. 3리밖에 못 가는 상황도 있다. 만일 '10리를 가주어야 하는데, 내가 그걸 못 가주다니. 어떻게 이럴 수 있지?'라고 자책한다면, 마치 '우리는 항상 10리를 가주어야 하는 존재'임을 전제하는 것과 같다. 10리를 동행하라는 말씀은 우리에게 방향을 제시해 주는 것이고, 궁극적으로 도달해야 하는 목표를 알려 주는 것으로, 곧 우리의 지향점이 된다. 동시에 우리는 때로는 3리를, 때로는 5리를 같이 가주는 '과정을 살아가는 존재'임을 잊지 말아야 한다. 자책하느라 심리적 에너지를 소진하면 오히려 궁극적 목표인 10리를 가주는 에너지를 잃어버린다. '내가 지금 5리밖에 못 가는 상태구나. 그런데 지난번

3리보다는 많이 나아졌네'라는 시각이 '우리는 하나님이 아니다'라는 명제에 따라 마음을 건강하게 다독이는 일일 수 있다. 그러려면 나의 죄인 됨을 살펴보고 또 인정해 보는 연습이 필요하다.

한번은 중학교 2학년 남학생을 만났다. 덩치가 굉장히 큰 친구였는데, 부모님과 함께 상담실을 방문했다. 보통 청소년 내담자가 상담실에 처음 방문할 때는 조심스럽거나 쑥스러워하는 경우가 많은데, 이 학생은 유난히 나와 눈 맞춤을 하지 않고 바닥만 보았다. 문을 열고 들어올 때도, 벽 쪽을 짚고 벽을 바라보고 걸으면서 들어왔다. 저러다 넘어지면 어쩌나 걱정될 정도였다. 사연을 들어 보니 이 친구가 학교에 가지 않은 지 오래되었고, 부모님은 그 일로 걱정하고 있었다. 상담이 본격적으로 진행되면서 부모님에게는 밖에서 기다려 달라 요청하고 학생과 마주 앉았다. 학생은 여전히 바닥만 바라보면서 물음에도 거의 고갯짓만 할 뿐이었다.

"고개를 들고 사람들과 눈 마주치는 게 많이 불편한가 봐요?"

내 질문에 학생은 고개를 살짝 끄덕였다. 나는 학생에게 사람들 마주치는 게 얼마나 불편하면 시선을 바닥에만 두고 지내는지, 그러다 보면 학교 가는 것도 힘들고 일상생활도 참 힘들겠다고 공감하면서 어렵게 이야기를 끌어냈다. 알고 보니 이 학생이 고개를 들지 못하는 이유가, 고개를 들어 사람들, 특히 여자를 만나면 자기도 모르게 시선이 가슴 쪽으로 가게 되고, 그러면 자꾸 음란한 생각으로 연결이 되어서라는 것이었다. 하나님 앞에

　　성경적 마음 이해 ──── 편한 마음

서 음란한 생각을 하면 지옥 불에 던져진다고 배웠는데, 자기의 이런 행동과 생각이 인정이 안 되고 어마어마한 죄책감이 생겼다고 한다. 그래서 자기는 땅바닥을 볼 수밖에 없다고, 걸어 다닐 때도 벽을 짚고 땅을 보고 걷는다고 했다. 이렇게 생활하니 학교에 어떻게 가겠는가. 교회도 못 간다. 점점 집 안에만 있게 되었다. 그런데 집 안에 엄마와 여동생이 있다. 엄마나 여동생을 상대로 음란한 생각이 들면 더 큰 문제가 아닌가. 그러니까 고개를 숙이고 땅만 보는 상태가 된 것이다. 십 대로서 비전을 향해 새로운 일에 도전하고 배우기는커녕, 일상생활조차 할 수 없게 되었다.

이 학생의 이야기를 듣다가 내가 이런 말을 했다.

"너 정말 괴로울 거 같아. 그런데 지금 열다섯 살 아니니? 자신과 다르게 창조된 존재에 대해서 궁금해하는 건 당연한 거 같은데… 궁금한 게 죄일까? 그것 때문에 지옥 불에 던져지면 지옥 불에 너 같은 아이들로 넘쳐나겠는데?"

이 학생은 자신이 죄인이 되기 싫어서 일상생활을 굉장히 피폐하게 만들어 버렸다. 그런데 이 정도의 생각은 인간이라면 누구든 할 수 있지 않을까. 특히 성 정체성을 확립해 가는 십 대에는 이성에 대한 궁금증, 호기심이 있을 수밖에 없다. 도덕적, 윤리적으로 이러한 안 좋은 생각을 해도 되는지, 하면 안 되는지 또 바람직한지, 바람직하지 않은지는 부차적인 문제이다. 다만 '우리의 실존은 죄인이라서 그럴 수밖에 없다'에서 출발해 보면 어떻겠는가. 그렇다면 이 친구가 말한 것은 지옥 불에 던져질 정도의 극악무도한 죄는 아니다. '인간은 모두 죄인이다'라는 사실을 받아들이지 못하니까 '내가 이러면 안 되는데, 큰일 났다!' 하게 되고, 자기 자신을 정죄하며 피폐한 삶을 살게 되는 것이다.

이 친구와 좀 더 이야기를 나누었다. 그러면서 다음과 같은 이야기를 해주었다.

"선생님 생각에는 중학교 2학년 남학생이 여자의 신체를 궁금해하지 않는다는 게 더 심각한 병이 아닐까 싶어. 네 친구들에게 한번 물어봐. 여자의 신체에 관심 없는 친구가 있을까? 또 아빠나 교회 목사님에게 물어봐도 좋을 거 같아. 아마 너만 한 나이 때 아빠나 목사님도 다 같은 고민을 했을 거야. 누구나 붙잡고 물어봐도 모두 그런 시간이 있었을 거야."

지금 내 생각 네 생각, 내 행동 네 행동이 옳으냐, 그르냐를 먼저 판단하기 전에, 인간 실존에 대해 생각해 보면 좋겠다. '인간은 모두 죄인이다'를 인정하면 관계에서 일어나는 많은 문제에서 해결 방법이 보인다. 어떤 부부는 말한다.

"저 사람이랑은 말이 안 통해요. 너무 답답해요."

자녀와의 관계에서 어려움을 겪는 사람들도 마찬가지이다.

"쟤는 누구 배에서 나왔는지 이해가 안 돼요."

"우리 엄마 아빠는 정말 한심해요."

그런데 '인간은 모두 죄인이니까 저 사람이랑 말이 안 통하는 것은 너무 당연해'에서 출발해 보면 어떨까. 우리는 죄인이기 때문에 소통이 당연히 어려울 수밖에 없고, 이해받는 것도 힘들 수밖에 없다고 인정하는 것이다. 그러면 잠깐 저 사람이 이해될 때, 내가 이해받을 때, 서로 소통이 될 때가 은혜로 다가온다. 소통과 이해가 당연하다고 생각하니까 답답하고 상대가 한심해 보이는 것이다.

관계적 존재

셋째는, '인간은 관계적 존재로 창조되었다'이다. 성경에서 말하는 인간 창조의 순간을 떠올려 보자. 아담이 창조됐고 얼마 안 가 하와가 창조되었다. 즉 '나와 너'가 창조되었다. 그러니까 인간은 관계적인 것이 본성에 자리하고 있다고 짐작해 볼 수 있을 것이다. 심리학에서는 이 부분과 관련해서 '인간의 개별성과 연합성의 균형이 매우 중요하다'고 말한다.

만약 이 개별성과 연합성의 균형이 깨지면 어떻게 될까. 예컨대, 내가 나 혼자 불안과 염려를 다루면서 살면 괜찮을 것 같지만 살다 보면 그럴 수가 없다. 남의 인생이 와서 밀착된다. 주로 가족이 여기에 해당한다. 부모의 인생에 자식이 와서 붙고, 때로는 자식 인생에 부모가 와서 붙는다. 어떤 가정이 있는데, 자녀가 대입에 실패했다. 그런데 자녀보다 엄마가 더 힘들어하면서 깊은 우울증에 빠지는 경우가 있다. 그동안 엄마는 학원, 과외 등 자녀를 뒷바라지하면서 좋은 성과를 내도록 누구보다 노력했다. 그래서 자녀의 대입 실패가 마치 자기 인생의 실패처럼 여겨진다. 너무나 막막하고, 앞으로 자녀의 인생은 어찌 되나 걱정이 태산이다.

이럴 때 자녀의 마음은 어떨까. 실패 자체에 대한 고통보다 엄마에게 너무 미안해 어찌해야 할 줄 모른다. 나를 챙기는 것 이외에 엄마를 더 행복하게 해주는 무엇이 있었더라면 이렇게까지 미안하지 않을 텐데, 엄마의 고통이 고스란히 자기 때문인 것만 같고, 그에 대한 절망이 대입 실패의 절망보다 더 크게 다가온다.

이때 엄마는 지금 자녀의 개별성을 받아들이지 못하는 상태라고 할 수 있다. 자녀의 인생을 본인의 책임으로만 받아들이면서 지나치게 껴안아 버릴 때 자녀의 개별성을 축소시키거나 인정하지 않는 상태가 된다. 이 관계에는 연합성만 있고 개별성은 없다. 개별성과 연합성의 균형이 깨진 상태이다.

미국의 정신과 의사이자 가족 치료의 선구자인 머레이 보웬(Murray Bowen)은 이런 상태를 '융해관계'라고 정의했다. 강한 밀착과 의존으로 갈등이 벌어지는 것을 말한다. 이를 해결하려면 먼저 개인의 개별성을 인정해야 한다. 나와 타인의 인생은 개별적이라고 받아들이는 것이다. 그렇게 상대와 나의 다름을 인정하면 오히려 더 건강한 연합이 이루어질 수 있다. 건강한 의존과 보살핌이 일어난다. 이렇게 개별성과 연합성의 균형을 이루어가야 한다(이 내용은 12장에서 자세히 다루겠다).

반대로 자기 과잉, 즉 개별성에 지나치게 집중되어 있는 상태가 있다. '자기애성 성격장애'라고도 말한다. 내가 학생들에게 이 자기애성 성격장애 이야기를 하면서 "하나님 앞에서 자기애성은 죄입니다"라고 말하면 어떤 학생들은 너무 괴로워한다. 자기가 아무래도 자기애성 성격장애인 것 같다면서 말이다. 그런데 진짜 자기애성 성격장애를 가진 사람은 그런 이야기를 아무리 들어도 본인을 살피지 못한다. 도리어 주변 인물을 떠올리면서 '그 사람 아무래도 자기애성 성격장애 같은데' 한다.

우리는 왜 이렇게 자기애를 가진 사람을 힘들어 할까. 자기애를 가진 사람들은 대체적으로 이기적이고, 자기중심적이고, 자기 생각밖에 못 한다. 그들은 주변 인물들을 본인을 떠받들고 칭찬하고 인정해 주는 존재라고만 생각한다. 대상을 도구화시키는 것이다. 나만이 대단하고 남다르고 특별할 뿐, 다른 사람들은 형편없다고 생각한다. 온 세상에 자기만 독보적으로 존재한다고 여기는 상태, 자기 과잉이다.

그런데 이것과 또 다른 극단에 있는 상태가 있다. 자기 비난, 자기 비하에 빠져 있는 상태이다. 이런 사람들은 '난 왜 이거밖에 안 되지?' '난 너무 부족해' '내가 왜 그랬을까?' '나는 한심해' '나는 쓸모없는 사람이야'라는 생각에 몰두한다. 잠깐 생각하고 마는 것이 아니다. 쉬지 않고 이런 생각을 하면서 아예 마음의 웅덩이를 파고 거기 들어앉아 살아간다.

언젠가 알게 된 선교사님 한 분과 오랫동안 관계를 이어 갔는데, 그분이 늘 입버릇처럼 하던 말이 있었다.

"저는 하나님 앞에서 너무 무능해요. 이렇게 많은 성도님이 날 지원해 주고 있는데, 아직도 별다른 아웃풋이 없어요."

그분은 퇴행성 관절염을 심하게 앓고 있었는데, "내가 무릎으로 기도할 수가 없어요. 더 무릎으로 기도해야 하는데…. 금요일엔 기도하다가 졸았어요" 하면서 너무나 괴로워했다. 처음에는 나도 "그래도 선교사님이 하나님 앞에서 얼마나 귀하게 쓰임받고 계시는데요. 선교사님의 이런 마음을 하나님이 기뻐하실 거예요" 하면서 용기도 드리고, 잘 진행된 일들이 있으면 "이번 사역도 결과가 좋았잖아요" 하면서 짚어 주곤 했다. 얼마나 그분이 훌륭한 일을 하고 있는지 알려 주기 위해 애를 썼다. 그런데도 그분은 나아지지 않았다. 습관처럼 자기 비하를 하고, 또 그런 말들에 빠져 살아가는 것처럼 보였다.

하루는 그분에게 어떻게 하면 도움이 될 수 있을까 고민하는데, 그런 생각이 들었다. 혹시 이분이 자기를 비난하면서 부차적인 이득을 얻고 있는 것은 아닐까. 이게 무슨 말인지 이해가 되는가. 자기 비난에 빠진 사람에게는 부차적인 이득이 있을 수 있다. 바로 남들이 그 사람을 욕하지 못한다. 행여라도 누가 "너 왜 그것밖에 못 해?"라고 말하려다가도 자기가 "나는 정말 무능해. 나는 이것밖에 못하는 한심한 인간이야" 하면 누가 거기다 대고 "네 말이 맞아" 할 수 있겠는가.

"나는 부족해요"라는 말이 물론 겸손에서 나오는 말일 수 있다. 그러나 때로는 자기 비난, 자기 비하의 심리 구조가 나에게 어떤 유익이 있기 때문일 수도 있다. 만약 그렇다면 이 상태 역시 자기 과잉 상태이다. 너무 나만 생각하는 것이다. 나의 부족한 영역에 몰입해서 빠져나오지 못하는 것이다.

그러면 이런 자기 과잉에서 빠져나오려면 어떻게 해야 할까. 먼저 '나'라는 틀에서 벗어나서 '저 사람'을 생각해 보는 것이다. '내가 있음으로써 저 사람은 어떨까?'를 생각하는 것이다. 예를 들어 내가 강의를 하면서 학생들 앞에서 실수했다고 해 보자. 집에 가서 '나는 왜 이렇게 강의를 못 하는 거야? 왜 이렇게 말을 버벅거리지?'라는 생각에만 빠져 있으면 과연 그것이 학생들에게 도움이 되겠는가. 그렇지 않다. 그럴 경우 강의의 본질과 목적에서 벗어나는 일들이 일어나게 된다. 그러나 내가 '비록 내가 실수를 좀 하기는 했지만, 그래도 한두 학생에게는 도움이 되지 않았을까?' 하고 생각하면서, '그래, 실수 안 하는 사람이 어디 있겠어. 다음번 강의 때는 실수하지 않게 준비를 철저히 하자' 한다면 조금 더 발전이 이루어질 수 있을 것이다. 이렇게 '타인의 상황은 어떨까'를 생각해 보면서 자기 과잉, 자기 비난에서 벗어날 필요가 있다.

거꾸로 이런 사람도 있다. '타인 지향성'이라고 해서, 나는 없고 다른 사람만 있는 상태이다. 다른 사람들이 어떤 생각을 할지, 어떻게 느낄지 등에 초점화되어 있다. 요즘 이런 상태로 괴로워하다가 상담실을 찾는 청소년, 2-30대 청년이 많다. 어떤 사람은 30대 초반 직장인인데 지하철을 못 탄다고 한다. 왜 그러느냐 물으니 다른 사람들이 다 나만 쳐다보는 것같이 느껴진다는 것이다. 그림을 통해 심리상태를 살펴보는 검사가 있는데, 어떤 사람은 사람을 그려 보라 했더니 눈을 엄청 강조해서 그린다. 다른 사람들의 시선에 많은 영향을 받는 경우 이럴 수 있다. 어린 시절부터 부모에게 "네가 그렇게 행동하면 주변 사람들이 너를 뭐라고 생각하겠어?" "다른 사람들이 우리 집을 어떻게 보겠어?"라는 말을 자주 들었을 경우 타인 지향성이 커진다.

이렇듯 타인 지향성이 지나치게 높으면 그들의 시각에 나는 없고 다른 사람만 있다. 그러면 어떻게 해야 할까. 나를 좀 더 찾는 시간을 가져야 한다. 시각을 조금만 바꿔서 '저 사람이 나를 어떻게 생각할까?'만 생각하지 말고, '나로 인해 저 사람은 어떤 생각을 할까?'라고 생각해 보는 것이다. '저 사람이 나를 보고 웃지 않네. 내가 뭐가 문제가 있나 봐'라는 생각만 하지 말고 '내가 친절하게 웃으면서 인사하는 게 저 사람의 하루 기분에 영향을 줄 수도 있겠구나'라고 생각해 보는 것이다.

기독교적 원리는 나라는 존재가 고유하게 독특한 존재로 창조되었고 동시에 누군가 같이 창조되었기 때문에, 개별적인 것만 강조해도 이상하고 '내가 없는' 연합만 강조해도 어려움을 겪을 수밖에 없다. 우리는 개별적이면서 관계적 존재로 창조되었다. 따라서 스스로를 존중하되, 관계적 존재로서 서로 주고받는 영향을 생각해야 할 것이다. 아버지와 아들의 관계를 생각해 보자. 아버지의 역할이 무엇인가. 물리적 역할로는 가정을 책임지고 돌보는 것일 테고, 심리적 역할로는 자녀를 인정하고 격려해 주는 것이다. 모든 자녀는 부모의 인정과 격려가 심리적인 자양

분이 돼서 정서적으로 안정감을 찾아간다. 그런데 만약에 아버지 자신이 인정받고 싶은 욕구가 너무 강하면 어떻게 될까. 가정에서 가족에게 인정받기를 요구한다. 집에 와서 자녀에게 "이것 봐라! 아버지만큼 하는 사람이 어디 있냐?" 하는 것이다. 그러면 자녀들, 특히 아들들은 이런 아버지를 잘 받아들이지 못한다. 그래서 아들이 무성의한 반응을 보이면 아버지는 또 "네가 감히 나를 무시해?"라고 받아친다. 이렇게 인정받고자 하는 욕구가 이상한 행동으로 이어진다. 안타깝게도 우리 부모 세대에 이런 아버지가 많았다.

사회적으로 어른은 그 아래 세대를 충분히 인정해 주어야 하고, 젊은이들은 윗세대의 인정과 격려를 자양분 삼아 또 그 아래 세대를 이끌어줄 수 있어야 한다. 그런데 우리 윗세대들은 급격한 경제성장과 사회 변화를 경험하면서 인정 욕구를 충분히 해소하지 못한 채 살아왔다. 이 인정 욕구가 계속 살아 있는 채 아버지가 되다 보니 이것을 자녀에게, 아들에게 요구하는 일들이 일어나는 것이다. 그러면 아들은 그걸 안 하려고 아버지와 힘겨루기한다. 아내와 남편 사이에서는 어떤 일들이 일어날까. 남편에게는 아내를 돌보고 격려하고 사랑해 주어야 하는 역할이 있다. 그런데 도리어 자신이 사랑받겠다고, 돌봄을 받겠다고 한다면 이것이야말로 연합성은 없고 개별성만 있는 상태라 할 수 있다. 아내도 마찬가지이다. 남편을 존중하고 인정해 주어야 하는데, "가정은 내 마음대로 할 테니 당신은 알아서 따라와!" 한다면 이것 역시 연합성은 없고 개별성만 있게 된다. 이렇게 개별성만을 주장하면 연합이 굉장히 어려워진다. 이때 관계적인 책임이 필요하다.

관계적인 책임은 정말 여러 상황에서 필요하다. 교회에서 예배를 통해 은혜를 받았을 때, 목사님에게 "설교가 너무 힘이 됩니다" "은혜 받았습니다" 하고 이야기해 본 적이 있는가. 이런 얘기를 할 필요가 없다고 생각하지는 않는가. 어떤 사람은 "그러면 목사님이 교만해지시는 거 아니에요?" 한다. 그러나 나는 그렇게 생각하지 않는다. 일부러라도 목사님을 찾아가 격려의 메시지를 전해 보기를 권한다. 이런 이야기가 목회자에게 정말 큰 도움이 될 거라고 생각한다.

거꾸로 목사님도 성도를 격려하고 위로하는 말을 많이 해주면 좋겠다. 어떤 목사님은 설교 시간 시작부터 끝까지 성도들을 혼내는 말만 한다. 인간이라면 누구나 인정받고 싶어 하고, 이것을 위해 애쓰고 수고하는 것 아닐까. 그런데 그렇게 수고하다가 교회에 오니 만날 혼나기만 하면 누가 교회에 오고 싶겠는가. 위로와 격려가 필요한 대상에게 '내가 위로해 줄 수 있는 사람이구나' 하는 자기 인식도 우리가 살아가는 데 도움이 되리라 확신한다.

소망하는 존재

넷째는, '인간은 소망하는 존재'라는 것이다. 소망은 하나님이 새로운 일을 하실 것이며, 지금도 하고 계시다는 의식적인 기대이다. 이것은 사람이 의지할 수 있는 물리적인 현실을 넘어서는 영적인 영역이라 할 수 있다.

우리는 내 힘으로 할 수 있는 것에 굳이 소망을 두지 않는다. 그런데 내가 하기 어려운, 또는 불가능한 부분에 소망을 둘 때 우리는 뿌듯함을 느낄 수 있다. 예를 들어 우리는 미래에 일어날 일을 소망한다. 과거를 소망으로 삼는 사람은 없다. 이것은 매우 어리석은 일이다. 그래서 소망을 갖는 일은 믿음이나 불안과 비슷하다. 예를 들어 보자. 지금 우리는 책을 읽고 있다. 이 사실에 믿음이 필요할까. 이것은 사실이다. 이런 사실 영역에서는 믿음이 필요 없다. 그런데 '오늘 하루 내가 즐겁게 보낼 수 있을 거야'라는 다짐은 어떤가. 앞으로 일어날 일, 즉 미래의 일이기 때문에 믿음이 필요하다. 불안도 마찬가지이다. 과거에 있었던 일을 떠올리며 행여 넘어질까 봐 불안해하는 사람이 있을까. 과거는 이미 지나간 일이고 확정되었기 때문에 불안할 일이 없다. 그럼 무엇 때문에 불안한가. 한 달 뒤에 어떻게 될까 봐, 우리 애가 어떻게 될까 봐, 내가 지금 준비하고 있는 일들이 앞으로 잘못될까 봐 불안하다. 즉 소망, 믿음, 불안의 공통점은 미래를 현실로 산다는 것이다.

그렇다면 우리는 어느 때에 소망을 가질 수 있을까. 이 질문을 믿음으로 바꾸어 생각해 보겠다. 우리가 무엇인가를 믿는다고 했을 때 경험한 것을 믿는 게 쉬울까, 경험하지 못한 것을 믿는 게 쉬울까. 당연히 경험해 본 상황과 유사한 일이 일어날 때 믿는 게 쉽다. 내가 경험하지 못한 것을 믿기란 쉽지 않다. 교회에서 신앙 생활하는 사람들을 가만히 보면, 어떤 사람은 하나님을 믿는 게 어렵지 않은데 어떤 사람은 아무리 교회를 다니고 노력해도 믿지 못한다. 삶에서 하나님을 경험한 사람은 저절로 믿게 되지만, 그런 경험이 없는 사람은 도무지 믿어지지 않는 것이다. 경험한 것을 끄집어내는 것은 어렵지 않지만 경험이 없으면 믿는 게 더 어렵다.

이 믿음과 경험의 관계를 소망과 연결해서 생각해 보자. 소외된 경험이 많은 한 자매가 있다. 어릴 때 엄마가 이 자매만 혼자 두고 멀리 떠났다. 혼자서 어렵게 학교생활을 하는데, 친구도 잘 사귀지 못했고, 급기야 집단 따돌림까지 당했다. 이 자매가 교회 공동체에 왔다. 자매는 걱정했다. '이 교회가 나를 받아줄까? 과연 내가 여기에서 소외되지 않을 수 있을까?' 얼마나 두렵겠는가. 자매에게는 소외된 경험밖에 없으니 어쩌면 소망을 갖기란 쉽지 않을 수 있다.

그런데 이 자매가 믿음의 영역에서 한발 다가가는 굉장한 용기를 갖고 교회 공동체 문을 두드렸다. 그때 또래의 한 자매를 만난다. 그녀가 이 자매를 향해서 상냥한 미소를 지으며 친절하게 맞아 준다. 서로 연락처도 교환하여 안부를 물어 주고, 때로는 식사도 함께하며 시간을 보내 준다. '나는 당신을 소외시키지 않을 거예요'라는 비언어적인 행동을 계속해서 보여 준다. 지금까지 소외만 경험했던 자매에게 처음으로 친구가 생겼다. 이런 경험이

성경적 마음 이해 ── 편한 마음

있다면 자매에게도 소망이 생길 수 있다. '내가 세상으로부터 완전히 버림받은 것은 아니구나. 나도 사랑받을 수 있구나.' 그러다 보면 이전과는 다른 삶을 살아 보려는 의지가 생길 것이다.

소망은 아주 사소한 경험으로도 일어날 수 있다. 과연 나는, 우리 교회는 누군가에게 소망이 되어 주고 있는가. 세상은 너무도 서로를 헐뜯고 비난하는 데에 몰두한다. 그러나 '인간은 소망하는 존재'라는 사실을 기억하면 좋겠다. 또 '인간은 신이 아니다'라는 것, '인간은 모두 죄인이다'라는 사실을 기억하면 좋겠다. 가족과 이웃의 실수를 보았을 때 너무 정죄하지 말고, 그들의 완전하지 못한 모습을 인정하고 넘어가 줄 수 있는 여유를 가질 때 우리는 내일을 소망할 수 있을 것이다.

02

다르게 창조되어서 그래요

우리는 남녀 차이에 관한 이야기를 많이 한다. 생물학적인 차이, 사회 문화적인 차이, 이런 차이들을 알고 이해함으로써 남자와 여자의 얽히고설킨 관계를 풀어 보려는 것 같다. 그런데 이런 차이를 설명할 수 있는 단서가 성경에 있다.

> 여호와 하나님이 흙으로 각종 들짐승과 공중의 각종 새를 지으시고 아담이 무엇이라고 부르나 보시려고 그것들을 그에게로 이끌어 가시니 아담이 각 생물을 부르는 것이 곧 그 이름이 되었더라 아담이 모든 가축과 공중의 새와 들의 모든 짐승에게 이름을 주니라 아담이 돕는 배필이 없으므로
>
> 창 2:19-20

창조의 순서를 보면 먼저 아담이 만들어진다. 그리고 하나

님이 허락하셔서 아담이 세상 모든 생물에게 이름을 붙인다. 하나님이 그에게 창조물들을 이끌어 가시고 아담이 그것을 부를 때 이름이 되었다고 한다. 이것은 엄청난 영향력이다. 온 세상에 아담이 영향력을 행사했다. 그런데 그렇게 의기양양했던 아담에게 없는 것이 있었다. 돕는 사람, 곧 그의 짝이 없었다. 하나님이 혼자 있는 아담을 보면서 "사람이 혼자 사는 것이 좋지 아니하니"(18절)라고 하셨다. 그래서 여자, 하와를 만드셨다.

그렇게 창조되었기 때문에

창조 순서에서 알 수 있듯, 남성에게는 존재감이 정말 중요하다. 이는 곧 내가 세상에 영향력을 얼마나 행사할 수 있는가 하는 문제이다. 그래서 남성들을 보면 집단 속에서 본능적으로 '힘겨루기'를 한다. 단순히 근력이 있고 없고의 문제가 아니고, 내가 이 집단에서 존재감은 어떤가, 어느 정도 영향력을 끼칠 수 있는가를 놓고 겨루는 것이다. 자기 밑으로 사람을 거느리고자 하는 것도 같은 맥락이다.

흔히 '아재개그'라는 말을 많이 한다. 중년 남성들이 이 '아재'에 해당하는데, 그들은 재미있는 이야기를 들으면 잘 기억해 두었다가 '오늘 모임 가서 얘기해야지' 한다. 왜 그럴까. 내가 뭔가를 얘기했을 때 상대방이 깔깔거리고 웃으면서 "와, 그 얘기 진짜 재밌다!" 하면 상대방이 영향을 받은 거고, 이때 존재감을 느끼는 것이다. 신기하게도 '아줌마개그'는 없다. 아줌마들도 물론 재미있는 얘기를 들으면 다른 곳에서 전달하기도 하지만, 목적이 다르다. 영향을 주고 싶어 한다거나 존재감을 확인하기 위한 의도가 아니다. 그래서 그 노력의 크기가 '아재들'보다는 덜한 것 같다.

'바바리맨'이라고 부르던 사람들을 기억할 것이다. 여중, 여고 근처에 이런 바바리맨이 많았다. 사실 바바리맨의 행동은 그 동기가 성적인 욕구를 충족시키고자 함이 아닐 수 있다. 그들의 문제는 자신의 영향력을 건강하게 발산할 곳이 없다 보니 내 존재가 지질하고 하찮게 여겨지는 것이 괴롭고, 그럴 때 어딘가 자기 영향력을 표출하는 방법으로 이런 정상적이지도 않고 사회적으로도 잘못된 방식을 택한 것이다. 그들은 부녀회 같은 곳엔 안 간다. 주로 어린 여학생들에게 다가간다. 그러면 여학생들이 어떻게 반응하겠는가. "꺄!" 하고 놀라며 크게 소리 지른다. 그때 그들은 자기가 굉장한 영향력을 끼쳤다 여기며 만족한다. 그런데 희한하게 '바바리우먼'은 없다. 상대방이 영향을 받는 것 같은 반응을 통해서 존재감을 확인하고자 하는 여성은 많지 않기 때문에 그렇다.

그렇다면 창조의 순서를 통해 본 여성은 어떨까?

여호와 하나님이 아담에게서 취하신 그 갈빗대로 여자를 만드시고 그를 아담에게로 이끌어 오시니 아담이 이르되 이는 내 뼈 중의 뼈요 살 중의 살이라 이것을 남자에게서 취하였

하나님이 하와를 창조해 아담에게로 이끌어 오셨다고 한다. 여성은 창조되었을 때 이미 세상에 누군가 있었다. 그와 어떤 관계를 맺느냐가 여성에게는 중요한 문제였다. 즉 여성에게는 타인과의 연결된 느낌이 남성보다 중요하다. 여성은 내 주변 사람들과 얼마나 연결된 느낌이 있는지, 내 편이 있는지, 혹은 누가 내 편을 들어 주는지 등이 중요할 수 있으며, 그래서 어딘가에 소속되기를 바란다. 이러한 관계의 유무는 여성의 삶의 만족도에 많은 영향을 끼친다. 이것만 이해하고 서로를 봐도 우리가 짐작할 수 있는 것들이 많다.

이처럼 우리 사회가 많은 상황에서 남녀의 차이에서 오는 갈등으로 어려움을 겪는다. 남자와 여자 사이에서 벌어지는 의사소통의 문제가 종종 화두에 오른다. 남녀 차이에 대한 다양한 시각이 있다는 것을 우리는 알고 있고, 또 이로 인한 갈등을 해결하려는 다양한 시도가 있어 왔다. 우리는 이런 갈등을 성경적으로 이해해 보려는 노력이 필요하다.

물론 남녀의 차이보다 더 우선되어야 하는 것은 개인 차이이다. 하나님은 고유한 존재로서 나를 창조하셨기 때문에, 우리는 남자, 여자이기 전에 '나', 한 개인으로 먼저 이해할 필요가 있다. 그 이후에 남녀의 차이를 보는 시각이 필요하다.

우리가 너무 잘 아는 남성의 특징이 있다. 문제가 생겼을 때 공감보다는 해결에 중점을 둔다는 것이다. 왜 그럴까. 문제를 해결하지 못하면 영향력이 없고 무능한 것 같다고 느끼기 때문이다. 내 존재가 작아지는 것 같은 심리적 압박이 있을 수밖에 없다. 그래서 해결 중심의 대화를 좋아한다. 굳이 해결할 수 없는 일을 시시콜콜 말하면 쓸데없는 이야기를 한다고 생각한다. 여성은 어떤가. 상대방과 무언가를 공유하고 싶어 한다. 내게 일어난 일, 당시 어떤 상황이었고 어떤 감정이었는지를 나누는 데에 초점을 맞춘다. 여성에게는 문제 해결보다는 그 사건이나 상황을 같이 나누고 공유하는 것이 더 중요하다. 해결할 수 없는 일이더라도 괜찮다. 함께 그 사건을 공유할 때 관계가 더욱 돈독해짐을 느낀다. 너와 내가 서로 연결되어 있다는 느낌이 여성에게는 중요하다. 어떤가. 익히 알고 있던 남성과 여성의 특징이 가만 보니 창조 때부터였다는 사실이 이해가 되는가.

평범한 부부의 대화를 예로 들어 보자. 아내가 친구를 만났다. 그런데 어딘지 모르게 초라한 자신을 발견했다. 그 기분이 어쩐지 싫었다. 그래서 남편에게 이야기했다.

"나 오늘 예진이를 만났는데 너무 초라해지더라. 정말 이런 내가 너무 싫더라."

아내의 의도는 뭘 해결해 달라는 게 아니다. 그냥 그렇다고 이야기하는 것이다. 내 감정을 공유함으로써 연결감을 느끼고 싶은 것이다. 그런데 이때 남편들은 흔히 이렇게 반응한다.

"그러니까 내가 만나지 말라고 그랬잖아."

이때 남편의 심리는 무엇일까. '내 아내가 초라함을 느끼는 것이 싫다'이다. 그것이 문제로 인식되고, 해결해 주고 싶어진다. 그래서 나온 솔루션이 '그런 친구는 만나지 않는 것'이다. 그러면 대화가 어떻게 되는가. 아내가 말한다.

"됐어. 내가 당신이랑 무슨 말을 하나?"

순간 아내는 남편과의 연결감이 끊어지는 것을 느낀다. 내 기분을 공감해 주지 못하는 남편에게 실망한다. 나에게 관심이 없다고 느낀다.

일이 여기에서 일단락되면 그나마 괜찮다. 과연 아내가 그 후로 남편의 솔루션을 따를까. 그렇지 않다. 아내는 그 친구를 또 만난다. 아내의 기준으로는 내가 초라함을 느낀다고 해서 그게 친구를 만나지 않을 이유가 되지 않는다. 그런데 남편은 이 상황을 이렇게 해석할 수 있다. '내가 분명 그 친구 만나지 말라고 했는데, 또 만나는구나. 나를 무시하나?' 남편들은 존중받고 싶어 하고, 아내들은 공감받고 싶어 하는데, 언어가 너무 다르니 이상한 지점에서 갈등이 싹튼다. 그래서 우리는 서로의 언어를 배워야 한다.

공감은 누구나 할 수 있는 것이 아니다. 우리가 다 한국말을 한다고 해서 다 같은 말이 아니다. 공감하는 말은 마치 외국어를 배우듯 배워야 한다. 마찬가지로 영향을 받는 언어 역시 배워야 한다. 배우지 않으니 말을 못하는 것이다. 이렇게 창조의 순서에서 오는 남녀의 차이는 우리 삶 구석구석에서 발견이 된다. 집단 따돌림의 양상을 봐도 알 수 있다. 생각보다 많은 사람이 이 집단 따돌림을 당한 기억으로 힘들어한다. 남학생들은 주로 힘으로 괴롭힌다. 화장실이나 인적이 드문 곳으로 끌고 가서 폭력을 행사하면서 돈도 빼앗는다. 여학생들은 주로 관계적으로 소외시키면서 연결감을 끊어 내거나 소속되지 못하게 한다. 마음에 안 드는 친구를 이간질하면서 고립시키는 것이다. 남학생들은 혼자 밥 먹는 것을 그렇게 괴로워하지 않는다. (개인차가 우선하기 때문에 물론 안 그런 남학생도 있다.) 그런데 여학생은 혼자 밥 먹는 것을 관계적으로 소외되었다고 느끼기 때문에 많이 힘들어 한다.

자녀를 키울 때도 이 원리를 적용해 볼 수 있다. 자녀가 초등학교 1학년에 입학할 때, 흔히 엄마들이 자녀에게 하는 말이 있다.

"친구들하고 사이좋게 지내라."

그런데 대부분 남자아이는 엄마가 이렇게 말하면 헷갈린다. 보통 남자아이는 어느 그룹에 처음 가면 '누가 나보다 센가?' '쟤는 나보다 센가?' '쟤한테는 덤비지 말아야겠다' '쟤랑은 좀 해볼 만하겠다' 이런 생각을 한다. 이게 남성의 본능적인 심리 구조라서 그렇다. 그러니 학기 초 남자아이들 머릿속은 '나는 여기서 어떻게든 살아남아야 해'라는 생각으로 복잡한데, 엄마가 "친구들이랑 친하게 지내" 하면 아이는 혼란스러워지는 것이다. 그런데 엄마는 왜 그렇게 말할까. 여성이라서 그렇다. 여성에게는 관계가 안전하게 연결되는 것, 친구와 사이좋게 잘 지내는 것이 힘보다 더 중요하기 때문이다.

반대의 경우도 있다. 딸들이 학교에서 친구와 말다툼한 것 때문에 고민하고 있는데 아빠가 옆에서 그런다.

"이겼어?"

그러면 딸들은 이해가 안 된다. "아빠 왜 저래?" 하는 것이다. 딸에게 중요한 것은 이기고 지는 승부의 세계가 아니다. 친구와의 관계가 이대로 깨지느냐 마느냐, 내가 어떻게 해야 이 관계를 다시 돌려놓을 수 있을까가 중요하다. 특히 여학생들은 새로운 집단으로 들어갈 때, 예를 들면 새로운 학년이 시작될 때나 중학교나 고등학교로 소속집단의 변경이 있을 때 많은 심리적 역동을 경험한다. 어떤 그룹 안에 내가 속하게 될 것인가, 어떤 친구들과 잘 지낼 수 있을까 하는 문제로 불안하다. 그나마 초등학교 때 친구가 한두 명 있으면 괜찮은데, 그게 아니라면 극심한 스트레스가 될 수 있다. 흔히 이맘때 아이들이 집에 와서 "엄마 나 학교에서 말할 애가 없어" "엄마 애들이 나한테 말 안 걸어 줘" "나 같이 밥 먹을 친구가 없어" 하면 진지하게 들어 주어야 한다. 거기에서 "중간고사 잘 보면 돼. 공부 잘하면 애들도 다 말 걸어 줘" 같은 소리를 하는 엄마들도 있다. 안타깝게도 중학교 1학년 봄, 극단적 선택을 하는 여학생이 많은 이유는 그만큼 새로운 집단으로 들어갈 때 여학생들이 겪는 관계적 스트레스가 크다는 의미이다.

남자에게는 존중을, 여자에게는 사랑을

부부 상담을 하면서 남편들에게 종종 묻는 질문이 있다.

"아내가 언제 나를 존중한다고 느끼시나요?"

아내들에게는 질문이 조금 다르다.

"남편이 날 참 사랑한다, 날 참 잘 돌봐 준다고 느낄 때가 언제인가요?"

개인적인 차이가 있지만, 대체로 남편들은 아내에게 존중받기를 원하고, 아내는 남편에게 사랑받고 돌봄받는 느낌을 더 원하기 때문이다.

내담자 중에 기억나는 부부가 있다. 내가 남편에게 "언제 아내로부터 존중받는다고 느끼시나요?" 하고 물었다. 그랬더니 남편 대답이 "저는 존중받아 본 적이 한 번도 없습니다" 한다. 아내가 그 말을 듣고 "무슨 소리야? 내가 만날 칠첩반상을 차려 줬잖아! 당신 좋아하는 나물도 하고 잡채도 하느라 얼마나 힘들었다고! 그게 얼마나 손 많이 가는 음식들인 줄 알아?" 했다. 그랬더니 남편이 그런다.

"선생님, 제가 만날 이야기합니다. 저는 반찬 하나만 있어도 밥 먹을 수 있다고요. 그러니 너무 많이 차리지 말라고요. 만날 얘기하는데 안 들어요. 제 얘기를 안 듣습니다."

어떤 사람들은 이 남편을 보면서 배부른 소리 한다고 생각할 수 있다. 부러워하는 남성이 있을지도 모른다. 그런데 이 남편에게 칠첩반상은 존중받는 것과 전혀 상관이 없었다. 남편이 아내에게 이렇게 말했다.

"반찬 차리면서 당신은 나한테 등 돌리고 있어. 내 얘기도 안 들어. 식탁에 앉아서는 늘 음식 설명하느라 바쁘고, 그 음식 만드느라 얼마나 힘들었는지 설명하느라 정신없지. 그러면 나는 당신을 피곤하게 만드는 사람처럼 느껴져. 그러니 제발 반찬을 한 가지만 하면 좋겠어."

그런데도 아내는 남편의 이 말을 받아들이지 못했다. 지금껏 고생해서 차려 준 밥상을 그렇게 생각한다는 것에 마음이 상했다. 남편은 영향력을 행사하기는커녕 날마다 아내에게 무시받는다는 기분을 털어 내지 못했고, 아내는 평생의 수고를 인정은커녕 비난받았으니 그 어떤 연결감도 느끼지 못했다.

이 부부의 문제만은 아닐 것이다. 상황은 조금씩 다를지 몰라도 맥락은 비슷하다. 아내가 매일같이 칠첩반상을 차린 이유가 뭐였겠는가. 남편을 위하는 마음일 테고, 남편에게 좋은 아내가 되고 싶어서였을 터이다. 남편에게 맛있는 음식을 차려 주면서 대접해 주면 "우리 아내 최고네! 당신이 있어서 내가 너무 좋아"라고 말해 줄 것이라고 기대한 것이다. 그런데 남편은 어떤가. 아내가 날마다 "내가 당신을 위해 이 음식을 하면서 너무 힘들었어. 이거 쉽지 않은 일인데 내가 특별히 당신 위해서 한 거야" 하면 남편이 "우리 아내가 힘들었구나. 너무 고맙다" 하게 될까. 남편은 이 말이 오히려 비난하는 것처럼 들린다. 오히려 '나는 아내를 힘들게 하는 무능한 남자야'라고 여기게 된다.

그렇다면 남편이 존중받는다는 느낌이 들려면 어찌해야 할까. 남편의 결정이나 의견을 아내가 받아들이는 것이다. 만약 남편이 "나는 반찬 하나면 되니까 너무 많이 차리지 마"라고 했을 때, 아내가 "나는 칠첩반상을 차리고 싶지만 당신이 그렇게 요청하니 어쩔 수 없지. 내 생각과 너무 다르지만 한번 해볼게" 하는 것이다. 그럴 때 남편은 자신의 영향력을 확인하고 존중받는다 느끼게 된다. 이게 안 되니 이 시대 남편들이 존재감을 확보하고자 엉뚱한 곳에서 큰소리치면서 '나 아직 죽지 않았다!'를 외치는 것이다. 이것은 건강하지 못한 반응이다.

남편들은 의견을 물어봐 줄 때도 존중받는다고 느낀다. 위 부부를 상담하면서 느낀 것이, 남편은 존중받고자 하고 아내도 그걸 알고 있지만 방법을 모른다는 것이었다. 아내는 내게 어떻게 하면 되겠느냐 물었고, 나는 "그 질문을 그대로 남편에게 해보세요"라고 제안했다. 아내는 남편을 향해 "당신을 존중하고 싶은데, 내가 어떻게 하면 당신이 존중받는다고 느낄 거 같아? 내가 어떻게 하면 돼?"라고 물었다. 그랬더니 남편이 울먹거리면서 말하기를, "선생님, 이 사람이 제게 이렇게 물어봐 준 게 처음이에요" 했다. 그동안 아내는 자기가 맞다고 생각하는 대로 결정하고, 남편에게는 그 결정을 통보만 했다고 한다. 그러니 뭘 먹고 싶으냐 묻지도 않고 늘 상다리가 휘어지게 식사를 준비한 것이다. 준비했으니 남편은 먹어야 하는 게 당연했다. 그랬던 아내가 처음으로 남편의 의견을 물어봤다. 남편에게는 큰 의미가 있는

성경적 마음 이해 ───── 편한 마음

순간이었다.

　그러면 이제 아내 상황에서 생각해 보자. 이 부부를 상담할 때 아내의 불만도 분명히 있었다. 아내가 남편에게 시댁에서 서운했던 점을 이야기했다. 그러면 말이 좋게 안 나온다. 보통 "어머니는 왜 그러시는 거야? 나도 죽어라 열심히 하는데 늘 당신 걱정만 해. 그럼 나는 뭐야? 당신 힘들게만 하는 사람이야?"라는 식으로 말하게 되는 것이다. 그러면 남편은 어떻게 대응하겠는가. '지금 당신 우리 엄마한테 뭐라고 하는 거야?'라고 말하고 싶은 마음이 분명 있다. 그런데 이렇게 말하면 싸움밖에 되지 않으니 남편이 참았다. 그리고 생각한다. '그러면 이 상황을 어떻게 해결하지?' 그러면서 이렇게 말한다.

　"엄마만 문제가 아니야. 당신도 좀 엄마한테 살갑게 해봐. 그러면 엄마도 당신 생각하겠지."

　나름대로 객관적인 시각에서 해결책을 이야기한 것이다. 아내로서는 반박할 수 없다. 자기 잘못이 아주 없지 않다는 것을 아내도 알기 때문이다. 그런데 서운하다. 남편이 내 편을 들어 주면 좋을 텐데, 내 연약함을 좀 보듬어 주면 고마울 텐데 한 걸음 밖에서 이야기하는 것처럼 느껴진다. 그러면 아내가 이렇게 응수한다. "내가 뭘? 작년에 생각 안 나? 지난달에 그 일은 어떻고? 결혼할 때 어머니가 나한테 어떻게 했는데?" 하면서 지나간 부정적이었던 기억들을 다 갖고 나온다. 왜 그러는 걸까. 시어머니가 얼마나 나쁜 사람인지를 남편에게 알려 주고 싶은 걸까. 사실 그 이면에는 '남편이 지금 내 안에서 일어나는 정서를 좀 이해해 줬으면' 하는 바람이 있는 것이다. 내 연약함, 내 고생, 내 지친 마음을 알아주기를 바라는 것이다. 이럴 때 남편에게 필요한 것은 객관적인 시각과 해결책이 담긴 조언이 아니다. "당신 너무 힘들겠다. 시댁 가서 그 많은 일을 했으니 얼마나 불편했을까. 고생 많이 하고 있는 거 내가 알아"라고 말했다면 부부의 대화는 다툼으로 이어지지 않고 평화롭게 마무리되었을 것이다.

대화의 기술_통제와 영향력

많은 부부가 이야기 나누는 모습을 들여다보면 대화에 서툰 분들이 많다는 사실을 알게 된다. 대화에도 전략이 있다. 특히 이성과 대화할 때는 상대방의 필요와 욕구를 잘 이해할 필요가 있다. 이 대화를 통해서 내가 얻고자 하는 바를 얻기 위해서는 상대방이 어떻게 들을지 고려해야 하기 때문이다.

앞서 남성들은 존재감과 관련해서 영향력을 행사할 수 있느냐가 중요하다고 이야기했다. 영향력이라고 하니 거창한 표현 같지만, 누군가가 내 힘을 좀 받아주는 정도라고 이해하면 좋을 것이다. 아내들이 남편과 대화할 때는 이 영향력을 받아주는 기술이 필요하다. 보통 남편이 집에서 시답잖은 농담을 하면 아내들은 "쓸데없는 소리 그만 좀 해요" 한다. 그런 사소한 일상에서 남편들이 많이 위축된다. 아내의 이런 표현을 듣고 나면, 위축되기 싫어서 화를 내기도 한다.

무뚝뚝한 남편과 옳고 그름을 중시하는 아내를 상담한 적이 있다. 남편이 굉장히 무뚝뚝하고 말이 없는 사람이었다. 아내가 열 마디 하면 한마디 할까 말까 할 정도였다. 문득 '과연 이렇게 무뚝뚝한 남편도 집에서 농담을 할까? 아내에게 영향력을 끼치고 싶어 할까?' 하는 것이 궁금해질 정도였다. 그런데 상담 중에 조금 의외의 이야기가 나왔다. 남편이 처갓집에 가면 마음이 편하고 좋다고 한 것이다. 어떤 점 때문에 좋은지 물었다.

"처가에 가면 장모님이나 처제가 제가 하는 말에 잘 반응해 주거든요. 웃어 주기도 하고 분위기가 좋습니다."

"처가 식구들이 남편 분의 이야기에 잘 반응하는 것이 왜 좋으실까요?"

그랬더니 이분이 "아무래도 제 얘기를 듣고 웃어 주는 것이 좋죠. 제가 별거 아닌 사람 같지 않고 존중받는 기분이 들지요" 했다. 옆에서 그 말을 듣고 있던 아내도 놀랐는지 할 말을 잃고 쳐다만 보고 있었다. 이 무뚝뚝한 남편도 역시나 영향력을 끼칠 때 내 존재감을 인정받는다고 느끼고 있었다.

얘기를 더 들어 보니, 이 가정에서 남편이 말이 없고 조용하다가 한 번씩 뜬금없이 재미없는 농담을 할 때가 있었다고 한다. 그런데 아내는 어쩌다 입을 여는 남편에게서 시답잖은 말들이 튀어나온다는 생각이 들어서 무시하며 잘 반응해 주지 않았다.

"뭐라는 거야? 뭐 그런 웃기지도 않은 말을 하고 있어?"

그럴 때마다 남편은 위축되면서 더 입을 닫고 말을 안 하게 된 것이다. 남편들과 또는 남자들과 잘 지내면서 소통하길 원한다면 힘을 받아주는 상호작용, 즉 영향을 좀 받아주는 상호작용이 도움이 된다. 반대로 "쓸데없는 말 좀 그만해" "시끄러워. 조용히 좀 해"라는 식으로 오히려 영향력을 더 행사하는 반응은 피해야 한다.

이것은 아들과 대화할 때도 마찬가지이다. 아들에게도 "쓸데없는 말 그만하고 가서 공부해, 숙제 없어?" 한다. 영향력을 받아주기는커녕 통제하고 조종하려고 한다. 학원을 정할 때도 "너 수학 약하잖아. 수학 학원 등록하자. 엄마가 알아봤는데 이 학원이 좋대. 여기로 가. 그리고 다음에는 이거 이거 해" 한다. 물론 부모가 이렇게 통제적이면 딸이든 아들이든 누구나 힘들어하겠지만, 특히 아들에게는 그 강도가 클 수 있다. 그래서 아들을 키울 때는 어느 정도 힘을 받아주는 상호작용이 필요하다. 자신이 선택권을 가지고 있어야 좀 더 자율성과 주도성을 가지고 자신의 인생을 살아 볼 힘을 갖게 된다(이는 10장에서 더 이야기하겠다).

17세 남학생의 부모가 상담실을 찾아왔다. 아들이 1년 넘게 학교에 가지 못하고 방 밖으로 나오는 것도 너무 힘들어하는, 흔히 말하는 은둔형 외톨이로 살아가는데 어떻게 도와주어야 할지 모르겠다고 호소했다. 원래는 부모의 말을 아주 잘 듣는 착한 아이였는데, 고등학교에 들어가자마자 학교를 못 가겠다고 하더니 결국 씻지도 않고, 아무것도 하지 않은 채 누워서만 지내는 상태가 되었다며 부모는 많이 울었다. 부모 상담을 몇 회기 한 후, 다행히 아이가 상담실에 와 주었다. 얘기를 꺼내는 게 쉽지 않았는데, 시간이 지나면서 자신의 이야기를 조금씩 들려주었다.

어렸을 때부터 엄마가 학원 스케줄을 빡빡하게 정해 놓고 움직였고, 학기 중이나 방학에도 엄마의 계획대로 움직여야 했다. 방문을 유리문으로 해두어 밖에서 안에 있는 자녀를 언제든지 볼 수 있었다. 잠시 딴 짓이라도 하면 엄마가 바로 들어와서 공부한 흔적들을 찾아 지적했다. 처음에는 숨 막힌다는 생각을 못 했는데, 어느 순간 진짜로 숨이 쉬어지지 않았다고 한다. 성적이 떨어지면 엄마가 너무 힘들어해서 힘들다는 말도 못 했다고 했다.

자녀를 둔 엄마가 일부러 자기 아들을 숨 막히게 하겠다고, 심리적으로 위축시키겠다고 그렇게 했겠는가. 자녀가 잘 컸으면 하는 바람이 누구보다 컸지만, 방법을 몰랐던 것이다. 남자 아이들을 양육할 때는 특히 자기가 스스로 영향력을 끼칠 수 있도록 만들어 주어야 한다. 우리가 그렇게 창조되어서 그렇다. 영향력을 행사하게끔, 즉 스스로 선택할 수 있는 폭을 최소한이라도 제공하면서 대하지 않는다면 증상이 발현될 수 있다. 흔히 중독 증상으로 나타날 수 있는데, 성 중독, 게임 중독, 도박 중독 등, 중독은 내가 내 마음대로 조종할 수 있는 영역이 별로 없을 때, 내가 통제력을 갖지 못할 때 나오기도 한다. 내 마음대로 할 수 있는 영역을 어쩔 수 없이 발달시키는 것이다. 물론 그러다 보면 결국 그것으로부터 내가 지배당하게 되는 순간이 오면서 자기 스스로 통제할 수 없는 지경이 된다. 그렇게 될 때 일상생활에 문제가 생기는 것이다.

지나치게 통제당하는 또 다른 예로는 어린 아이들에게 나타나는 선택적 함구증이 있다. 예를 들어 어떤 아이는 집에서는 말을 잘하다가, 유치원에 가서는 안 한다. 또는 할머니랑은 대화하는데, 엄마와는 안 한다. 본인의 의도가 아니라, 무의식적으로 나타나는 증상이다. 지나치게 통제당하는 아이들에게서 주로 나타난다. 또 다른 예로는 여학생들에게 주로 나타나는 섭식장애이다. 먹고 토하는 거식증이나 먹는 것을 통제하지 못하는 폭식증이 여기에 해당한다.

남성 중에는 지나치게 통제당할 때 폭력적인 모습으로 반응하는 사람이 있다. 통제당한다는 의미는 자신에게 선택할 수 있는 여지가 없이, 이러지도 저러지도 못하게 하는 심리적인 상태를 말한다. 예컨대 아내의 잔소리에 "그만 해"라고 말하는데도 아내가 계속해서 잔소리할 때, 아내가 자신을 무시한다고 판단한 남편들은 그 순간 통제력이 상실되어 '저 사람이 나를 무시하는구나! 내가 이러고만 있을 순 없지' 하면서 힘으로 통제하기도 한다. 정말 안 좋은 상황이다. 통제당한다고 느껴지면 영향력을 행사하지 못한다는 압박이 생기고, 거기에 대한 반동형성으로 더 강력하고 큰 행동을 꺼내 영향력을 행사하려는 패턴이 나오는 것이다. 이렇게 통제력을 잃어버릴 때 남편들이 상황을 더 악화시키지 않으려고 자리를 피하거나 다른 방법으로 대처하면 좋

성경적 마음 이해 ──── 편한 마음

을 텐데, 만약 폭력적인 성향을 드러내게 되면 가족이 큰 상처를 받게 된다. 폭력적인 아버지 밑에서 자란 자녀들은 그 상처가 성인이 되어서도 해결되지 않고 남는다. 상처가 분노로 남아 있는 경우 자녀도 밖으로 분노를 표출하면서 폭력성을 보이거나, 아니면 분노를 내사시켜(안으로 삼켜) 우울한 성향으로 가는 등 여러 정서적인 어려움이 생긴다.

어떤 아이들은 부모의 통제가 강해지면 수동공격을 한다. 수동공격은 드러내놓고 공격할 수 없을 때 발달한다. 스스로의 자율성이 위협받을 정도의 지나친 통제 상황에서 싫다거나 거절의 표현을 할 수 없을 때 수동공격이 나올 수 있다. 예를 들어 엄마가 너무 무서운데, 아이들이 '엄마, 너무 무서워요'라고 표현할 수 없을 때 자녀들은 무의식적으로 엄마가 원하는 걸 깜박 잊어버리기도 하고, 아니면 엄마가 불러도 듣지 못하고 딴짓을 한다. 이런 행동은 의도적이지 않고 무의식 안에서 일어나기 때문에 자신도 의식할 수 없는 전개이다.

평범한 직장생활을 하는 30대 중반의 남성을 만난 적이 있다. 그의 호소는 "예수가 믿어지지 않아요"였다. 그게 이렇게까지 괴로울 일일까 싶었지만, 그는 이 문제가 너무나 괴롭다고 했다. 사회생활도 건강하게 하고 있고, 대인관계도 아주 원만한 사람이었다. 단지 특이점이 있다면 아버지가 존경받는 대형 교회 목사였다. 아버지는 아주 훌륭한 인품을 갖고 있었다. 그도 아들로서 아버지를 존경했고, 아버지처럼 살고 싶다고 생각하고 있었다. 그런데 그와 오랫동안 만나 상담하는 과정에서 알게 된 것이 있었다. 그가 대여섯 살 즈음, 교회에서 농구 코트를 만드는 공사를 했다고 한다. 바닥 시공을 해놓고 들어가지 말라고 표시해 두었는데, 그 근처에서 농구공을 갖고 놀다가 공이 공사해 놓은 곳으로 굴러가 가지러 들어갔다. 그 바람에 새로 공사해 둔 곳에 발자국이 남고 말았다. 그걸 본 아버지가 불같이 화를 냈다. 아들에게 "뭐 하는 거야! 이 농구 코트를 네가 망쳤잖아!"라고 했다는 것이다. 그는 그 일이 트라우마처럼 마음에 깊이 남았다고 했다.

그에게 누나가 있었는데, 하루는 아버지가 둘을 불러 앉혀놓고 이렇게 이야기했다.

"얘들아, 하나님이 너희를 나에게 보내주신 것이 참 감사한 일이다. 그런데 만약 하나님이 교회와 너희 중에 선택하라고 한다면 아버지는 교회를 선택할 거야."

아버지가 이런 신앙 고백을 1년에 한 번씩 했다고 한다. 모르는 사람이 들으면 굉장한 신앙고백일 수 있다. 훌륭하고 멋진 목사라고 생각할 수도 있다. 그런데 자녀로서는 너무 마음 아픈 이야기이다. 졸지에 아버지를 두고 교회와 경쟁하는 구도가 되어 버렸다. 사춘기 때 "아빠, 어떻게 그럴 수 있어요?"라고 한 번쯤 대들 법도 한데, 아버지가 인격적으로 너무 훌륭하신 분이고 주변으로부터 존경받는 분이니 자녀로서 반항도 한번 못 해보았다고 한다.

그래서 그의 무의식에서 아버지를 수동공격하게 됐다. 수동 공격의 양상은 보통 내 무의식 안에서 나를 분노하게 만든 사람이 가장 괴로워할 만한 것들을 찾는다. 그의 안에서 아버지를 가장 괴롭게 할 일이 무엇이었겠는가. 아버지가 훌륭한 목사이니 아들로서는 예수 안 믿는 것일 터이다. 안타깝게도 이런 반응은 의식적으로 일어나는 일이 아니다. 차라리 "아빠가 그렇게 하니 내가 예수 믿기 싫잖아요"라고 인식할 수 있고, 말할 수 있었다면 오히려 예수 믿는 일이 그리 어렵지 않았을 수도 있다. 아버지에게 화도 내고 반항도 할 수 있었으면 오히려 괜찮았을 것이다.

수동공격은 생각보다 우리 주변에서 쉽게 발견된다. 흔한 예가 방학이 끝나고 아이들이 학교 가기 전날 배가 아픈 것도 비슷한 맥락일 수 있다. 또 아내가 부르는데 잘 들리지 않아서 대답을 안 하는 남편들도 있다. 일부러 안 듣는 것이 아닌 점을 분명히 하고 싶다. 그렇다고 누군가가 나의 말을 잘 못 듣거나 지시를 자꾸 잊어버리는 사람이 주변에 있다고 해서 '쟤가 내게 수동공격을 하는구나'라고 생각하면서 "어떻게 그럴 수가 있니?"라고 해선 안 된다. 혹시 내가 지나치게 상대를 통제하려고 하지는 않았나 생각해 보면 좋겠다.

대화의 기술_연결감과 관계

그렇다면 여성과 대화할 때는 무엇에 주의해야 할까? 앞서 설명했듯, 창조 순서에 따라 여성에게는 연결감이 중요하다. 여성과 상호작용할 때, 연결감을 끊어 내면서는 관계를 지속하기가 어렵다. 여성뿐 아니라 우리는 관계적 존재로 창조되었기 때문에 누군가와 연결되어 있다는 느낌, 즉 연결감은 심리적 생존과 안정을 위해 꼭 필요한 정서이다.

이 연결감을 끊어 내면서 대화하는 대표적인 경우가 몇 가지 있다. 그중 하나가 대화할 때, 옳고 그름을 먼저 따지는 것이다. 모든 일을 시시비비의 시각으로 접근하는 사람들이 있다. 이런 사람들과는 대화하면서 연결되어 있다고 느끼기 어렵다. 예를 들어, 동료에게 "내가 그 일을 마무리하고 퇴근했어야 하는데, 너무 하기 싫어서 그냥 나왔어. 그랬더니 마음이 찝찝하네"라고 얘기했더니 그 말을 들은 상대방이 "그렇게 하면 안 되지. 그 일은 네 책임이니까 하고 퇴근하는 게 맞지"라고 정색하고 반응한다면 어떤 기분이 들겠는가. 찝찝한 마음을 공감받는다는 느낌은커녕 괜히 얘기했다는 생각이 들 것이다. 이 글을 읽으면서도 '옳지 않은 일을 공감해 주는 게 맞는가?'라고 생각하는 분들이 있을 것이다. 그러나 앞서도 언급했듯, 도덕성의 궁극적인 판단자가 우리가 될 수 없기에, 어떤 상황에서 옳다 그르다를 반드시 얘기하거나 지적할 필요는 없다. 오히려 관계를 끊어 내면서 상대방을 외롭게 만든다면 그것이 과연 옳은 일인지를 생각해 보아야 할 것이다.

우리가 관계적 존재로 창조되었기 때문에, 연결감은 있어도 되고 없어도 되는 정서가 아니다. 반드시 필요한 느낌이라고 할 수 있다. 누군가와 연결되어 있을 때, '내가 있구나. 존재하는 구나'를 느끼는 기본적인 욕구이다. 그러다 보니 연결감이 안전하고 편안하게 충족되지 않을 때 여러 증상을 발현시켜서라도 연결감을 확보하고자 한다. 욕구는 채우는 방향으로 우리의 행동을 움직이게 하기 때문이다. 가정 안에서 엄마 아빠가 너무 바빠서 평소에는 자녀에게 관심을 갖지 않다가, 그 자녀가 부정적인 행동, 예를 들어 어떤 물건을 훔쳤다든지 학교에서 아이들을 괴롭혔을 때 관심을 가지고 문제를 해결하려고 한다면, 자녀 입장에서는 모처럼 부모의 관심을 받게 되는 상황이 된다. 부모에게 혼나거나 야단을 맞더라도 그래서 괴롭더라도 연결되는 상호작용이 발생한 것이다. 평소에 착한 행동을 하거나 아무 문제를 일으키지 않을 때는 관심을 받지 못하다가 부정적인 행동을 했을 때 관심을 받게 되면 자녀에게는 일종의 행동 강화가 일어난다. 이 행동 역시 무의식적으로 일어나는 과정일 수 있다.

한 여성이 갱년기인지 우울이 심하고 아무것도 하기 싫어졌다면서 어려움을 호소했다. 소화 기능도 현저히 떨어지고 건강도 좋지 않아 몸이 자주 아프다고 했다. 남편은 회사 일도 바쁘고 외부 활동이 활발한 사람이어서 함께 시간을 보내기가 어렵다고 했다. 남편은 직업적인 전문성을 살려 사회에서 소외된 사람들을 돕는 활동이나 정책 자문 같은 봉사활동도 많이 했다. 그녀는 점점 더 외로워졌으나, 좋은 일을 하는 남편에게 불평할 수 없었다. 만약 불평한다면 훌륭한 남편을 방해하는 미숙한 아내가 되는 것 같다고 했다. 그녀는 세 자매 중 둘째로 자랐고, 부모님도 맞벌이로 바빠 보살핌을 많이 받고 자라지는 못했다. 그런데 아팠을 때만큼은 엄마가 옆에서 관심을 가져 주고, 언니나 동생 몰래 바나나를 사 주기도 했다. 의식적으로는 좋은 일을 하는 남편을 방해하면 안 된다고 생각했지만, 깊은 내면에서 외롭고 싶지 않은 마음이 있었고, 아픈 증상을 만들어서라도 남편의 관심을 받고자 했던 것이 아니었을까 하는 생각이 들었다.

어느 교회 세미나에 참석했는데, 끝나고 담임목사님이 내게 와서 고민 상담을 했다. 일곱 살 딸아이가 처음에는 귀신이 뭐냐고, 귀신을 만나면 뭐라고 말해야 하냐고 물어보다가 이제는 자신이 귀신을 본 거 같다고 자주 말한다는 것이다. 영적인 세계를 아주 모르는 분도 아니고, 목사님이니 사모님과 함께 얼마나 걱정이 됐겠는가. 일단은 "목사님, 많이 걱정이 되시겠어요. 그럴 때 목사님은 그 아이의 얘기를 어떻게 들어 주시나요?"라고 물어봤다. 그럴 때는 아이를 무릎에 앉혀 놓고 성경 이야기도 하고 하나님이 너를 얼마나 사랑하시는지 같은 이야기를 해준다고 했다. 그 이야기를 얼마나 길게 해주는지 물어봤다. 보통 잠들 때까지 해준다고 했다. 새벽 1시에 집에 들어가도 아이가 기다리고 있어서 목사님이 "오늘은 좀 어땠니?" 하고 물어보면 딸은 귀신과 관련된 자신의 생각을 이야기해 준다고 한다. 그래서 목사님에게 물어봤다.

"목사님, 혹시 딸아이가 갖고 노는 인형들 이름 아세요?"

"모르죠. 그걸 어떻게 알겠어요? 인형이 몇 개인지도 모르는데요."

"그러면 오늘은 집에 가서서 귀신과 관련된 얘기 말고, 아이의 인형 이름을 물어보는 걸로 이야기를 시작해 보시겠어요?"

목사님은 그러겠다고 했고, 며칠 후에 목사님에게서 전화가 왔다. 그날 이후로 목사님이 아이가 갖고 노는 인형 이름을 다 외우게 되었다고 했다.

"교수님, 그 후로 딸이 귀신 이야기를 한 번도 하지 않았습니다."

목사님들은 참 바쁘다. 밤늦도록 기도하고, 또 새벽기도까지 하려면 보통 아이들이 잠들 때 귀가해서 새벽같이 출근한다. 그럴 때 딸은 아빠와 대화하고 싶다. 그런데 자기가 무슨 이야기를 해도 아빠가 관심을 안 보이더니, 우연히 귀신 이야기를 하니까 아빠가 눈을 반짝이며 엄청난 관심을 보였다. 먼저 와서 "오늘도 귀신을 봤니?" 하고 물어봐 주는 데다 그 새벽에 잠들 때까지 성경 이야기며 하나님 이야기를 다정하게 해주니 아이로서는 귀신 이야기를 그만둘 이유가 없었던 것이다.

예로 들었던 외로운 아내가 아픈 증상을 보이는 거나 목사님의 딸아이가 귀신 이야기를 하는 것은 일부러 그러는 것이 아니다. 무의식에서 나오는 반응이다. 외로워지면 자기도 모르게 몸이 반응한다. 물론 모든 신체의 증상을 심리 정서적으로만 설명해야 한다고 주장하는 것은 아니다. 일부는 이러한 이유로 어떤 증상들이 유지되는 경우가 있으니 생각해 보자는 의미이다. 자녀들이 이상한 주제에 관심을 가지고 비정상적으로 관심을 유지할 때도 마찬가지로 숨은 이면의 역동을 살펴보면 좋겠다. 우리가 이러는 이유는 죄인이어서이다. 누군가와 연결되고 싶은 욕구가 강해서 그렇다. 이런 문제를 문제로 받아들이기보다 그렇게 창조된 것이라고 이해해 보면 좋겠다.

서로를 향한 관계적 책임

창조 순서에 따른 남성과 여성의 차이에 대해 살펴보았다. 남자는 영향력의 결핍이, 여자는 연결감의 결핍이 심해질 때 증상을 발현할 수 있겠다고 했지만, 이것은 대체적으로 그렇다는 말이지 사실 이 두 가지는 남자와 여자에게 모두 필요하고 중요하다. 성별을 떠나서 어느 정도 통제할 수 있는 힘이 확보된 관계가 안전하고, 연결되어 있다는 느낌은 아브라함 매슬로우가 얘기한 소속의 욕구와도 관련이 있는 아주 중요한 본능적 욕구이다.

다만 우리가 이런 맥락으로 서로를 이해해 보고자 하는 태도로 접근하면 좋을 것이다. 일반적으로 여성은 남성보다 대화의 흐름을 공유하고자 하는 패턴으로 이끌어 낸다. 그러다 보니 질문도 "맛있지?" "멋있지?" "아름답지 않아?" "너도 좋지?" 식으로 한다. 남성들은 그보다는 독립적인 자신의 상태를 말하고자 한다. "맛있다" "멋있다" "아름답다" "좋다" 등의 패턴이다. 아내가 귀가한 남편을 위해 식탁을 잘 차려 놓고 묻는다. "맛이 어때? 이거 맛있지?" 그러면 남편들은 생각한다. '맛있으니 먹지 맛없으면 먹겠나?' '맛없다고 말하면 피곤해질 테니 다 맛있다고 해야지. 애초에 이 질문에 답은 정해진 것 아닌가?' 그런데 앞으로는 이런 질문을 받았을 때 '아, 저 사람이 나와 뭔가를 공유하고 싶어 하는구나. 나는 아내에게 연결감을 느끼게 해줄 수도 있고 연결감을 못 느끼게 하면서 결핍을 더 키워 줄 수도 있는 사람이구나'라고 생각해 보면 어떨까.

반대로 아내들은 남편과 대화할 때 "내 말이 무조건 맞으니 내 말대로 해!" 식보다는 "당신은 어떻게 하고 싶어?" "내 생각은 이게 좋은데, 당신은 어떻게 생각해?" 식으로 여지를 주며 물어봐 주면 좋겠다. 그리고 큰 문제가 없다면 남편이 뭔가를 제안할 때 "좋은 생각이다" 하며 인정하고 따라 주라. 그것이 남편을 존중하는 방법이다.

나도 내담자 중에 통제감을 많이 상실하고 우울감이 커진 사람과는 다음 예약 시간을 잡을 때 특히 신경을 쓴다. "제가 목요일에 2시와 3시 시간이 되는데, 언제가 괜찮으세요?" 하고 그에게 선택권을 넘기는 것이다. 이때 주의해야 할 것이 있다. 통제감을 경험해 보지 못한 사람에게 "다음 주 언제가 좋으세요?"라고 선택의 폭을 확 열어 주면 오히려 어려워한다. 이 경우 통제감이 좀 있었던 사람들은 답을 찾아가는 능력이 있지만, 그런 경험이 없던 사람은 어렵다. 그런 사람들에게는 선택사항을 몇 가지 주는 것이 좋다. 몇 가지 안을 제시하고 그 안에서 결정해 보면서 통제감을 경험하게 하는 것이다. 내담자가 연결감의 부재로 힘들어한다면 뭔가를 선택하게 하기보다는 "다음주 목요일 2시에 꼭 봬요. 제가 여기서 기다릴게요"라고 말한다. 강한 연결감을 느끼게 해주는 것이다.

사실 이런 맥락에서 볼 때 서로가 상대에게 상처 주는 것이 어렵지 않다. 만약 여자친구나 아내에게 상처주고 싶으면 대화 중에 "그만해, 너도 잘못했어" 또는 "네가 더 잘못했어" 하면 된다. 편들어 줄 때 연결감을 느낄 수 있는데 오히려 상대방 편을 들어 주면 더 상처가 되는 원리이다. 남자친구나 남편에게 상처 주고 싶으면 "쓸데없는 소리 좀 그만해. 네가 하는 말 다 헛소리야" 하면 된다. 그러면 서로 존재감은 점점 작아지고 상처는 커진다. 결국 관계를 오래 지속하기 어렵다.

혹시 내가 내 배우자나 직장 동료와 관계를 끊기 위해 애를 쓰고 있지는 않은가. 아니면 상대방이 도대체 이해가 되질 않아서 괴롭지는 않은가. 서로의 다름을 이해하고 부족한 부분을 채워 주며 사는 것이 정말 아름다운 관계라고 생각한다. 그리고 서로의 다름을 창조의 원리로써 이해해 본다면 우리가 조금이나마 서로를 향한 관계적 책임을 다할 수 있지 않을까 생각한다.

사람마다 자신의 삶의
몫이 있습니다

요즘 엄마들 사이에서 정말 많이 언급되는 단어가 있다. '자존감'이다. 내 자녀를 자존감 높은 아이로 키우고 싶은 것은 모든 부모의 바람일 것이다. 그런데 도대체 이 자존감이 어느 때 낮아지는지, 어떻게 해야 올릴 수 있는지 방법을 모른다.

자존감이란 무엇인가. 사회학자 모리스 로젠버그(Morris Rosenberg)가 1965년에 자존감을 정의하기를 '자신에 대한 평가로, 자신이 가치 있고 존중받을 만하다고 믿는 정도'라고 했다. 그런데 많은 사람이 자존감을 결핍이 없는 상태로 끌어올릴 수 있는 무엇으로 오해하는 것 같다. 그래서 욕구를 충족시켜야만 자존감이 향상된다고 생각한다. 또는 개인이 실패나 성공을 경험하는 것에 따라 자존감이 변한다고 여긴다. 성공하면 자존감이 올라가고, 실패하면 떨어진다고 생각하는 것이다.

그러나 이렇게 잘못된 자존감에 대한 인식은 자칫 자기애성 성격장애로 이어지는 부작용을 불러올 수 있다. 최근 학자들은 자존감을 높이려고 하는 이 욕망이 '자기 향상 편향'으로 갈 수 있음을 지적한다. 내 자존감을 유지하겠다고 타인을 깎아내리고 무시하는 것은 자존감을 키우는 제대로 된 방법이 아니다. 미국의 심리학자 크리스틴 네프(Kristin Neff)는 자존감만 강조하는 사회 풍토가 일종의 나르시즘과 같은 추세를 만들어 낸다고 했다. 기독교인으로서 우리도 '살아가는 데 과연 자존감만으로 충분할까' 같은 고민이 필요해 보인다.

존재감이 뭐길래

우리는 자존감에 관해 많이 이야기하지만, 나는 그 대신 '존재감'에 대한 이야기를 하고 싶다. 우리는 흔히 "나는 존재감이 없어" 혹은 "그는 존재감이 있어" 하는 식으로 이 단어를 사용한다. 존재감이라는 말은 아직은 학문적으로 통용되는 정의가 있는 개념은 아니다. 국어사전을 찾아보면 "존재감은 사람, 사물 따위가 실제로 있다고 생각하는 느낌"이라고 설명한다. 실제 있는 것이 아니라 '느낌'으로 정의한다.

많은 사람과 어울리고 난 후 집에 돌아가면서 기억을 더듬는데, 아예 기억조차 안 나는 사람이 있을 수 있다. 백이면 백 존재감이 없는 사람이다. 어떤 사람은 친구들 사이에서, 혹은 가정 안에서 스스로 존재감이 없는 것 같아 괴로워한다. 교회 공동체에도 이런 사람이 많다. 어디 가서 말도 못 하고 괴로워하다가 심

성경적 마음 이해 ——— 편한 마음

리적인 증상들로 발현된다. 자기가 지금 여기 있다는 것을 증명하려고 하는 것이다.

사람은 그냥 그 자체로 존재하는 생명인데, 그걸 증명하려고 하니 이상하지 않은가. 그럴 때 나타나는 행위들이 보통은 죄된 마음에서 근거하는 것이 많다. 예를 들면 스펙을 쌓으려고 노력을 많이 한다. 과도하게 열정적으로 산다. 회사에서도 워커홀릭이 되어서 집에 가지도 않고 일만 한다. 결과만 놓고 본다면 성과를 잘 낼 테니 좋은 평가를 받을 수 있다. 요즘은 특히 인스타그램이나 유튜브 같은 매체에 자신의 일상을 업로드하는 사람이 많다. 이런 곳에 자신의 지질한 모습, 실패한 모습을 올리는 사람은 많지 않다. 대부분 근사한 곳에서 밥 먹고 명품 옷이나 좋은 가방 사진을 찍어 올린다. 유명한 사람을 만나거나 좋은 곳, 화려한 곳을 가게 되면 배경으로 사진을 찍어서 올린다. 이러는 이유가 뭘까. '나 지금 여기 존재해'라는 것을 많은 사람에게 보여 주려는 것 아닐까.

어떤 사람은 이런 이야기를 하면 "그래, 그런 건 별로 좋지 않아. SNS는 백해무익이니 하면 안돼" 하는데, 내가 하고자 하는 말은 그게 아니다. '좋다' '나쁘다'라는 평가를 하자는 말이 아니다. 사회적으로 왜 이런 사람이 많아졌을까를 고민해 보고 이해하면 좋겠다. 'SNS를 지나치게 의존하지 않고도 현대인이 존재감을 느끼면서 살 수 있는 방법이 뭘까'에 대해 이야기해 보고 싶다.

앞 장에서도 이야기했지만, 인간은 하나님이 창조하신 피조물이다. 따라서 창조된 대로 존재한다. 먼저 이게 믿어져야 한다. 우리가 피조물이 맞다면 개인적으로 존재감을 느끼든 그렇지 않든, 하나님의 의지로 존재하는 것만큼은 확실하다. 내게 어떠한 스펙이 있든 없든, 성과가 있는 사람이든 아니든, 성공했든 실패했든 나는 존재하는 것이다. 이것은 부인할 수 없는 사실이다. 그런데도 '내가 여기 존재하고 있다'는 것을 못 느끼는 상황이 반복되면 이것은 문제가 맞다.

철학이나 신학적인 접근을 떠나서 내가 여기 있는데 아무도 내 존재를 인정해 주지 않고 마치 없는 사람 취급당한다면 그때 벌어지는 심리 정서적 측면에서의 고통이 얼마나 크겠는가. 만약 내가 교회에 갔는데 아무도 내 인사를 받아주지 않는다고 생각해 보라. 나는 열심히 인사했는데 어느 집사님이 그런 나를 보고도 그냥 지나가면 마음이 편치 않을 것이다. 심지어 담임목사님이 내 인사를 받아주지 않으면, 거기다 나를 무시하고 지나가서는 내 뒷사람과만 악수하고 안부를 묻는다면 어마어마하게 불쾌할 것이다. 처음 한 번이야 '그래, 목사님이 바빠서 날 못 봤나 보다' 할 수 있겠지만, 그런 일이 몇 번이나 반복되면 내면에서 분노가 부글부글 치밀어 오를 수 있다.

이렇게 우리는 누군가가 나를 없는 사람 취급할 때 심리적인 반응이 나타난다. 관계적 존재로 창조되었기 때문이다. 그리고 우리는 누군가의 반응을 통해 내 존재를 확인할 수밖에 없다. 타인으로부터 '네가 거기 있는 것 내가 알고 있어' '네가 존재하고 있지'라는 반응들이 있어야 이 존재감이 확인되며 심리적으로 안전해지는 것이다.

어떤 학생들은 자기가 좋아하는 선생님이 있을 때, 좋은 성적을 내서 그 선생님과 좋은 관계를 맺고 싶어 한다. 그러다가 시험을 잘 못 봐서 좋은 성적을 못 받을 것 같거나 선생님을 실망시킬 것 같을 때 자신도 모르게 선생님을 슬슬 피하게 된다. 그런데 시험을 잘 봐야만 내가 더 존귀한 학생이 되는 건 아니다. 마찬가지로 내가 좋은 대학을 가야만, 유능한 사람이어야만, 관계를 잘 맺는 사람이어야만, 좋은 성과를 내야만 귀한 존재가 되는 것이 아니다. 그런 기능적인 면, 성과적인 측면과 상관없이 우리는 귀한 존재이다. 우리 자신의 존재감을 확보하기 위해 부단히 애쓸 필요가 없다는 말이다.

타인을 통해 존재감을 확보하려는 동반의존

'동반의존'이라는 것이 있다. 상대방이 나에게 의존하는 것이 무의식중에 나의 존재 가치를 증명하는 것처럼 느끼는 것을 동반의존이라고 한다. 존재감 확보와 관련된 대표적인 역기능의 예이다.

예를 들어 어떤 사람은 타인의 문제에 지나치게 몰입한다. 저 사람의 문제가 마치 내 문제라도 된 것처럼 도와주고 해결해주려고 한다. 그 과정에서 나 자신의 삶이나 감정은 무시하는 형태로 나타난다. 약물 남용이나 정신 정서적 문제, 예컨대 알코올

중독이나 조울증, 조현병, 양극성장애 등의 문제를 가진 사람과 그 주변 사람에게서 더욱 빈번하게 일어난다.

미국에 살고 있는 한 지인이 아내에게 운전을 못 하게 했다. 아내도 운전하기 무서웠는데 잘됐다 하고 남편의 말대로 했다. 그런데 문제는 미국이라는 나라가 차가 없이는 생활하기 참 어려운 곳이라는 점이었다. 장도 보고 아이들 학교도 데려다 줘야 하는데, 우리나라처럼 대중교통이 잘되어 있거나 거리가 가깝지도 않다. 그러다 보니 이런 일들을 남편이 있어야만 할 수 있었다. 그러니 아내에게 이 남편이 얼마나 필요한 존재였겠는가. 생활의 일거수일투족이 남편 없이는 해결이 안 될 정도였다. 아내가 미안한 마음에 "내가 운전을 좀 배워 봐야 할 것 같아"라고 말하면 남편이 "당신이 운전을 어떻게 해" 하며 말렸다고 한다. 그래도 어떻게 연습을 좀 하게 됐는데 가벼운 접촉 사고라도 나면 남편이 "거봐, 내가 하지 말랬잖아"라고 말했다. 이 남편의 심리가 동반의존의 예이다. 아내를 자신에게 의존하게 하면서 존재감을 확보하려는 것이다.

사실 이런 예는 우리 주변에 많다. 꼭 병리적으로 접근하지 않더라도 일상에서 빈번하게 일어난다. 자녀가 늦잠을 자면 엄마는 속이 터진다. 학교 갈 시간은 다가오는데 아이가 일어날 생각이 없으면 잔소리가 시작된다.

"학교 안 갈 거야! 너 때문에 내가 정말 아침마다 너무 힘들다!"

그래서 이 엄마가 매일같이 아이를 학교에 차로 데려다주었다. 이게 몇 년 지속이 되었는데, 하루는 아이가 일찍 일어났다. 그런데 엄마가 "왜 이렇게 일찍 일어났어? 좀 더 자" 하는 것이다. 늘 내 아이 뒤치다꺼리 해주는 것이 귀찮다가도 어느 날 갑자기 아이가 그 일들을 혼자 할 수 있는 나이가 되면 엄마들이 뭔가 허전함을 느낀다고 한다.

이 정도는 아주 경미한 수준의 상호 의존적인 관계이겠으나, 동반의존이 병리적 단계로까지 진행되면 참 위험하다. 내 존재감이 확보되지 않으면 안 될 것 같은 엄청난 공포로 반응하는 것이다. 특히 상대방을 돕는다는 명목으로 일상생활까지 차단하면서 '내 도움이 없이는 그 사람은 절대로 살 수가 없어. 그러니까 그 사람이 뭔가 시도하려는 걸 막아야 해'라는 상황까지 가게 된다면 동반의존이 분명하다. 지인 중에 알코올중독 치료 병원에서 근무하는 임상심리사가 있다. 그에게 종종 듣는 말이 있다. 보통 남편이 알코올중독으로 입원해서 잘 치료를 받고 있는데 몇 주 후에 아내가 찾아온다고 한다. 그러면서 "우리 남편 이제 그만 집에 가도 될 것 같아요" 한단다. 아직 치료 과정이 몇 주 더 남았고, 여전히 치료가 필요한 상황인데도 아내들이 이런저런 이유를 들어 남편을 퇴원시킨다는 것이다. 왜 그럴까. 표면적으로는 '남편이 병원에서 잠을 잘 못 잔다' '경제적인 형편이 어려워서 병원비를 더는 감당하기 어렵다' '나이 드신 시어머님이 남편을 찾는다' 등의 이유가 있지만, 깊은 내면의 동기에는 동반의존이 있을 수 있다.

그동안 아내는 남편의 알코올중독으로 힘들어했다. 술 마시고 집에 와서 행패 부리는 것 때문에 너무 고통스러워서 자식들과 상의해 남편을 병원에 입원시켰다. 그런데 막상 나를 너무 괴롭게 했던 배우자가 없으면 처음에는 편하겠지만 시간이 지나면서 이 상황이 허전하기도 하고 묘한 기분이 들 수 있다. 자기가 돌볼 배우자도 없고, 배우자가 사고 친 것을 수습하지 않아도 되는 상황에서 자신의 역할이 없어지니 존재감이 줄어드는 기분이 드는 것이다. 남편이 술 마실 때, 집에 와서 행패 부릴 때는 자신의 역할이 있었다. 그런 남편을 돌보는 사람이라는 존재감이 확보되어 있었다. 그런데 그런 것들이 다 사라진 상황에서 아내들은 인생의 헛헛함을 느끼면서 무의식중에 묘한 역동을 경험한다. 그래서 '남편이 병원 생활 힘들다고 전화해서 하소연하니 불쌍하네' '내가 좀 고생하더라도 병원비를 아껴야지' '나이 드신 시어머님에게 이게 무슨 불효야' 같은 생각을 하면서 아직 완전히 치료되지 않은 남편을 퇴원시켜 다시 집에 데려다 놓는 것이다.

남편이 알코올중독을 다 해결하고 술을 안 마시게 되면, 그때도 아내는 자신의 역할이 없어진 것처럼 느낀다. 그래서 남편에게 "이렇게 술을 안 마실 수 있으면서 한평생 나를 그렇게 괴롭혔냐?" 한다. 그동안 아내가 남편의 옆에서 술을 끊게 하려고 부단히 노력했을 것이다. 그런데 남편이 술을 끊는 것 같자 자기도 모르게 자극하는 말과 행동을 하면서 남편의 심기를 건드린다. 아내의 이런 반응이 지속되면 남편은 기분이 나빠지고, 그럴 때마다 술을 찾던 패턴으로 돌아가 다시 술을 마시게 될 수 있다. 이런 패턴이 동반의존의 병리적 현상이라 할 수 있다. 물론 모든 알코올중독자의 가정이 이런 패턴으로 움직이는 것은 아니다. 그럼에도 알코올중독 과정을 동반의존으로 설명하는 이론이 많다. 그만큼 중독 증상에 따르는 문제가 있는 사람을 옆에서 도와주면서, 어떤 일정한 역할을 하면서 존재감을 확보하는 사례가 많다는 것이다.

　나 또한 이런 동반의존을 경험한 적이 있다. 신혼 초에 남편이 내가 타 주는 커피를 정말 좋아했다. 남편은 사람들 앞에서 늘 "아내가 타 주는 커피가 제일 맛있어요"라고 말하곤 했는데, 그때마다 나는 '우리 남편이 날 굉장히 사랑하나 보다'라고 생각했다. 그래서 친정을 가든 교회 모임을 가든 남편 커피는 늘 내가 탔다. 그렇게 어려운 일도 아니고, 내심 '우리 남편한테 내가 정말 필요한 사람이구나'라고 느꼈던 것이다. 한번은 내가 일이 있어서 며칠 집을 비운 적이 있다. 그때 남편이 "당신 없어서 내가 커피를 며칠 동안 못 마셨어" 하는데, 순간 헷갈렸다. 남편은 내가 없으면 커피도 못 마시는 사람인가 착각할 뻔했다. 그순간 내가 '남편 커피를 타 주어야 하니까 집에 가야겠어'라고 했다면 내 인생은 어찌되었을까. 실제로 이런 여성이 많다. '남편 밥 차려 줘야 하니 나 혼자서는 어디 멀리 여행 못 가'라고 생각하는 것이다. 남편 밥 차려 주는 일이 내 존재를 확보시켜 주는 것이다. 누군가가 대신해 줄 수 없는 역할을 하면서 나의 존재를 확인하는 것, 이런 상태를 동반의존이라고 말할 수 있다. 무의식 안에서 내 존재감이 확보되지 않을 때 일어나는 증상이다.

그런데 증상이라고 할 정도의 동반의존의 특징은 상대방의 문제에 과도하게 관여하고 도우려고 한다는 것이다. 내담자 중에 30대 초반 남성이 있었다. 그는 오랜 시간 외국에서의 유학 생활로 가족과 떨어져 지내오다가 한국에서 취업하면서 귀국했다. 그의 고민은 엄마였다. 그는 유학 생활을 할 때 우울증으로 많은 어려움이 있었는데, 엄마는 그때마다 언제든 찾아와 그의 문제를 해결해 주곤 했다. 그러다가 아들이 한국에 취직한 것이 너무 좋았는지, 엄마가 떡과 과일을 포장한 도시락에 "우리 아이 잘 부탁드립니다"라는 메모를 넣어서 회사 전 사원에게 돌렸다. 어떻게 됐겠는가. 그가 노발대발 난리를 쳤다. 엄마에게 너무 창피해서 회사에 못 다닌다고, 사람들이 이미 나를 이상한 사람 보듯 한다고 말했다. 그런데 엄마는 그런 아들을 이해하지 못했다. 우리 아들 잘 봐달라는 게 뭐가 그렇게 문제냐고 오히려 화를 내었다.

그러나 이것은 엄마의 문제가 맞다. 우리는 앞 장에서 창조 순서에 따른 남성과 여성의 차이를 살펴봤다. 여성은 연결감을, 남성은 영향력을 중요하게 생각한다고 했다. 그래서 남성에게는 주변의 반응을 이끌 수 있는 통제력을 행사하는 것이 아주 중요하다. 그런데 지금 이 엄마는 30대 초반 아들이 영향력과 통제력을 발휘할 수 있는 상황을 닫아 버리고, 타인이 보기에 '굉장히 지질하구나'라는 평가를 받도록 만든 것이다. 그뿐만 아니라 아들의 문제에 과도하게 관여했다. 지나치게 도와주려고 한 것이다. 다행인 것은 이 아들이 자신의 영역을 침범하는 엄마에게 화를 냈다는 것이다. 만일 이때 그가 엄마가 불쌍해서 또는 엄마에게 미안해서 화를 내지 못하거나 대응하지 않았다면 동반의존 패턴이 된다.

동반의존의 또 다른 특징은 양가감정이다. 앞서 알코올중독자의 아내가 남편이 중독에서 벗어나길 바라면서도 또 벗어나지 않기를 바랐던 것과 같다. 어떤 엄마에게는 자녀의 성공 여부가 자기 인생의 성공 여부를 결정할 정도이다. 이런 경우 자녀는 엄마의 존재감과 밀착되어 있다. 그래서 자녀에게 문제가 생기면 오히려 엄마는 기쁘다고 할 수는 없겠지만, 생기를 갖게 된다. 왜 그럴까. 엄마에게 역할이 생기는 것이기 때문이다. 예를 들어 자녀에게 우울증과 같은 정서적인 문제가 생기면 엄마의 역할은 여기저기 병원과 상담센터를 알아보고 여러 자료를 보거나 강의를 들으면서 어떻게 하면 어려움에서 벗어날 수 있는지 공부한다. 이렇게 엄마에게는 자신의 인생은 없어지고 자녀의 문제만 있다. 이렇게 오랜 시간을 보내다가 만약 자녀의 어려움이 많이 나아지려고 하면 엄마는 기쁘지만 한편으로는 자기 역할이 점점 줄어드는 것은 아닐까 불안해진다. 이때 불안은 의식적 차원에서 일어나는 게 아님을 다시 한번 강조한다. 이성적이거나 합리적 사고의 결과가 아니라는 의미이다. 무의식에서의 불안함이 자녀의 어려움을 더 조성하는 쪽으로 다이내믹이 일어날 수 있다. 자녀의 인생 문제를 엄마가 해결해 주려고 동반의존의 관계를 계속해서 만드는 것이다.

동반의존 관계에서 일어나는 특징 중 조종, 통제가 있다. 조종이란, 내가 어떤 행동을 해서 상대방의 태도나 행동, 감정을 자꾸 바꾸려고 하는 것을 말한다. 이것은 경계선 성격장애(borderline personality disorder, BPD)에서 많이 나타나는 양상이다. 요즘 이 경계선 성격장애에 관해 관심이 많다. 굳이 장애라고 하지 않더라도 버림받는 것이 두려워서, 누군가가 나를 떠나는 것이 불안해서 상대방의 행동을 조종하려고 할 때 '경계선 성격 경향이 있다'라고 말한다.

한번은 주일 예배를 드리고 있는데 전화가 왔다. 내담자 중 한 명이었다. 내게는 주일엔 내담자와 통화하지 않는다는 원칙이 있기도 했고, 예배 시간이라 받지 않았는데 얼마 안 있어 문자 메시지가 왔다.

"선생님, 제 전화 받으세요."

그래도 어쩌지 못하니 예배 끝나고 전화해 보자 하고 나중에 휴대전화를 확인했는데, 또 문자메시지로 "선생님, 왜 제 전화 안 받아요? 저 한강 가요"라고 와 있었다. 그러면 원칙이고 뭐고 걱정이 되어서 전화를 안 걸어 볼 수가 없다. 이렇게 경계선 성격장애의 경향이 있는 사람은 상대방 행동을 조종하고 통제한다. 이것은 상대방과의 관계가 끊어질까 봐, 저 사람이 날 버리고 떠날까 봐 너무 불안해서 하는 행동이다. 불안하다고 어떻게 상대방의 행동을 조종하고 통제까지 할까 생각할 수 있겠지만, 그만큼 옆에 있는 사람이 날 버리거나 떠나는 행동을 하지 않기를 바라는 마음이 간절한 것이다. 그래서 상대방이 진짜 내 옆에 있을 건지를 확인하는 행동을 계속해서 하는 것이다.

누구에게나 주어진 삶의 몫

그러면 어떻게 해야 이런 동반의존에서 벗어날 수 있을까. 첫째는, 내게 동반의존 패턴이 있다는 것을 알아차려야 한다. 예를 들어, 우리 자녀가 어려움에서 벗어나면 내 역할이 줄어들면서 존재감이 약해질 것 같은 두려움이 있다는 것을 인식해야 한다. 그래서 내 바람과는 다르게 자녀의 어려움을 촉진시킬 만한 또는 유지시키는 이상한 행동을 하려고 한다는 사실을 깨달아야 한다. 그렇다고 "미쳤어. 내가 왜 그랬지? 하나님 앞에 회개해야 돼" 하면서 죄책감을 가지라는 말이 아니다. 그저 '내가 역할을 잃을까 봐 무서워하는구나'를 수용하는 것이 중요하다. 우리는 내 역할이 없어질까 봐, 그러면 마치 쓸모없는 사람이 될까 봐 두려워할 수 있는 존재이다.

둘째는, '경계 세우기'를 해야 한다. 상대방의 몫이 있음을 기억하는 것이다. 1장에서도 말했듯이, 우리는 개별성과 연합성의 균형을 가진 존재로 창조되었다. 개별성을 가진 존재라는 것은 삶에 내가 감당해야 할 몫이 있다는 것이다. 다른 사람이 해

줄 수 없는 일, 나만이 해내야 할 일이 우리 각자에게 주어져 있다. 유아기에 아이들이 곧잘 하는 말이 있다. "내가 할 거야!"이다. 신발을 신을 때도, 옷을 입을 때도 아이들은 "내가 신을 거야!" "내가 입을 거야!" 한다. 그런데 아직 아이들은 미숙하니까 제대로 해내지 못한다. 뒤집어 입고 거꾸로 신고 난리가 난다. 밥을 먹을 때도 "내가 먹을 거야!" 하지만 국그릇 밥그릇 엎는 것은 예사이다.

어떤 엄마들은 이때 아이의 몫을 빼앗는다. "네가 하긴 뭘 해! 이거 봐! 뒤집어 입었잖아!" 하면서 바로잡아 주는 것이다. 그러다 보면 아이들은 스스로 하려는 의지를 잃어버린다. 그런데 이런 무기력함이 초등학교에 올라가서까지 이어진다. 스스로 해야 할 일까지 엄마에게 미룬다. 그제야 엄마들이 "너는 어떻게 혼자 할 수 있는 게 하나도 없니?" 하며 아이를 책망한다. 그런데 생각해 보면 그게 다 엄마가 그렇게 만든 것이다. 대신 해주는 것, 굉장한 사랑 같을지 몰라도 그렇지 않다. 엄청난 폭력이 될수 있다. 그러면 유아기 자녀가 옷 입기와 신발 신기에 실패할 때 엄마들은 뭘 해야 할까. 기다려야 한다. 그래야 아이들이 자라며 내 몫이 있다는 것을 깨달으면서 점차 발달해 나갈 수 있다. 이처럼 자녀에게 주어진 몫을 빼앗지 않고 개별성을 존중해 주는 것이 경계를 세우는 일이다. 상대방의 몫이 있음을 기억하고 내가 해줄 수 있는 것과 없는 것을 구별해야 한다.

다시 30대 초반 아들의 회사에 떡과 메모를 돌린 엄마의 이야기로 돌아가 보자. 이 엄마가 우울증이 있는 아들이 직장 생활하는 것이 걱정되고 불안해서 회사 사람들에게 떡과 메모를 돌렸다고 하더라도, 그것은 엄마의 역할이 아니었다. 아들의 몫을 엄마가 빼앗은 것이다. 아들과 자신 사이에 경계를 세우지 못한 것이다. 그런데 엄마는 왜 그런 행동을 했을까. 아들이 불쌍해서이다. 아들을 도와주고 싶었기 때문이다. 아들이 직장생활을 잘해 보길 바라는 마음이 컸다. 그런데 결과적으로 엄마의 그와 같은 행동은 아들에게 도움이 되지 않았다. 아들이 자기 인생의 몫을 감당하지 못하게, 즉 개별적으로 살 수 없게 한 것이다. 아무리 아들이 가엾고, 도와주고 싶은 마음이 크더라도 부모라면 이 감정을 견뎌야 한다. 하나님이 내 자녀를 개별적인 존재로 창조하셨음을 인정해야 한다. 하나님이 내 자녀를 개별적으로 부르셨고, 소명을 주셨고, 자녀를 향한 목적을 두셨다는 사실을 깨달아야 한다. 내 아이에게도 삶의 몫이 있다. 설령 우울로 인해 상처받고 회사를 그만두는 한이 있더라도 부모는 그 상황을 견뎌주어야 한다.

혹시 지금 10대 자녀를 키우는 부모 중에 자녀가 힘들어하는 것을 견디지 못하고 과도하게 개입하여 책임지려고 하는 분이 있는가. 좋은 팁이 있다. 자녀와 이야기하면서 "엄마가(아빠가) 해줄게"라고 말하는 대신 "엄마가(아빠가) 무얼 도와주면 좋겠어?" "엄마가(아빠가) 어떻게 기도해 주면 좋겠어?"라고 물어보자. 마찬가지로 배우자와 동반의존의 관계가 이어지고 있다면, 그의 문제를 내가 해결해 주려고 고군분투하는 대신 "내가 당신을 위해서 어떻게 기도하면 좋을까?"라고 물어보며 대화하는 시간을 가져 보자. 만약 동반의존의 관계라면 상대방이 "그걸 몰라서 물어? 나한테 뭐가 필요한지 당신이 더 잘 알잖아!"라고 말할 수 있다. 심지어 자녀에게 이렇게 물어보라고 할 때 어떤 부모는 "내 아이에 대한 것은 내가 다 알아요" 한다. 물론 다 알 수 있다. 그런데 자녀 스스로 자기 기도 제목을 자기 입으로 말할 수 있는 것이 개별성이다. 나에게 무엇이 부족한지, 내게 필요한 것이 무엇인지 알고, "저를 위해서 기도해 주세요"라고 말할 수 있어야 한다.

이것을 '셀프톡'(self-talk)이라고 한다. 내가 내 이야기를 할 때 상대방에게 듣도록 하지만 그러면서 나도 듣는다. 내 무의식이 듣는 것이다. 따라서 내가 내 이야기를 남에게 할 때 가장 크게 공명하는 부분이 내 자아(self)이다. 이 셀프톡을 통해 '그렇지, 맞아. 내가 이런 부분이 힘들었지. 나한테 이런 게 필요했지'라고 생각하게 된다. 이것이 내 몫을 내가 찾아가는 과정이다.

머레이 보웬의 이론 중에 '감정반사행동'이라는 개념이 있다. 내가 감정적으로 동요되었을 때 반사적으로 튀어나오는 행동을 말한다. 예를 들어서 어디서 기분 나쁜 일을 당하거나 심란한 일이 생겼을 때 그 기분을 피하기 위해서 누군가에게 전화하는 사람들이 있다. 뭔가를 판단할 새도 없이 이미 휴대전화를 들고 이 사람 저 사람에게 전화를 건다. 또 소리 지르거나 물건을 던지고 부수는 사람도 있고, 밤새 게임을 하거나 아무 생각 없이 영상을 찾아서 오랜 시간 보는 사람도 있다. 자꾸 자녀의 인생에 간섭하면서 지나치게 도움을 주려고 하는 행동도 감정반사행동의 일부분일 수 있다. 내 아이가 어떻게 될까 봐 불안해서 나도 모르게 그런 행동이 나오는 것이다.

어떻게 하면 이런 행동을 줄일 수 있을까. 보웬은 '지적 체계 활성화'에 대해서 이야기한다. 생각하는 체계를 활성화시켜야 한다는 것이다. 무엇을 생각해야 할까.

첫째, 내가 지금 상대방이 감당해야 할 몫에 지나치게 개입하고 있다는 것을 깨닫고, 내가 할 수 있는 것과 해서는 안 되는 것을 생각해야 한다. 내가 할 수 있는 것과 할 수 없는 것, 지금은 할 수 있지만 앞으로 지속되면 하기 어려운 것, 또는 상대방이 지금 할 수 있는 것과 앞으로 할 수 있으려면 지금부터 행동을 조정해야 하는 것 등을 생각하는 게 도움이 된다. 어떤 사람들은 "내 아이를 위해서인데 뭐든지 다 해야죠. 제가 안 하면 누가 해요?" "그 사람을 돌보는 것은 하나님이 제게 주신 사명이에요"라고 말한다. 그런데 그렇지 않다는 것을 알아야 한다. 오히려 내가 지금 하는 행동을 중단했을 때, 또는 서서히 줄여갈 때 상대방이 자기 몫을 하면서 살아갈 수 있다. 그것이 진짜 사랑 아니겠는가. 자녀가 성인이 되어서도 친구 만들어 주고 어떤 옷 입을지 골라 주겠는가. 당장은 어렵겠지만 서서히 내가 대신 하던 것을 상대방에게 넘겨줘야 한다. 상대방이 자신의 몫을 찾아서 할 수 있도록 공간을 만들어 주어야 한다. 심리적 경계 세우기라고 생각하면 좋겠다.

둘째, 내 행동이 상대방에게 미치는 영향이 뭘까 생각해 봐야 한다. 아들이 우울증 진단을 받았다고 내가 밤을 새워 우울증 관련해서 공부하고 모든 시간을 거기에 투자한다면 그걸 지켜보는 아들의 마음이 어떨까. '내가 해야 할 일을 엄마가 하고 있네. 그럼 나는 굳이 알아보고 공부할 필요가 없겠네' 하지 않을까. 물론 엄마가 갑자기 "이건 네 신앙의 힘으로 이겨내 봐. 기도제목을 말하면 엄마가 기도해 줄게"라고 한 발 빼서 이야기하면, 그동안 엄마를 지나치게 의존하고 있던 아들은 불안을 느낄 것이다. 그래서 감정적으로 반응할 수 있다. 짜증을 내고 화를 내거나 심한 경우 엄마에게 상처 주는 말을 하기도 한다. "엄마 예전에 그랬던 것처럼 지금 또 나를 버리는 거야?" 하면서 엄마가 들었을 때 가장 아플 이야기로 공격할 수 있다. 누군가가 내 인생의 많은 부분을 대신해 주고 책임져 주다가 한 발짝 떨어지려고 할 때는 많은 저항이 있다. 가장 취약한 부분을 공격하기도 한다. 이때 "그래, 네가 그렇게 생각할 수 있겠다. 그런데 엄마도 네가 네 인생에서 한 사람의 몫을 할 수 있게 돕는 방법을 지금 찾는 중이야"라고 말하면서 자녀가 자신의 몫을 찾아가도록 엄마 자리에 있어 주는 것이 중요하다.

04

사랑한다면 귀 기울여 주세요

간혹 대화의 목적이 정보 전달이나 문제 해결이라고 생각하는 사람들이 있다. 그래서 필요한 주제가 있을 때나 문제를 해결해야 할 때만 대화가 필요하다고 생각한다. 이런 생각들은 우리의 삶을 참 많이 제한한다. 대화 또는 상호작용의 기능이 얼마나 풍성한지, 이것을 '치료적인 의사소통'이라고 이름을 붙여 봤다.

있는 그대로 인정해 주는 것

치료적인 의사소통을 위한 첫 번째 방법은 '경청'이다. 의사소통은 양방향에서 이루어진다. 그리고 의사소통하려면 먼저 상대방의 이야기를 잘 들어야 한다. 우리는 얼마나 경청하고 있는가. 경청이란 상대방의 존재를 인정해야 할 수 있다. 만약 내가 누군가와 이야기하고 있는데 딴짓하면서 못 듣는 척하면 기분이 어떻겠는가. '내가 누구랑 얘기하는 거야?' '이 얘기를 내가 왜 하고 있는 거야?' 하는 생각이 들 것이다. 그런데 만약 내 배우자가 내게 한평생 그랬다면 어떨지 생각해 봤는가.

한번은 '기독교 상담과 사역'이라는 과목을 가르치면서 숙제를 내주었다. 같이 사는 사람들에게 "오늘 하루 어땠어?" "나랑 사는 게 어때요?" 하고 물어보고 오라는 것이었다. 그 수업에 나이 지긋한 신학생이 있었는데, 며칠 후에 그분의 아내인 권사님에게서 메일이 한 통 왔다.

"제가 제 남편과 45년을 살았는데, 이 사람이 처음으로 제 이야기를 들어 주는 것 같았습니다. 벽하고 사는 줄 알았는데, 이 사람이 내 이야기를 들어 주다니 기적이 일어났어요!"

알고 보니 그 남편 분이 신학 공부를 하기 전에 법조계에 종사했다고 한다. 늘 판단하고 지시하는 일을 하다 보니 집에서도 아내의 말을 잘 듣지 않았나 보다. 그런데 이분이 갑자기 아내에게 "오늘 하루 어땠어?"라고 묻자 아내인 권사님이 깜짝 놀랐다는 것이다. "오늘 뭐 괜찮았지" 하고 이야기하는데 그런 자기를 가만히 쳐다보면서 듣더란다. 경청이 시작된 것이다. 그때 권사님은 결혼해 살면서 처음으로 '내 존재가 이 사람한테 받아들여지는구나'를 경험했던 것 같다. 반대로 상대방이 나에게 경청하지 않는다는 것은 '저 사람이 나를 받아들이지 않는구나'와 같은 의미이다.

그런데 우리가 경청에 대해서 다루기 전에 먼저 알아야 할 것이 있다. 바로 '대상관계이론'이다. 이 이론의 출발은 지그문트 프로이트(Sigmund Freud)의 정신분석이다. 정신분석은 인간의 행동이나 감정 혹은 생각이 정신 내적인 원인에 의해서 결정된 다고 주장한다. 그런데 대상관계이론에서는 '관계 맺고 싶은 욕 구'도 우리의 기본적인 욕구이며, 따라서 관계를 어떻게 맺느냐 가, 즉 어떻게 이 관계를 경험하느냐가 중요하다고 제안한다. 대 체로 사람을 의미하는 대상(object)과 관계를 맺으며 상호작용을 통해 우리의 어떠함이 형성되어 가는 것이다. 이를 대상관계라 고 하는데, 어린 시절의 중요한 타인과 맺었던 관계 경험이 마음 속에 내재화되어 성인이 되어서도 다른 사람들과 상호작용할 때 영향을 미친다.

예를 들어 아직 말을 못 하는 아기는 배가 고플 때 운다. 그 러면 엄마가 그것을 알아차리고 젖을 물린다. 아기는 자기가 우 는 행동이 엄마에게 미치는 영향을 알게 된다. 또 어느 날은 아기 가 우연히 한번 웃어 봤는데 부모나 조부모가 너무 행복해하면 서 마주 웃어 준다. 그러면 아기는 웃는 행동이 강화된다. 반대로 아기가 인상을 써 보니 상대방도 인상을 쓴다. 그러면 아기는 자 기가 인상 쓰는 행동이 무엇인지를 깨닫는다. 즉, 나라는 존재가 상대방의 반응을 통해서 인식되는 것이다.

이렇게 상대방의 반응은 우리 안에 자기를 인식하는 자기개 념(self concept)을 만드는 데에 중요한 영향을 미친다. 예를 들어 초등학교 저학년인 자녀가 집에 와서 "엄마 나 배고파요"라고 했 을 때 엄마들의 반응은 다양하다. A엄마는 "무슨 말이야, 점심시간 지난 지 두 시간밖에 안 됐는데 그럴 리가 있어?"라고 반응한다. 이런 엄마의 반응이 반복되면 아이는 자신의 상태가 헷갈린다. 아이가 자기의 감정을 이야기해도 "그럴 리 없어, 네가 잘못 생각한 거야"라고 한다거나, 아이가 넘어져서 아파 우는데 "괜찮아, 금방 괜찮아져"라는 식으로 엄마가 반응하면 나중에 아이는 자기 감정이나 상태를 정확히 인식하지 못하게 된다. 자신의 상태를 왜곡해서 받아들여, 배가 고파도 '이게 지금 배고픈 게 맞나? 배고픈 게 아닐 거야' 하게 되고, 혹시 좋아하는 사람이 생겨도 '내가 쟤를 좋아할 리 없어. 이건 좋아하는 감정이 아닐 거야' 하게 된다. 이런 반응이 확장되면 내가 뭔가 하고 싶은 일이 생겼을 때도 '이게 진짜 내가 하고 싶은 일인가? 이런 걸 해도 괜찮은 건가?' 하면서 자기확신이 부족해지는 결과를 초래한다. 심지어 내가 느끼는 것은 잘못된 일이고, 사실이 아닐 거라는 자기의심으로 가기도 한다.

B엄마는 아이가 배고프다고 할 때 아무 말도 하지 않고 주방으로 가서 달걀부침을 한다. 그리고 아이에게 먹으라며 갖다준다. 그때 아이가 "엄마, 나 이거 먹고 싶지 않은데?"라고 할 수 있다. 그럴 때 이 엄마가 "왜? 배고프다며? 네가 배고프다고 했잖아. 왜 힘들게 달걀부침해 주니까 안 먹는 거야?" 한다. 이런 패턴이 반복적으로 일어나면 이 아이는 어떤 생각을 하게 될까. '아, 내가 내 상태를 얘기하면 안 되는 거구나' 또는 '내가 내 상태를 말하면 그건 엄마 또는 다른 대상을 힘들게 하는 거구나'를 학습

하게 된다. 어떤 부모는 "먹지도 않을 거면서 뭐 하러 배고프다고 얘기했어?" 한다. 이런 반응이 반복되면 자녀는 '문제 해결을 원할 때만 얘기를 해야 하는 거구나'를 학습한다. 이런 반응 속에 자란 자녀들이 반대로 누군가의 얘기를 들을 때 해결책이 없다고 느껴지면 "나보고 어쩌라고?"라고 할 수 있다. 데이트할 때 상대방이 "겨울 되니까 너무 춥네요"라고 얘기할 때 그 불편을 해결해 주어야 할 것 같은 부담을 느낀다든지 아니면 '나보고 어쩌라는 거지?'를 느낄 수 있다.

그러면 어떻게 반응하는 것이 가장 좋을까. 만약 자녀가 "엄마 나 배고파요" 하면 우선은 "너 배고파?" 정도로만 반응하는 것이다. 그저 "아, 네가 배가 고프구나" 식으로 아이가 한 말을 단순 반영해 주는 것만으로도 아이는 불필요한 씨름이 생기지 않을 수 있다. 그럴 때 아이는 '내가 배고픈 것이 받아들여지는구나. 내가 배고픈 것이 크게 잘못이 아니구나'라고 인식하게 된다.

배고픈 것으로 예를 들었지만, 누군가를 미워하는 감정이라든지 힘들고 고통스러운 상황 등에 모두 적용해 볼 수 있다. 만약 자녀가 "엄마 나 오늘 너무 슬펐어" "엄마 나 그 친구가 너무 미워"라고 자신의 감정 상태를 이야기했다고 해보자. 엄마가 "어린 게 슬플 일이 뭐가 있어?"라고 한다거나 "친구를 미워하는 건 죄야. 크리스천이 친구를 사랑해야지 미워하면 돼?"라고 하면 아이는 자기 감정을 제대로 받아들이지 못한다. '아, 내 생각은 잘못됐구나' '이렇게 생각하면 안 되는구나' 하는 것이다.

부모가 자녀에 대하여 바라는 것 중 하나가 '견고하고 단단한 마음을 가진 아이'로 크는 것이다. 단단한 마음은 굳은 마음(겔 36:26)이나 완고한 마음(엡 4:18)과는 다른 마음이다. 그런데 부모가 자기 감정을 받아들여 주지 않고 엉뚱하게 반응하는 일이 반복되면 아이는 내가 원하는 것이 뭔지, 내 감정이 무엇인지조차 인지하기 어려워진다. 단단해지기 어려우니 우유부단할 수도 있고, 쉽게 흔들릴 수도 있다. 슬퍼도 슬픈 줄 모르고, 무엇을 좋아하는지도 모르는 것이다. 이런 상태를 대상관계이론에서 '파편화된 자아'라고 한다.

반대로 '응집된 자아'는 말 그대로 단단한 자아상을 말한다. 마음을 단단하게 만들어 주려면 단순 반영하기와 수용받는 경험을 제공해 주면 좋다. 단순 반영하기는 앞서 들은 예처럼 "네가 배고프다고?" "네가 슬프다고?" "아 그 친구가 밉다고?" 정도의 반응이다. 좀 더 적극적인 반응으로 수용해 주는 방법도 있다. 이것을 타당화(validation)라고 하는데, "배고파도 돼" "슬플 수 있지" "미운 감정이 들 수도 있지"라고 이야기해 주는 것이다. 대상관계이론에서는 이렇게 단순 반영하기와 타당화로 응집적 자기 형성을 도울 수 있다고 제안한다.

더 나아가서 옳고 그름을 먼저 얘기하기에 앞서, 슬픈 마음이 뭔지, 왜 슬픈지를 물어보면 금상첨화이다. 만약 왜 그런 마음을 갖게 되었는지 물어보는 과정 없이 옳고 그름의 잣대로, 특히 죄라고 명명해 버리면, 자녀들은 살아가면서 누군가 미워하는 마음이 들 때 왜 그러는지를 들여다보면서 처리할 힘을 기르지 못할 수 있다. 이것은 부모가 그 자녀의 감정에 얼마나 있는 그대로 반응하느냐, 왜곡해서 반응하느냐에 따라 크게 좌우될 수 있다. 이처럼 우리 각자에게는 상대방이 하나님이 창조하신 본연의 모습을 왜곡하지 않고 건강한 자아상으로 살아가도록 돕는 힘이 있다. 관계적 존재의 책임이기도 하다.

이렇게 글로 읽으면, 단순하게 반영하기, 타당화, 질문하기 등이 쉬울 것 같지만, 막상 실생활에서는 어려울 수 있다. 이런 반응을 하고 싶지만 안 되는 이유는, 우리에게 누군가 이렇게 반응해 준 대상 경험이 적기 때문이다. 우리가 받지 못한 것을 자녀와 이웃들에게 주려고 하는 모습 자체에 큰 점수를 주고 싶다.

경청의 힘

중년 여성에 대해서 안 좋은 이미지를 가지고 있는 내담자가 상담실을 찾아왔다. 어느 대학병원 비뇨기과 과장이라고 했다. 이분이 원래는 외래 진료를 일주일에 두 번 오후 시간에만 짧게 했는데, 최근에 병원 시스템이 개편되어 외래 진료가 많아지면서 남편을 따라 외래 진료실을 찾는 40-50대 여성들이 많아졌다고 했다. 그런데 그는 이상하게 40-50대 여성을 만나면 긴장이 되었다. 중년 여성들이 가장 많이 하는 질문이 "그러면 저희 남편은 어떻게 되는 거예요?"였는데, 그 질문이 그를 너무 화나게 했다. 이유는 모르겠지만 이런 질문을 들으면 과도하게 화가 나서 언성을 높여 "그걸 왜 나한테 물어보세요?"라고 했다. 그런 자기를 지켜보는 간호사도 이상히 여기고, 본인도 내가 왜 그랬을까 당혹스럽곤 했다. 외래진료 시간이 되면, 이런 여성들을 또 만날 생각에 심장이 쿵쾅거리고 땀이 나고 긴장이 반복되다 보니 심리치료라도 받아야겠다는 생각이 들어 상담실을 찾았다.

내가 "저도 중년 여성인데, 저는 어떠세요?" 하고 물었다. 사실 오래 전 그의 딸을 상담한 적이 있어서 약간의 신뢰는 있지 않을까 싶은 기대도 있었다. 그랬더니 "교수님은 괜찮아요. 교수님은 말씀이 합리적이시잖아요"라고 했다. 그게 무슨 말인가 했더니, 그에게는 대부분의 중년 여성이 '막무가내'인 경향이 있으며, 상식적이고 합리적으로 얘기하지 않는다는 인식이 있었다. 그리고 자기 고집이 있어서 무슨 말을 해도 듣지 않을 거라는 선입견이 있었다. 그러니 중년 여성들이 자신에게 말을 걸기만 해도 화가 났던 것이다.

얘기를 들어 보니, 그는 어머니를 일찍 여의고 새어머니를 맞았다. 나중에는 아버지까지 돌아가시고 새어머니 밑에서 자랐는데, 이 새어머니가 그를 너무 함부로 대하며 키웠다. 그래서 어려서부터 모멸감과 비참함을 느끼면서 어린 시절을 보냈던 것이다. 새어머니는 시장에서 장사를 했는데, 가끔 찾아가서 필요한 것을 얘기하면 소리 지르면서 "너 같은 놈은 필요 없어, 빌어먹을 놈" 등 온갖 욕지거리를 퍼부었단다. 어린 나이에 그 창피함은 이루 말할 수 없었을 것이다. 그러다 보니 그는 40-50대 여성을 보면 새어머니의 모습이 겹쳐 보이면서 중년 여성들이 무슨 말을 할 때, '뭐 어쩌라는 거야'라는 반항심리가 발동하고 화가 났던 것이다.

이런 것을 '대상표상'이라고 한다. 누군가에 대하여 내 안에 자리 잡은 대표적인 이미지를 말한다. 이 이미지는 대상관계를 통해서 이루어진다. 예를 들어 어려서부터 아버지가 굉장히 무섭고 혼을 자주 내는 분이었다면 이 사람에게 아버지는 '나를 혼내는 사람, 무섭게 야단치는 사람'으로 굳어진다. 그리고 이 이미지가 확장되면, 아버지 또래나 특징이 겹치는 대상들이 나를 혼낼 수 있는 사람으로 확대된다. 예를 들면, 길을 가다가 모르는 중년 남성을 마주쳤을 때 괜히 움찔하고 두려운 대상으로 바라볼 수 있다. 이것은 그 중년 남성의 잘못이 아니다. 내가 갖고 있는 대상표상, 즉 경험을 통해서 내 안에 만들어진 대표적인 이미지가 작동하는 것이다. 이렇게 어린 시절에 경험한 중요한 대상들과 형성된 이미지가 현재 관계까지도 확대돼서 적용될 수 있다.

대학병원 비뇨기과 과장의 이야기로 돌아가 보자. 그에게는 새어머니의 이미지가 중년 여성의 대상표상으로 자리 잡아 또래의 다른 여성들을 대할 때마다 그를 힘들게 했다. 그의 어려움을 조금이라도 덜어 주려면 어떻게 해야 할까. '아니, 대학병원 의사씩이나 되어서 여자 보호자들과 싸우는 게 말이 됩니까?' 한다거나 '크리스천이 그러면 돼요? 회개하셔야죠' 한다 한들 문제가 해결될까.

이때 필요한 것이 듣는 귀이다. 대상표상 때문에 그가 지금껏 얼마나 힘들었을지 먼저 잘 들어 주는 것이다. 이것이 바로 치료적인 의사소통을 위한 첫 번째 방법, '경청'이다. 혹시 우리 목장이나 공동체 안에, 가족 중에 말을 과장되게 하거나 했던 말을 또 하고 또 하는 사람이 있는가. 어떤 사람은 이런 사람 앞에서 침묵으로 일관한다. 그런데 이런 사람들의 길고 지루한 이야기를 조금 줄일 수 있는 방법은 바로 경청하는 것이다. 그의 눈을 바라보면서 '내가 지금 당신의 이야기를 아주 잘 듣고 있어요'의 적극적인 태도로 들어 주면서 맞장구쳐 주면 길게 이야기하던 것이 점차 줄어들 것이다.

경청을 방해하는 요인들

그런데 이 경청이 참 어렵다. 경청을 방해하는 대표적인 요인들이 있다.

첫째, 도덕적 훈계나 의무 부여이다. 만약 어떤 사람이 도박 때문에 너무 고통을 당하고 있다고 해보자. 도박 중독은 결코 혼자만 힘들고 끝나지 않는다. 가족도 그 한 사람 때문에 고통을 당한다. 만약 공동체에서 도박중독에 빠진 사람의 고백을 듣게 된다면 우리 마음에는 벌써 어떤 생각이 들어올까. '도박을 하면 안 되지!' 같은 생각이 든다. 그런 생각을 갖고 대화하려고 하면 경청할 수 없다. 그를 존재적으로 만날 수가 없다. 경청은커녕 "도박은 하면 안 되지요" 하며 바른말을 하다가 관계를 그르칠 수 있다. 그런 말은 잠시 뒤로 밀어 두고, 이렇게 말해 보는 것은 어떨까.

"그동안 얼마나 힘드셨어요. 그래도 용기를 내어 이렇게 고백해 주시니 고맙습니다."

이것이 바로 경청의 방법이다.

둘째, 충고와 해결책 제시이다. 어떤 사람들은 누군가 다가와서 얘기하면 자연스럽게 충고하거나 해결책을 제시한다. 예를 들어, 사람들의 눈초리가 너무 따갑게 느껴져서 공동체에서 지내는 게 힘들고 그래서 자꾸 모임에 빠지게 된다고 말하는 자매에게 "다른 사람들은 생각보다 당신을 신경 쓰지 않아요. 그건 당신 생각일 뿐입니다"라든지 아니면 "단체장에게 얘기해서 공동체 모임을 바꾸어 달라고 요청해 보세요"라고 얘기할 수 있다. 그자매의 상황을 돕고 싶은 의도일 텐데 때로는 이런 섣부른 충고나 해결책 제시가 어렵게 말한 그 자매의 마음을 다치게 할 수 있다. 물론 직접적으로 문제 해결을 원하는 상호작용은 예외가 될수 있다.

셋째, 논리적 의견 제시이다. 어떤 사람들은 친구와 이야기하면서도 마치 강의하듯이 "a가 b잖아, b가 c잖아, 그럼 c가 a여야 하잖아" 하는 식으로 논리를 따져 가며 말한다. 그 사람의 이야기가 다 맞는 거 같고, 논박하기 어려울 정도로 허점이 없을 수도 있지만, 이상하게 이런 사람에게는 고민을 털어놓고 싶지 않다. 어떤 진지한 이야기도 꺼내 놓기가 꺼려진다. 생각해 보면 논리는 좀 어눌하더라도 내 이야기를 고개를 끄덕이며 진정성을 가지고 들어 주는 상대에게 위로를 받는 경우가 많은 듯하다. 친밀감을 형성하는 데 이런 논리적인 의견 제시는 도움이 되지 않는다.

넷째, 판단과 비난, 평가 등이다. 평가나 판단이 우선되면 경청하기가 참 어려워진다. 그런데 우리는 상대방의 이야기를 들으면서 너무 쉽게 판단한다. 한번은 참 이해하기 어려운 내담자가 찾아왔다. 남편도 있고 애인도 있는 유부녀였다. 한마디로 불륜을 저지르던 중이었다. 그녀의 문제는 내연남이 자신과의 관계에 소홀하며 다른 여자에게 더 마음을 주어 괴롭다는 것이었다. 아마 대부분 이런 이야기를 들으면 내면에서 정의감이 불타며 해주고 싶은 말이 많아질 것이다. 그런데 만약 내가 그녀에게 "가정이 있는 분이 어떻게 그런 마음을 가질 수가 있습니까?" 또는 "부끄럽지 않습니까?"라는 식으로 비난하는 반응을 보였다면, 아마 대화는 더 이상 앞으로 나갈 수 없었을 것이다. 다시는 상담받으러 안 왔을 수도 있다. 이런 말은 적어도 이 순간만큼은 아무 도움이 안 된다. 일단은 이 사람의 내면에서 일어나는 마음의 어려움을 경청해 줄 필요가 있다. 그러고 나면 지금 당장은 아니더라도 언젠가는 그 가운데에서 올바른 방향성을 분별할 수 있지 않을까. 물론 도덕적인 판단이 중요한 순간들, 상황들이 있다. 그러나 상대방과 상호 작용하는 게 목적일 때는 평가나 판단은 잠시 뒤로 미루어 두는 연습이 필요하다. 당시 나는 그녀에게

"○○ 씨의 행동이 이해되거나 동의되지는 않지만 ○○ 씨가 바라는 것들로 인해 많이 괴로워 보이네요"라고 반응했던 것으로 기억한다.

다섯째, 상투적인 말과 조롱이다. 어떤 엄마들은 자녀가 "학원가는 거 너무 힘들어요" 하면 "너만 힘든 거 아니야. 공부하는 거는 원래 힘들어" 하면서 대화 자체를 차단해 버린다. 또 배우자와 사별한 사람에게 "이제 예수님을 신랑 삼아 사세요" "이제 사람을 의지하지 말고 하나님 위로만 받으면서 사세요" 한다. 이런 말들이 과연 고통을 마주한 사람들에게 위로가 되겠는가. 그러면 이런 분들에게 뭐라고 말해 주면 좋을까. 어떤 목사님이 내게 "젊은 자매가 남편을 하늘나라로 보낸 상황에서 무슨 말을 해야 할 지 모르겠어요. 그래도 목사가 되어 뭐라고 위로는 해야 하잖아요"라고 물어 왔다. 그때 이렇게 말씀드렸다.

"목사님, 그 마음을 그대로 전달하시면 어떨까요? '위로를 해 드리고 싶은데, 제가 뭐라고 말씀을 드려야 할지 모르겠습니다'라고요."

상투적인 말보다는 마음을 담아 솔직하게 말하는 것이 위로가 될 때가 많다.

여섯째, 진단하거나 분석하는 것이다. 앞선 예처럼 누가 "나 도박 중독에 빠졌어요" 하면 "당신은 통제력이 상실돼서 중독에 빠진 거예요" 하면서 진단하고 분석한다. 이건 경청이 아니다. 이런 진단과 분석은 무엇을 목적으로 하는가. 그분의 어려움을 들고 싶은 게 아니라 나의 지식을 자랑하고 싶은 동기가 있는지 점검이 필요해 보인다.

그밖에 동정하거나 위로하는 것, 추적하듯이 탐색하고 질문하고 추궁하는 것도 경청이라 볼 수 없다. 어떤 사람은 누가 속얘기를 털어놓으면 "그래서 어떻게 됐는데?" 하면서 추궁하듯이 물어본다. 예컨대, 자녀가 학교 다녀와서 엄마에게 "엄마, 오늘 아무개랑 아무개가 싸워서 교실에서 유리 깨지고 피 나고 난리도 아니었어!"라고 말하는데, "어머! 왜 그랬대? 뭐 때문에 싸웠대? 그래서 선생님은 뭐라셔? 걔네 부모님도 아시니? 누가 잘못한 거야? 유리는 누가 깬 거야? 야, 너 걔네랑 놀지 마!" 하면서 더 호들갑스럽게 질문하는 것은 경청의 방식이 아니다. 이렇게 엄마가 질문하는 중에 아이의 정서 상태는 사건 당시 긴장하고 두려워했던 때로 돌아갈 수 있다. 긴장감은 몸에 남기 때문에 그렇다. 그럴 때는 "너무 놀랐겠다!" "무서웠겠다" 한 마디만으로도 아이들은 긴장감이 확 풀어질 수 있다.

경청의 언어적 방법

그렇다면 경청은 어떻게 하는 것일까. 경청의 옳은 방법을 몇 가지 알아보자.

첫째, 단순 반응하기이다. 상대방이 이야기할 때 "그래?" "아이고" "어머나!" "와!" 같은 말들로 반응해 주는 것이다. 고개를 끄덕이는 것도 단순 반응에 속한다. 이런 단순 반응이 있느냐 없

성경적 마음 이해 ——— 편한 마음

느냐에 따라 상대방이 어렵게 꺼내 놓은 이야기가 공중으로 날아가 흩어져 버릴지, 상대방의 존재를 땅에 단단하게 붙어 있게 할지 결정한다.

남편과 대화하면 아무 호응이 없어 답답하다고 말하는 사람들이 많다. 내가 벽하고 얘기하는 것 같다고, 내 이야기가 한쪽 귀로 들어가서 반대쪽 귀로 빠져나가는 모양이라고 투덜댄다. 그럴 때 나는 남편들에게 단순 반응하기만이라도 좀 해주길 부탁한다. 특히 앞서 설명했던 경계선 성격장애를 가진 사람과 이야기를 나눌 때 아무 호응 없이 듣기만 하면 그들은 쉽게 자기가 버림받았다고 생각할 수 있다. 그래서 경계선 성격장애뿐 아니라 어린 시절 버림받거나 소외당한 경험이 있는 사람들과 이야기 나눌 때는 침묵을 5-10초 이상 하는 것은 좋지 않다. 눈을 맞추고 고개를 끄덕거린다든지, "음…" "아…" 같은 단순 음절 소리를 내는 단순 반응과 함께 경청하면 그들이 심리적으로 안정을 찾는 모습을 보게 된다.

둘째, 재진술하기이다. 우리는 '공감'이라는 말을 자주 한다. 언젠가 길을 지나가는데, 부부로 보이는 남녀가 다투고 있었다. 아내가 남편을 벽으로 밀치면서 멱살을 잡고 있었는데 그렇게까지 하면서 "공감을 하라고!" 소리를 질렀다. 아내가 얼마나 공감받고 싶었으면 그랬겠는가. 물론 남편이라고 공감하기 싫어서 그러진 않았을 것이다. 그만큼 우리는 공감하기를 참 어려워하는 것 같다. 공감을 받아본 적이 없을수록 그렇다.

재진술하기는 공감으로 나아가는 첫 단계 정도로 생각하면 좋겠다. 이것을 다른 말로 '앵무새의 말 따라하기'라고도 하는데, 간단하게 말해서 상대방이 하는 말의 뒷말을 따라하는 것이다. 예를 들어 누가 내게 "오늘 밥을 못 먹었네"라고 말을 걸어오면 우리는 보통 "나는 먹었는데" 한다. 더 나아가서 오늘 자기가 뭘 먹었는지 읊어 대는 사람도 있다. 또 어떤 사람은 속으로 '어쩌라고' 하면서 그냥 영혼 없이 "그랬구나" 하고 만다. 이것은 상대방에게 공감하는 것이 아니다. 대화의 시작은 누가 내게 "아, 내가 오늘 밥을 못 먹었어"라고 말하면 "아, 밥을 못 먹었어?"라고 그 뒷말을 따라서 해주는 것이다. 이것이 재진술하기이다.

이게 쉬울 것 같아도 쉽지 않다. 우리는 누가 질문하거나 문제를 얘기하면 질문의 정답이나 해결책을 말해 주려고 한다. 앞에서도 예를 들었듯이, 자녀가 학교 다녀와서 "저 배고파요!" 하면 그냥 "배고파?"라고만 대답해 줘도 아이가 심리적으로 받아들여지는 것 같은 기분을 느낄 수 있다. 그러고 나서 자녀의 배고픔을 어떻게 해결할지 생각해도 늦지 않다. 그런데 우리는 보통 배고프다는 말을 듣자마자 마치 숙제가 던져지기라도 한 것처럼 뭔가를 하려고 동동거린다.

누가 뭘 물어보거나 말하면 그 뒷말을 따라하는 것을 연습해 보자. 누가 "밥 먹었어요?" 하면 "밥 먹었냐고요?" 하고, "오늘 저녁 뭐 먹을 거예요?" 하면 "오늘 저녁 뭐 먹을 거냐고요?" 하면 된다. 대답은 그 후에 해도 늦지 않다. 배우자가 "오늘 너무 힘들었어" 하면 "힘들었어?"라고만 해 주자. 이렇게 뒷말을 따라하는 것만 연습해도 경청하기에 큰 도움이 된다.

셋째, 반영하기이다. 상대방의 행동이나 말을 내가 반영해서 얘기해 주는 것이다. 재진술과 유사하면서도 약간 다르다. 반영은 화자의 감정을 넣어서 얘기할 수도 있고, 행동 자체를 묘사하는 것도 포함될 수 있다. 예를 들어, 자녀가 속상한 일이 있어서 울고 있는데 "다 큰 게 뭘 울어?" 한다거나, 분해서 화를 내고 있는데 "지금 뭘 잘했다고 화를 내?"라고 하지 않고, "속상해서 눈물이 나는구나"라든지, "네가 생각한 것처럼 안 돼서 화가 나나보네"라고 말하는 것이다. 아이가 학원 버스 놓쳤다고 씩씩거리면서 들어오면 뭐라고 말해 주겠는가. "그러니까 시간 똑바로 보고 나가라고 했잖아?"라는 말은 불에 기름을 붓는 격이다. "너 많이 속상한가 봐. 씩씩거리는 걸 보면" 식의 진술이 일종의 반영하기이다. 반영하기는 생각보다 중요한 기법이다. 평가나 판단이 아닌, 있는 그대로의 존재를 인식하고 수용해 주는 활동이기 때문에, 상당히 치료적인 소통방식이라고 할 수 있다.

내가 부부 상담할 때 많이 쓰는 기법 중 하나가 바로 이 반영하기이다. 한 부부가 상담을 받으러 왔다. 특히 아내가 그동안 마음이 얼마나 힘들었는지, 남편이 그동안 자기를 얼마나 고통스럽게 했는지에 대해서 쉬지 않고 말했다. 그 이야기를 잘 듣다가 내가 한마디 했다.

"남편 분이 아내의 이야기를 옆에서 이렇게 듣고 계시네요."

이 말은 현재 남편의 행동 또는 상황을 그대로 반영하는 것이었다. 이렇게 말한 숨은 의도도 있었다. 남편이 자기 변론을 할 수도 있고, 자리를 박차고 나갈 수도 있는데 지금 아내의 이야기를 잠자코 듣고 있다는 사실을 짚어 주고자 했다. 이 말은 남편의 존재를 있는 그대로 인정해 주는 것임과 동시에 아내에게도 아주 중요한 메시지를 준다. 아내가 그동안 자기 고통만 들여다보느라 남편의 존재를 있는 그대로 보지 못했을 수 있는데, 이 말을 함으로써 서로의 존재를 인정해 주고 확인하는 자리가 되었던 것이다.

넷째, 공감을 전달하기이다. "힘들었겠구나" "아이고, 피곤하겠네" "그 얘기를 들으니 나도 뭉클해진다" 하면서 상대방의 입장에서 마음을 이해하고 그 감정을 말해 주는 것이다. 사실 이게 경청의 가장 좋은 방법이면서 가장 어려운 방법이기도 하다. 칼 로저스(Carl Rogers)는 누군가의 이야기를 들을 때, 그 사람의 입장이 되어서 이야기를 듣는 것이 심리치료의 기본이라고 말한다. 한쪽 발은 내 신발을 신고, 한쪽 발은 상대방의 신발을 신은 상태에서 상대방의 이야기를 경청하라고도 한다. 누군가가 슬퍼하거나 속상해할 때 우리의 반응이 "네가 아주 슬플 거 같아" "그런 상황이라니 정말 속상하겠구나" 등으로 공감을 표현할 수 있다. 혹시 이때 내 판단으로는 그 정도로 슬프거나 속상한 건 아닌 거 같다면, 오히려 공감하는 표현에서 역효과를 불러올 수 있다.

한번은 정말 파란만장한 삶을 살아온 분을 만났다. 어린 시절 부모에게 버림받았고, 학창 시절에 집단 따돌림 경험도 있었다. 20대에는 이단에 들어가서 이리저리 이용당하다가 간신히 빠져나왔는데, 결국 노숙자 생활을 하다가 정신병원에 수용되어 지내기도 했다. 그곳에서 만난 분과 결혼하고, 서로를 의지하며 소박하지만 성실하게 나름 안정적으로 몇 년 살았다. 그러던 어느 날 갑작스러운 사고로 남편과 사별했다. 장례를 마치자마자 나를 찾아왔다. 몇 회기에 걸쳐서 내가 거의 아무 말도 하지 못하고 그분의 인생을 듣기만 했다. 무미건조한 표정으로 흐르는 눈물도 닦지 못한 채 어린 시절부터 살아온 삶을 차분히 얘기해 주는데, 듣는 것 말고는 내가 해줄 수 있는 것이 없었다. 감히 그 삶을 공감한다거나 이해한다고 말할 수조차 없었다. 다만 "말씀해 주시는 것을 듣고만 있게 되네요. 사는 게 얼마나 힘드셨을지… 얼마나 고달팠을지… 제가 어떻게 짐작이나 할 수 있을까요"라고 말했던 기억이 난다.

15회기 정도의 상담을 마친 후 편지를 받았다. 편지에는 살아야 할 이유가 있는지를 찾고 싶었다고, 그리고 살아왔던 꼭지꼭지의 외로움들이 털어지는 마음이라고, 그 시린 꼭지들이 조금은 따듯해졌다고, 살아 보겠다는 내용이 담겨 있었다. 그분의 마음에 조금이라도 닿고자 했던 공감의 힘이었을까 생각해 본다.

이처럼 경청의 방법으로 단순 반응, 재진술, 반영하기, 공감을 전달하기는 말하는 사람의 자아를 단단하게 하고 명료하게 해주는 효과가 있다. 내가 이렇게 상대방에게 공감하면서 대화하면 상대방은 '내가 저 사람에게 귀한 존재구나'라고 여기게 되면서 서로 관계적 책임을 다할 수 있게 된다. 이렇게 상호작용하는 역할을 기억해 주면 좋겠다.

경청의 비언어적 방법

경청에는 언어적 요소와 함께 비언어적인 요소도 영향을 미친다. 예를 들어 우리가 그냥 말로만 "내가 너를 정말 사랑해" 하는 것보다 상대방을 안아 주면서 사랑한다고 말해 주면 상대방은 더 큰 감정을 느낄 수 있다. 그냥 무표정으로 딱딱하게 "수고했어요" 하는 것보다 웃으면서 엄지손가락을 치켜들며 말해 주면 같은 말이어도 굉장히 다른 정보가 상대방에게 전달될 것이다.

미국의 인류학자 레이 버드휘스텔(Ray Birdwhistell)은 소통 상호작용에서 언어가 차지하는 비율은 30-35퍼센트이고, 나머지 65-70퍼센트가 비언어로 전달된다고 했다. 이후 앨버트 메라비언(Albert Mehrabian)은 대면적인 커뮤니케이션에서 비언어적인 요소가 차지하는 비율이 55퍼센트로 가장 많고 다음이 목소리의 억양이나 톤이 38퍼센트이며, 7퍼센트만이 언어에 의해서 전달된다고 밝혔다. 비율은 조금씩 다르지만, 언어보다는 비언어적인 요소가 경청과 공감에 더 큰 영향을 미친다는 데에는 두 사람의 의견이 같다. 즉 대화의 내용(contents)보다는 분위기(mood)가 중요하다는 말이다.

그렇다면 비언어적인 요소에는 어떤 것이 있을까.

첫째는, 동작이다. 얼굴 표정이나 손짓, 발짓, 몸동작, 시선, 자세, 태도 등이 여기에 포함된다. 한 남성 선교사님을 상담한 적이 있다. 한참 이야기를 나누다가 이분이 아버지 이야기를 할 때 자세가 경직되면서 주먹 쥔 손으로 허벅지를 위아래로 쓸어내리는 모습이 눈에 띄었다. 그 모습을 보면서 '아버지에게 대한 분노가 굉장한 모양이다'라고 추측해 볼 수 있었다.

둘째는, 근접성이다. 마주치는 위치나 거리도 비언어적 요소로 작용한다. 부부 상담을 하다 보면 이러한 근접성의 비언어적인 요소에서 두 사람의 관계에 대한 많은 정보를 얻을 수 있다. 2인용 소파인데 서로 더 멀어지려고 한다든지, 어떤 주제가 나왔을 때 더 등을 돌리는 듯한 행동들이 나올 때가 있다. 이럴 때는 서로의 이야기가 불편하고 서로가 정서적인 거리감을 가지고 있다는 것을 알 수 있다.

셋째는, 준언어적인 것이다. 목소리의 억양, 속도, 크기, 말의 패턴, 음질, 말실수, 유창성 등이다. 어떤 아빠들은 아들에게는 다소 차갑게 이야기하면서 딸에게는 소위 꿀 떨어지는 목소리로 말하곤 한다. 큰아이가 아들이고 막내가 딸일 때 아빠들이 자기도 모르게 그러는 경우가 많다. 딱히 드러나는 차별이 없어 보일 지라도 풍기는 분위기에서 자녀들이 상처받을 수 있는 것이다. 어떤 목소리 톤으로 말하느냐에 많은 정보가 담긴다.

요즘은 청소년 자녀들이 학교를 가지 않거나, 깊은 무기력함에 빠져 힘들어하는 부모가 자주 상담실을 찾는다. 그들에게 자녀와 어떻게 상호작용하는지를 물어보면, 자녀에게 했던 말들이 하나같이 바람직하며, 합리적인 내용들이었다. 자녀가 잘되길 바라는 마음에서 하는 말들이라는 것을 모르지 않는다. 그런데 자녀의 얘기를 들어 보면 '잔소리다' '지나치게 통제적이다', 심지어 '숨이 안 쉬어진다' 같은 반응이다. 주로 이런 상호작용이 식탁에서 일어나다 보니 어떤 자녀들은 부모와 같이 밥 먹는 것을 싫어하기도 한다.

어떤 아버지는 모든 얘기에 '왜냐하면'이라는 단어를 사용했는데, 그 자녀가 어느 순간 '왜냐하면'을 들을 때 귀가 먹먹해지면서 모든 소리가 웅웅거리고 머릿속이 하얗게 된다고 했다. 그 아버지에게 '왜냐하면'을 사용하지 말고 얘기해 보라고, 금기어 숙제를 내주었다. 감사하게도 자녀와의 관계 회복을 위해서 해보겠다고 했다. 평소에 사용하던 언어를 사용하지 않으려고 의식적으로 노력하면 말이 꼬일 수밖에 없다. 그러다 보니 아버지 목소리의 음질이나 분위기 즉, 혼내는 듯한 또는 설교하는 듯한 어조가 누그러지게 되었고, 대화할 때마다 일어났던 자녀의 긴장은 내려가는 효과가 있었다. 대화는 내용보다 비언어적인 것이 더 중요하다는 사실을 다시금 생각해 볼 수 있었다.

질문은 사랑이다

치료적 의사소통을 위한 두 번째 방법은 '질문하기'이다. 경청과 함께 우리가 누군가에게 질문한다는 것은 그의 존재를 인정한다는 전제에서 출발한다. 어떤 사람은 대화하면서 상대방에게 이것저것 질문을 많이 한다. 그런데 또 어떤 사람은 그냥 듣기만 한다. 이것저것 질문을 많이 하는 사람은 상대방에게 관심이 많은 사람이다. 그 사람이 어떤 생각을 하는지, 어떤 일을 하고 어떻게 생활하는지 관심이 있기 때문에 궁금한 것이다. 그런데 질문을 안 하는 사람은 관심이 없다. 비약일 수 있지만, 나는 이것이 이웃을 사랑하느냐, 사랑하지 않느냐를 나누는 기준이 될 수 있겠다고 생각한다.

성경에 바디매오라는 인물이 등장한다. 앞을 보지 못한 채 거지 생활을 하는 남자이다. 그런데 이 바디매오 앞에 예수님이 오셨다. 누가 봐도 바디매오가 예수님에게 바라는 것은 앞을 보는 것이다. 그런데 예수님은 바디매오에게 물어보신다.

"내가 네게 뭘 해주기를 바라느냐?"

굳이 그 사람에게 자기 이야기를 할 기회를 주신다. 이게 바로 관심이다. 존재적으로 먼저 상대를 인정하고 상호작용하겠다는 태도이다.

어려운 이웃이 있을 때 그냥 내 생각대로 알아서 도와주고 필요를 채워 주는 것보다 때로는 물어보는 것이 사랑의 실천일 수 있다. "제가 당신을 위해 뭘 해주면 좋겠습니까?"라고 물어보는 것이다. 부모가 자녀를 대할 때도 마찬가지이다. 물론 부모라면 아이에게 뭘 해주어야 가장 좋을지 안다. 그러나 알아서 필요를 채워 주기 전에 "엄마가(아빠가) 네게 뭘 해주면 네게 도움이 되겠니?"라고 물어보는 것은 또 다른 의미이다. 질문하기 전에 우리가 알아야 할 것이 있다. 질문에도 종류가 있다는 것이다. 기능, 성과, 일 관련 질문과, 정서적인 관심으로 하는 질문은 다르다. "오늘 공부 열심히 했어? 얼마나 했어?"라고 물어보는 것과, "너는 어떻게 그런 생각을 하게 된 거야?"는 다르다는 말이다. 만약 오늘 심리학 강의를 듣고 돌아가는데, 친구나 배우자가 "오늘 어떤 강의 들었어? 무슨 내용이었어?"라고 묻는 것과 "너는 어쩌다가 그 강의를 듣게 됐어? 강의 들어 보니 어때? 너한테 도움이 되는 것 같아?"라고 묻는 것 중 어떤 것이 더 나에게 관심이 있는 것으로 들리는가. 물론 후자일 것이다.

만약 누군가 당신에게 "어떤 마음으로 이 책을 읽고 있나요? 이 책을 읽고 있는 당신을 하나님은 어떻게 보실까요?"라고 질문한다면 어떨 것 같은가. 그럴 때 '신앙생활 잘해 보려고 노력하는 나' '하나님이 주신 마음을 좀 이해해 보려고 하는 나' '이웃을 좀 더 이해해 보려고 애쓰는 나'가 보인다. 그러면 스스로 내가 '뭔가 괜찮은 사람'이라고 여겨지면서 둥둥 떠 있던 자아가 바닥에 고정된다. 그러면 존재감과 자존감이 덩달아 올라간다. '내가 괜찮은 태도로 인생을 대하고 있었구나'를 새삼 깨닫게 되는 것이다. 그러면 험난한 세상에서도 괜찮게 대처할 수 있는 여유가 생긴다. 질문 하나에 이런 큰 영향력이 있다는 사실을 기억하기 바란다.

질문할 때는 '왜(why)'보다는 '어떻게(how)'나 '무엇(what)'이 드러나도록 하는 것이 좋다. 예를 들어 지각생에게 "왜 늦었어요?" 하는 것보다 "어쩌다가 늦었어요? 무슨 일이 있었어요?"라고 묻는 것이 질문의 의도는 비슷하지만 더 부드럽게 들린다. 만약 자녀에게 "너는 왜 그 모양이니?"라고 물으면 자녀들이 쉽게 대답하기 어려울 것이다. 대신 "뭐가 그렇게 힘드니? 어떻게 하면 좀 나아질까?"라고 물어보는 것이 좀 더 자녀를 인격적으로 대우하면서 상호작용하는 방법이다.

또 질문은 '폐쇄형'보다는 '개방형'으로 해야 한다. 질문의 답으로 "네" 혹은 "아니오"라고 나올 만한 질문을 폐쇄형 질문이라고 할 수 있다. 그렇다면 개방형 질문은 뭘까. 좀 더 폭넓게 대답할 수 있는 질문이다. 예를 들어 귀가하는 남편에게 "다녀왔어?"라고 물으면 답은 "응" 하나뿐이다. "별일 없었어?" 혹은 "잘 지냈어?"라고 물으면 "네" 혹은 "아니오"로 대답하기 쉽다. 반면에 "오늘 하루는 어땠어?"라고 물어보면 보다 풍성한 대화로 이어질 수 있다. 누군가가 나에게 "오늘 하루 어땠어?"라고 질문하면, 나는 오늘 내 하루를 돌아보게 된다. 그 과정에서 하루를 살피며 반성도 하고 또 좋았던 일들을 공유할 수 있다. 이것이 자기를 사랑하는 방법이다. 내가 지나쳐 온 하루의 시간을 돌아보며, 어떤 마음으로 지냈는지, 어떤 의미가 있었는지를 잠시 머물러 생각할 수 있기 때문이다. 질문을 들을 때 이런 기회를 얻듯이, 동일하게 나도 상대방에게 자기를 사랑하는 기회를 얻을 수 있게끔 개방형으로 질문해 보면 좋겠다. 그리고 스스로에게도 물어보면 좋겠다.

"오늘 나는 어떤 마음으로 하루를 보냈지?"

질문에는 직접질문과 간접질문이 있다. 질문을 잘하는 사람은 이 두 가지를 잘 섞어 사용한다. "잘 지냈나요?"라고 묻는다면 이것은 직접질문이다. 그런데 "어떻게 지냈는지 궁금해요"라고 묻는 것이 간접질문이다. 같은 것을 물어보는 것 같지만, 간접질문은 부드럽게 전달되는 특징이 있다. 예를 들어 지나가는 길에 아는 사람을 만났다. "잘 지냈어요?"라고 물어보는데 "아니요"라고 답하는 사람은 드물다. 대부분 "네" 한다. 그런데 "어떻게 지냈어요?" 하고 물어보면 "그동안 이것저것 하며 바쁘게 보냈어요" 하면서 짧게라도 근황을 나눌 수 있다. 한편 시간이나 마음이 충분하지 않아 궁금하기는 하지만, 상대방의 이야기를 들을 여유가 없을 때는 내 마음만 전하는 방식의 간접질문노 좋을 듯하다.

"어떻게 지내실까 궁금했어요."

만약 오늘 하나님이 내게 오셔서 "너 어떻게 지내니? 어떤 마음으로 지내고 있는지 참 궁금하구나" 하고 물어보신다면 어떨까. 벌써부터 마음이 풍요로워지지 않는가. 우리도 누군가에게 그런 마음 따뜻한 질문을 할 수 있다는 사실을 기억하면 좋겠다. 아침잠이 많은 자녀를 깨울 때도 "일어나!" 하는 것보다 "잘 잤어? 오늘 아침 기분은 어때?" 하고 물어본다면 가정 분위기가 사뭇 달라질 것이다. 이런 질문은 마음의 여유가 있어야 나올 수 있다. 그러니 좀 더 의지적으로 연습하고 시도해 보자.

크리스천이 아닌 한 부부를 상담할 때 일이다. 부부간에 갈등이 너무 심했는데, 남편은 존중받는다는 느낌 받아 본 적이 없었고, 아내 역시 남편에게서 연결감을 느끼지 못해 힘들어했다. 두 사람은 출퇴근 시간도 서로 달라서 얼굴 보고 다정히 이야기를 나눌 새가 없었다. 남편은 새벽에 출근했고, 아내는 늦게까지 일하고 와서 늦은 아침에 출근해야 했다. 부부 상담 과정에서 숙제를 내주었다. 서로에게 매일 문자메시지를 보내는 것이었다. 예를 들어 남편이 아침에 출근하면 아내에게 "나 잘 도착했어, 오늘 하루 잘 지내" 하고 문자를 하는 것이다. 그러면 아내도 거기에 응하여 답장을 보냈다. 그런데 다음 상담 때 아내의 태도가 많이 부드러워졌기에 물어보니, 상담자가 내준 숙제니 의무적으로 보내는 것인 줄 알면서도 남편이 보내 준 문자메시지를 보고 있으니 아내 마음에 '아, 남편이 나한테 관심이 있구나' 하면서 눈물이 났다고 했다.

도리어 남편은 조금 황당해했다. "어떻게 내가 당신한테 관심이 없을 거라고 생각한 거야? 도대체 그동안 날 어떻게 봤기에!" 했다. 그런데 그게 아니다. 그만큼 아내에게는 주변 사람들과, 특히 남편과 같이 의미가 있는 사람들과 연결되고 싶은 욕구가 있다. 그런데 그 부분이 확인되지 않으니 괴로웠던 것이다.

이처럼 내가 누군가에게 던지는 질문 한마디가 겉으로 보기엔 별것 아닌 것으로 보여도 누군가의 마음을 치유할 수 있다. 혹시 내가 잘못된 의사소통으로 주변 사람들을 힘들게 하고 있지는 않았나. 아울러 앞으로 잘 소통하고자 하는 부분은 무엇인가. 잘하고 있는 부분과 앞으로 좀 더 해보고 싶은 부분이 무엇인지를 찾아보면서 연습하다 보면 영혼을 살리는 대화의 기술을 알아가게 될 것이다.

2
PART

내 마음을 내가 몰라서

05

척하지 않아도
괜찮은 인생이에요

심리학에 '참 자기' '진짜 자기'라는 말이 있다. 'real self' 'true self'라고도 한다. 말 그대로 본래 그대로의 내 모습을 뜻하는 말이다. 크리스천의 시각으로 본다면 하나님이 창조해 주신 본연의 내 모습을 참 자기, 진짜 자기라고 할 수 있을 것이다. 그런데 생각보다 많은 사람이 진짜 자기의 모습으로 살아가지 못한다. 본연의 내 모습을 외면하거나 거짓으로 꾸미고 감추면서 '가짜 자기'로 살아가는 사람이 많다.

우리는 하나님 앞에 모두 죄인이다. 모든 인간은 '죄성'을 갖고 있다고도 말한다. 그 결과 우리는 하나님으로부터 소외되고, 타인으로부터 소외되고, 나 자신으로부터 소외된 상태이다. 내가 나를 소외시킨다는 말이 무슨 말인가.

> 아담과 그의 아내 두 사람이 벌거벗었으나 부끄러워하지 아니하니라 창 2:25

이에 그들의 눈이 밝아져 자기들이 벗은 줄을 알고 무화과
나무 잎을 엮어 치마로 삼았더라 창 3:7

　이 두 구절 사이에 어떤 사건이 있었는지 기억하는가. 아담
과 하와가 선악을 알게 하는 열매를 먹었다. 그 결과 두 사람의
눈이 밝아졌다. 눈이 밝아졌다는 말은 심리 정서적으로 평가하
고 비교하고 판단하는 시각이 생겼다는 말이다. 눈이 밝아져서
우리는 타인은 물론 나 자신에 대해서도 평가 판단하고, 다른 사
람들과 비교하게 되었다. 너무 당연하고 자연스럽게 장착되어
일어나는 평가, 판단, 비교가 선악을 알게 하는 열매를 먹고 눈이
밝아진 결과이다.
　눈이 밝아진 아담과 하와가 한 일이 있다. 무화과나무 잎을
엮어 몸을 가렸다. 여기서 우리가 주목해 봐야 할 대목은 "잎을
엮어"서 치마를 만들었다는 부분이다. 둘은 어디에서 뚝 떨어진
치마를 입은 것도, 나뭇잎을 그대로 사용한 것도 아니다. 잎을 엮
는 수고를 했다. 필사적으로 노력했다. 무엇을 위해 노력했는가.
바로 몸을 가리기 위해서이다. 몸을 가린다, 커버링(covering)한다
는 말은 방어한다는 말이다. 내 부끄러운 부분을 가리고 방어하
면서 살게 된 것이다.
　그렇게 애쓰는 둘에게 하나님이 가죽옷을 만들어 입혀 주
신다(창 3:21). 하나님은 우리의 부끄러움을 만천하에 공개하시고
수치를 당하게 하시는 분이 아니다. 가려 주시는 분이다. 이것이

은혜이다. 수치를 가려 주시는 은혜는 십자가 사건으로까지 이어진다. 예수님이 십자가에 달려 보혈을 흘리신 이유는 우리의 죄와 수치를 가려 주시기 위해서이다. 모두 씻어 깨끗하게 해주시기 위해서이다. 우리는 모두 이 은혜를 받은 사람들이다. 부끄러울 수밖에 없는 죄인의 모습 그대로 우리를 인정해 주시고 받아 주시는 하나님이다.

문제는 눈이 밝아진 결과 우리가 심리적, 정서적으로 너무 많은 대가를 치르고 살 수밖에 없어진 것이다. 주변의 평가와 판단으로부터 자유로울 수 없는 상태가 된 것이다. 우리는 시시때때로 '저 사람이 나를 어떻게 보고 있을까?' '사람들에게 내가 한심하게 여겨지면 어쩌지?'와 같이 다른 사람들의 평가에 신경쓴다. 또 '나는 왜 저 사람처럼 할 수 없을까?' '저 사람은 잘하는 거 같은데, 나는 왜 못하지?'라는 식으로 다른 사람들과 자신을 비교한다. 또한 '나는 정말 이것밖에 안 되는 사람인가?' '나는 한심하구나'라고 스스로를 평가하기도 한다. 이런 식의 평가와 비교는 다양한 양상으로 우리 삶을 괴롭힌다. 이런 감정의 시작은 아담과 하와가 선악을 알게 하는 열매를 먹은 직후 느끼게 된 벗은 몸의 수치심에서 시작한다. 물리적으로 벗은 몸이 아니라 심리 정서적으로 가리고 싶어 하는 수치심이다. 이 부끄러움을 어떻게 다루느냐가 우리 삶에 아주 중요한 부분을 차지한다.

어떤 사람은 "나는 부끄러움 없는데?" 한다. 그럴 수 있다. 여기에서 우리 모두는 부끄러운 부분이 반드시 있고, 그것을 가리느라 역기능적인 행동을 반드시 하고 있을 거라고 강조하다 보면 초점이 흐려질 수 있다. 다만 성경에서의 "벗은 줄 알고 무화과 나뭇잎을 엮어 치마를 삼았더라"는 구절을 통해 우리가 마음의 원리를 찾아보자는 의미이다. 우선 내가 사람들 앞에 드러내고 싶지 않은 것, 자꾸만 가리려고 노력하는 것이 무엇인지 알아차리는 게 중요하다. 우리가 무엇인가를 자꾸 가리려고 노력할 때, 치마를 엮을 때 정서적인 영역 또는 대인관계 영역에서 증상이 나타날 수 있다. 이번 장을 통해서 진짜 자기와 가려진 자기를 발견해 나가면 좋겠다. 여기가 신앙인으로서 정서를 건강하게 해보려는 출발점이다.

척하면서 살아가는 우리

지난여름을 보내면서 내 얼굴에 기미가 새카맣게 올라왔다. 만약 내가 이걸 수치스럽게 여기면서 어떻게든 다른 사람들에게 들키지 말자고 마음먹으면 어떤 일이 벌어질까. 먼저 아침마다 화장품을 두껍게 발라서 어떻게든 가려 볼 것이다. 그런데도 마음이 불안하다. 사람들을 만날 때마다 '저 사람이 이걸 알아차리면 어떡하지? 기미 하나 관리 못하는 사람이라고 나를 칠칠맞게 보면 어떡하지' 싶어져서 급기야는 기미가 많이 올라온 쪽 얼굴을 상대방에게 보여 주지 않으려고 고개를 돌린다. 그러면 상대방에게 내 얼굴을 다 드러내고 보여 줄 수 없게 된다. 즉 '가려진 자기'가 생기는 것이다. 만약 내가 한쪽 얼굴 가리기에 집중해서 강의를 하면 어떻게 되겠는가. 표면적인 목적은 강의지만, 내게 그 순간의 목적은 '얼굴의 기미를 가리는 것'이 되어 버린다.

우리 인생에도 이런 일들이 부지기수로 일어난다. 내 약점을 가리고 방어하는 데 에너지를 온통 쓰는 것이다. 이렇게 우리가 내 약점을 커버링하는 데에 몰두하다 보면 본질이 아닌 비본질적인 것에 신경 쓰고 집중하다가 급기야 커버링 자체를 내 삶의 중앙으로 가져다 놓는다. 인생의 목적이 완전히 뒤바뀐다. 예를 들어 들키고 싶지 않은 어린 시절의 상처가 있다고 해보자. 어떤 사람에게는 성추행, 성폭행 경험이 있을 수도 있고, 너무 가난했다거나 부모가 도박 중독, 알코올중독인 경우도 있고, 또는 가족 누군가가 지나치게 폭력적이었을 수 있다. 부모의 외도나 이혼을 지켜봐야 했을 수도 있고, 때로는 자신이 저지른 큰 실수나 잊고 싶은 무언가가 있을 수도 있다. 이런 사실이 부끄러워 다른 사람에게 알려지지 않았으면 좋겠다고 생각하게 될 때 우리는 커버링한다. '들켜도 할 수 없지' 차원이 아니다. 커버링을 지속적이고 반복적으로 한다면 '아닌 척하는 것'이 그 사람의 삶의 본질이 된다. 가난하지 않은 척, 다복한 가정에서 살아온 척, 상처가 없는 척하다가 에너지와 시간을 다 보내고 마는 것이다. 하나님이 창조하신 목적이 있고 부르심의 소명이 있는데 척하는 것이 그 본질을 살지 못하게 하는 장애물이 될 수 있다.

열 살쯤 된 아들을 키우는 어머니가 상담실을 방문했다. 그녀는 아이가 공부를 못하는 건 괜찮은데, 동네나 교회에서 사람들한테 인사하지 않는 게 너무 화가 난다고 했다. 얼마나 화가 났으면 불같이 화를 내며 아이를 집까지 끌고 와서 거칠게 때리는 일도 있었다고 했다. 그녀가 자기 안에 이렇게 큰 분노가 있다는 것을 깨닫고 상담을 받으러 왔다. 분노의 이유를 탐색하던 중에 어린 시절 아버지에게 본처가 있다는 사실을 꺼내 놓았다. 그러니까 그녀의 엄마가 소위 '첩'이었던 것이다. 그런데 본처와 첩이 한동네 살다 보니 주변 사람들이 이 가정 사정을 다 알았다. 이분은 어릴 때부터 주변 사람들에게 태어나지 말아야 할 아이가 태어났다거나 근본 없는 아이, 배운 것 없는 아이라는 이야기를 듣는 것이 너무 두려웠다. 그래서 어떻게든 단정하고 깔끔하게, 예의 바르게 살기 위해 노력했다.

그러다가 자녀를 낳아 키우는데, 이 아이가 예의 없는 행동을 하면 어린 시절 마음 깊은 곳에 꽁꽁 싸매며 살아왔던 수치가 건드려졌다. 아무도 그렇게 생각하지 않는데도 자꾸만 사람들이 수군거리며 자기를 향해 손가락질할 것이라는 생각이 들면서, 싸매 두었던 수치가 그대로 세상 밖으로 까발려진 것 같은 기분이 들었던 것이다. 그러니 자녀로서는 인사 한 번 안 한 것뿐이지만, 그녀에게는 그게 너무나 힘든 일이 되었다. 평생 근본 없는 아이가 되지 않기 위해서 얼마나 긴장하고 살아왔을지, 남들에게 손가락질받지 않으려고 얼마나 애썼을지 짐작이 되는가. 자기 잘못으로 시작된 것도 아닌데 말이다.

이렇게 우리가 무엇인가를 가리려고 안간힘을 쓰다 보면 삶의 본질에 집중하지 못한다. 나를 가리는 방어막이 계속 두꺼워진다. 방어적 태도가 반복되고 굳어지면 원래의 나, 진짜 자기는 온데간데없고 본질이 모호해지는 상황이 되어 버린다. 내가 왜 이러고 사는지, 내 소명은 무엇인지는 잊은 채, '저 사람이 나를, 우리 가정을, 내 자녀를 어떻게 볼까?'에만 몰두하게 된다.

보통 지나치게 방어적인 태도로 살아가는 사람들을 보면 본래의 자기 모습을 굉장히 부끄럽고 초라하게 느끼는 경우가 많다. 그래서 '나는 초라하지 않아'라는 가면으로 진짜 자기를 가리고 계속해서 부풀린다. 진짜 자기는 작고 수치스럽고 초라하게 느껴지니, 자기를 부풀려서 크게 만드는 심리적 현상이 나타나는 것이다 그러니 자꾸 센 척, 강한 척을 한다. 이런 사람들은 자신이 무시 받는 것 같은 자극이 있을 때 소리를 지른다든지 화를 크게 낸다든지 아니면 소통을 단절하고 차단해 버리는 등의 큰 반응을 보이는 것이 특징이다. 진짜 심리적인 힘이 있거나 진짜 자기로 사는 사람은 오히려 조용하다. 괜히 큰소리를 치면서 반응을 크게 하거나 허세를 심하게 부리는 사람을 보면 스스로를 초라하게 여겨서 그것을 가리고 감추려고 그럴 수 있다고 생각해 보면 좋겠다.

자기를 부풀리는 방법으로 '척'하는 양상 중에, 어떤 사람은 하나도 괜찮지 않으면서 괜찮은 척, 속으로는 온갖 나쁜 생각을 다하면서 좋은 사람인 척, 고상한 척한다. 아는 척하는 사람도 있고, 똑똑한 척하는 경우도 있다. 유명한 사람들을 많이 안다고 하면서 또는 힘이 있는 사람들과 친하다고 하면서 원래의 내 모습을 더 크게 부풀리기도 한다. 살면서 우리는 그럴 수 있다. 그런데 이렇게 나를 점점 크게 만들수록, 점점 더 척할수록 진짜 내 모습, 내 실체를 만나기는 어려워진다.

이렇게 센 척, 괜찮은 척하는 데에는 내 한계를 만나지 않으려고 하는 심리가 숨어 있다. 일종의 자기기만이다. 성경은 자기기만, 즉 자기를 속이는 것이 죄라고 말씀한다. 진짜 자기를 만나지 않도록 교묘하게 나를 소외시키는 것이다. 그래서 간혹 내가 부풀려 놓은 나를 진짜 자기로 받아들이는 사람이 있다. 자기기만이다.

어느 찬양 사역자가 상담 중에 "뜨거웠던 찬양의 열기가 가시고 잠잠해지면 찾아오는 공허함이 있습니다"라고 고백했다. 그럴 수 있다. 열광적으로 하나님을 찬양하던 수많은 예배자가 다 떠나고 혼자 남았을 때 밀려오는 헛헛함과 허전함을 나도 느껴 본 적이 있다. 그런데 이 찬양 사역자의 문제는 그 공허한 순간에 괴로움이 찾아온다는 것이었다. 조금 전 열광하며 뜨겁게 찬양하던 나만이 진짜인 것 같고, 텅 빈 방에 혼자 초라하게 덩그러니 있는 나, 누구와도 상호작용하지 않는 상태의 내 모습이 받아들여지지 않는다는 것이다. 열광의 뜨거운 순간에서 쓸쓸해지는 자리로 갈 때 자신의 모습이 너무 다르게 느껴지고, 그 간극을 견디기 어려워서 뭔가 도덕적으로 바람직하지는 않은 형태의 강력한 자극을 찾게 된다고 하였다. 그게 너무 괴롭다고 했다.

사실 많은 사람 앞에서 뜨겁게 찬양하는 나도 진짜 나이지만, 텅 빈 방에 혼자 있는 나도 나이다. 때로는 초라해 보여도, 수치스럽고 부끄러운 상황에 있어도 그 모습 그대로가 나이다. 나는 그 찬양사역자에게 "모든 사람이 떠난 그 예배 공간에 혼자서 계속 머물러 보세요. 어떤 자극을 찾으려고 하지 말고 반대로 아무 자극이 없는 그 시간과 공간을 느껴 보면 어떨까요?"라고 제안했다. 이 제안은 아무것도 하지 않아도 괜찮은 나, 화려함 뒤에 숨어 있는 다소 초라하고 작아지는 나를 만나볼 것을 상징적으로 의미하는 것이었다. 초라한 나를 내가 외면하고 소외시키면 하나님이 나를 온전히 만나주시는 게 어렵다. 감사하게도 그는 그 자리에 나갔고, 허전함과 쓸쓸함에 한참 마주하다 보니 뭔가 가슴 아래 조금씩 차오르는 따듯함을 경험했다고 알려 주었다.

나는 나와 얼마나 친한가

왜 이런 일이 일어날까. 내가 나와 친하지 않아서 그렇다. 혹은 진짜 자기와 내가 부풀려서 만들어 놓은 거짓된 자기를 헷갈리는 것이다.

우리는 다윗을 어떤 사람으로 기억하는가. 하나님이 세우신 이스라엘의 위대한 왕이다. 하지만 그런 다윗조차도 치명적인 죄를 지었다. 그렇다고 다윗이 하나님과 친밀하지 않았을까. 하나님 말씀에 순종하고 그분을 찾을 때만 친밀했던 걸까. 그렇지 않다. 우리가 누군가와 진짜 친하다고 할 때는 그에게 단점이 없어서가 아니다. 나는 남편과 꽤 잘 지내고 있지만, 누군가가 내게 "남편에 대해서 불만이 없으신가요?"라고 물어보면 고개를 가로 저을 것이다. 서로 맞지 않는 부분이나 살아오면서 힘들었던 이야기를 시작하면 밤을 지새워도 모자를 것이다. 그러나 나는 우리 부부가 서로 친밀한 사이라는 것에 의심이 없다. 우리는 서로의 단점과 장점을 다 알고 있다. 아쉬운 점이 있는가 하면 고마운 점 등도 있다. 이처럼 상대가 완벽하고 좋기만 하다고 사이가 좋다 말할 수 없다. 상대와 온갖 감정을 교류하고 단점까지도 품을 수 있을 때 우리는 진짜 친하다고 말할 수 있다.

마찬가지로, 내가 나 자신과 친하다는 것은 나의 모든 것 즉 장점, 단점, 강점, 아쉬운 점, 부끄러워서 가리고 싶은 점 등을 알아차리고 수용하고 있다는 의미이다. 우선 내가 나와 친해지는 것은 내가 어떤 사람인지를 알아차리는 인식의 단계에서 출발한다. 나의 외모, 출신, 학교, 능력 여부를 넘어서 나의 장점과 강점이 뭔지, 나의 단점이 뭔지, 나의 아쉬운 점, 심리 정서적으로 넘어지는 구덩이가 뭔지를 아는 것이다. 예를 들어 누군가를 보면 자꾸 질투하고 있는 나, 마무리를 못 짓고 자꾸 일을 미루고 있는 나, 문제를 직면하는 게 두려워서 피하고 있는 나, 파괴적인 관계를 끝내지 못하고 끌려다니는 내 모습 등을 알아차리고 '맞아, 나에게 이런 모습이 있지'라는 인정에서 나와의 친밀감은 출발한다.

그 다음으로는 이해와 수용의 단계이다. 이때 평가나 판단은 도움이 되지 않는다. 질투는 나쁜 거니 고쳐야 할 것으로만 바라보고 스스로 비난(자기 비난)하고만 있으면 오히려 고치기가 어려울 수 있다. 내가 왜 질투하게 되었는지, 자라온 환경에서 오롯이 나라는 존재가 존중받기보다는 혹시 비교하면서 우위를 다투었어야 했는지 등의 나에 대한 이해가 있어야 한다. 이해가 된다면 그럴 수밖에 없었던 내 자신의 모습을 수용하는 단계로 나아간다. 옳다 그르다의 차원을 잠시 뒤로하고, '질투하면서 사느라 나도 쉽지 않았겠구나' 하며 스스로 이해하고 수용해 준다면, 내가 나랑 좀 친해질 것이다. 질투할 수밖에 없었던 내 모습을 소외시키지 않으면서 수용해 주는 것이니 말이다.

또 다른 예로 자꾸 일을 미루는 나에 대한 이해는 어떤가. 그러면 안 된다고 주위에서 얼마나 많이 피드백을 들었는가. 나 자신도 정말 그러고 싶지 않은데, 내 모습이 이렇다면 정말 괴로울 것이다. 그럴 때 내가 왜 일을 미루게 되는지에 대해서 이해가 있으면 어떨까. 혹시 많이 혼났었는지, 공부를 안 한다고 혹은 더 잘하라고 야단을 많이 듣고 살았다면, 또는 '잘해야 한다' '해야만 한다'는 생각이 강할수록 일을 미루게 될 수도 있다. 완벽주의 성향으로 인해 오히려 일을 미루게 되는 것이다. 이것도 마찬가지로 겁나서, 무서워서, 또는 긴장해서 일을 미루고 있는 나를 이해한다면, 그런 내 모습을 비난하기 전에 수용하는 단계로 나아갈 수 있다.

많은 사람이 이런 부정적인 내 모습을 인정하고 수용하면 발전이나 성숙이 멈추는 것 아니냐고 반문할 수 있다. 그러나 우리는 죄인이라는 점에서 출발해야 한다. 완전한 인간에서 출발하는 게 아니다. 자기비난은 성장의 동력이 될 수 없다. 앞에서 우리는 도덕적 판단의 궁극적인 권위자가 아니라는 사실을 알았다. 우리 역할이 아닌 자신을 비난하는 역할에 에너지를 사용함으로써 성장하는 데 사용할 에너지가 없어짐을 이해하면 좋겠다. 다윗은 큰 죄를 지었음에도 불구하고 자신을 비난하는 데 에너지를 쓰지 않고, 힘을 내어 하나님에게 나아갔기에 하나님과 친밀한 관계가 되었다.

더 나아가서 진짜 자기와 거짓된 자기의 간극이 더 줄어든다면, 다른 사람 앞에서 "저는 제 이런 부분이 참 괜찮은 점이라고 생각합니다. 그렇지만 이런 부분은 하나님 앞에서 계속 씨름하고 있습니다"라고 말할 수 있을 것이다. 물론 이런 말을 할 때는 듣는 사람들이 안전한 대상들이어야 한다. 부정적으로 평가하면서 비난하려고만 하는 사람들이 아닌, 심리적으로 안전한 사람들을 의미한다. 이런 과정에서 나에 관한 아쉬운 부분까지 편안하게 꺼내 놓고 이야기할 수 있을 때, 내가 나와 친하다고 말할 수 있다.

어떤 사람은 "나는 장점이 없어요, 부족하기만 해요"라고 한다. 표면적으로만 말하는 게 아니라 진심으로 그렇게 생각하는 경우라면, 나 자신과 친하다고 말할 수 있을까. 간혹 이런 상태를 겸손이라고 생각하는 사람도 있다. 크리스천이 주로 하는 말이 있다.

"저는 아무것도 아닙니다, 은혜로만 삽니다."

물론 맞는 말일 수 있지만, 이런 말 너머에는 겸손이 아니라 도리어 자기 과잉이 있을 수 있다. 하나님의 은혜에 초점이 맞추어진 고백이라면 얼마나 좋겠는가. 그런데 간혹 '자신의 부족함, 못남'에만 초점이 맞추어진 경우가 있다. 자신의 상태에 과몰입해 있는 것이다. 이것은 겸손과 다른 상태이다.

그러면 진짜 겸손은 무엇일까. 내 부족한 부분뿐 아니라 내가 잘할 수 있는 부분도 같이 잘 인식하고 있는 상태이다. 내 장점, 내가 가진 달란트를 인정하고 "내가 이런 것은 잘합니다"라고 얘기할 수 있는 것이다. 나를 있는 그대로 인정하는 것, 축소하거나 부풀리지 않고 하나님이 지으신 그대로를 받아들이고 만나는 것이 진짜 겸손이다. 그럴 때 우리는 나와 진짜 친밀하다고 말할 수 있을 것이다. 나를 부풀리는 것이 겸손이 아니듯, 마찬가지로 나를 축소하는 것도 겸손은 아니라는 의미이다.

진짜 자기와 거짓된 자기가 있듯이, 친밀감에도 진짜 친밀감과 가짜 친밀감이라는 개념이 있다. 진짜 친밀감, 가짜 친밀감은 자기와의 관계뿐 아니라, 타인과의 관계에서도 나타날 수 있다.

상담 현장에서 자주 만나는 상황이 있다. 한 집사님이 어린 시절 아버지를 일찍 여의고 홀어머니 밑에서 자랐다. 어머니가 혼자 돈 벌며 아들을 키우느라 얼마나 애쓰고 수고하셨겠는가. 또 아들은 그런 어머니에게 얼마나 감사하겠는가. 그런데 하루는 아내가 "며칠 전부터 우리 집 장바구니가 없어지는데, 아무래도 어머니가 가져가시는 것 같아" 하고 말했다. 이 집사님이 엄청난 분노를 느꼈다. 아내에게 "우리 어머니 그럴 사람 아니야! 우리 어머니를 뭘로 보고 그런 말을 함부로 해?" 하면서 화를 냈다. 물론 어머니의 희생과 헌신으로 본인이 잘 자랐으니 미안한 마음, 고마운 마음을 갖고 살아가는 것은 좋다. 그런데 어머니와 진짜 친하다면 어머니의 아쉬운 점, 완벽하지 않은 점도 받아들일 수 있어야 한다. 어머니는 하나님이 아니기 때문에 실수나 결점이 있을 수 있다. 어머니뿐 아니라 사람은 누구든 그럴 수 있다. 어머니랑 진짜 친밀하다면 아내 이야기를 듣자마자 바로 흥분해서 화를 내지 않을 것이다. 무슨 일인지 자초지종을 물어보고, 마음 한켠에 우리 어머니도 실수하실 수 있는 사람이라는 인정이 있어야 한다. 그렇지 않고 어머님은 훌륭하다, 완벽하다, 실수가 없다고 맹목적인 이상화를 가지고 있다면, 오히려 진짜 어머니의 모습을 존중하는 태도가 아닐 수 있다.

우리가 하나님과의 관계에서도 이 부분을 적용해 생각해 볼 수 있다. 어떤 사람은 하나님이 너무 완벽하시고 고결하셔서 그런 하나님 앞에 나는 죄인일 뿐이라고 생각한다. 맞다. 하나님은 절대적인 신이고 우리는 그런 하나님 앞에 감히 설 수 없는 존재이다. 그런데 그런 관계에서만 머문다면 하나님과 친밀한 관계로 나아갈 수 없다. 예수님은 하나님을 우리의 아버지라고 소개하셨다. 하나님이 우리를 양자 삼으셨다고 했다. 아들이 늘 아버지 앞에서 고개를 조아리기만 하고 감히 눈도 마주치지 못한다면 그 부자지간이 친밀하다고 할 수 있겠는가. 가끔 자녀들이 성장하는 과정에서 하나님이 안 믿어진다며 자신의 신앙을 찾는 여정을 시작할 때 부모가 곁에서 "큰일이다. 너 그러면 안 돼. 하나님에게 벌 받을까 무섭다"라고만 하면 자녀가 하나님과 친밀해지는 기회를 가지기 어려울 것이다. 때로는 "아빠, 나 좀 안 믿어지기도 해요"라고 말할 수도 있는 과정이 있으면 궁극적으로 더 친밀한 관계가 되지 않을까. 내가 하나님 앞에 투정을 좀 부린다고 해서 궁극적인 사랑의 관계가 깨지는 것은 아니다.

약함을 드러낼 때 친밀해지는 비밀

우리는 때로 누군가에게 약함을 드러낼 때 그 사람과 보다 더 친밀해지는 경험을 한다. 내 수치심을 가리려고만 전전긍긍하거나 나를 과장하고 부풀리기만 하면 누구와도, 나 자신과도 친밀해질 수 없다. 자신이 잘났다고만 얘기하는 사람에게는 가까이 가고 싶지 않은 마음이 있다. 내가 진짜 누군가와 친해지고 싶으면 부풀린 나를 조금 내려놓을 필요가 있다. 가렸던 가림막을 벗고 솔직하게 나아갈 필요가 있다.

어떤 사람은 배우자 앞에서조차 자기 약함을 드러내지 않으려고 애쓴다. "나는 당신의 도움이 필요해"라고 말하는 것이 죽기보다 힘들다. 심지어 "당신 그거 못하잖아"라는 얘기를 듣기 싫어서 또는 트집 잡히는 거 같아서 힘을 다해 뭔가를 한다. 그런데 "난 당신 도움이 필요한 사람이야" 이런 말을 하는 것이 어려우면 그 관계가 겉돌기만 한다. 어떻게 하면 둘 사이가 친밀해질까. 자기의 약한 부분을 가감 없이 솔직하게 꺼내 놓을 수 있어야 한다. "나는 당신의 도움이 필요해. 당신이 옆에 있을 때 내가 위로가 되고 힘이 돼. 그런데 당신이 나를 향해 비난의 말들을 하면 나는 그 말이 너무 아파"라고 솔직하게 말할 수 있어야 한다. 차라리 "네가 나한테 해준 게 뭐 있어?" "내가 너한테 못 해준 게 뭐 있냐?" 하면서 싸우는 부부가 낫다고들 한다. 정말 그렇다. 그 서운한 감정을 해결하고 부족한 부분을 채워 나간다면 친밀한 관계로 나아갈 수 있다.

교회 소그룹 공동체에서 주로 하는 것이 있다. 서로의 약한 부분을 공유하는 것이다. 그러다 보면 어느새 교제가 깊어진다. 우리의 연약함 가운데 복을 주시는 하나님의 은혜를 고백하게 된다. 그런데 어떤 공동체는 율법적인 것만 강조한다. 말씀 보지 않고 기도하지 않으면 죄인인 것처럼 서로 정죄한다. 그러면 친밀해지기 어렵다. 표면적인 관계에만 머물면서 아주 겉도는 사이가 된다.

물론 소그룹 공동체에서 약한 부분을 공유할 때는 몇 가지 주의해야 할 점이 있다. 약함을 드러내려고 하는 것은 좋지만, 그렇다고 나를 가리던 가림막을 한 번에 확 벗어 버리면 자칫 상처를 입을 수 있다. 한파가 몰아치는 곳에서 갑자기 옷을 벗어 버리면 추운 것으로 끝나지 않는다. 살갗이 에이면서 동상이나 피부

통증으로 고통을 당할 수 있다. 따라서 우리가 소그룹에서 약함을 드러낼 때는 그곳이 안전한 공동체인지를 확인해야 한다. 성숙한 사람들이 모인 곳이 안전하다. 최소한 구성원이 내 이야기를 듣고 다른 사람에게 전하지 않을 수 있을 정도가 되어야 한다. 나 또한 내 약함을 드러내고 감당할 수 있어야 한다. 어떤 사람은 공동체에서 자기 죄와 허물을 공개할 것을 강요하니 이런저런 이야기를 했다가 스스로 수치심을 감당하지 못하고 아예 공동체를 떠나기도 한다. 약함을 드러내면서 친밀해지는 것은 좋지만, '이것을 내가 감당할 수 있을까?' '이곳에 모인 사람은 안전한가?'를 살펴보면서 단계적으로 드러내는 것이 좋다.

내가 나와 친해질 때도 마찬가지이다. 너무 괜찮은 척하지 말자. 심리상담하는 사람들은 수련 과정에서 많은 시간을 집단으로 모여 상담하는 과정에 참여해야 한다. 코로나 팬데믹 이전에는 3박 4일, 4박 5일씩 함께 합숙하면서 집단 상담을 많이 했다. 나도 수련받을 때 어떤 집단 상담에 참여했는데, 열 명 정도의 소그룹에서 서로 어떤 아픔들이 있는지 드러내면서 내면을 치유하는 시간이었다. 그때 서로 이름 대신 별칭을 만들어 부르는데, 처음에는 저마다 고상한 이름을 가져왔다. '나무' '햇빛' '향기' 하다가 나중에는 이름을 바꿨다. '아는 척하는 년' '무식한 년' 등으로 말이다. 상담 프로그램에서 웬 욕을 하느냐고 말할 수 있지만, 사실 이것이 마음 치료의 한 과정이라고 이해해 주면 좋겠다.

어떤 분은 대학 교수님인데 '무식한 년'이 됐다. 이유가 있다. 이분은 가족의 무식함이 자신을 너무 힘들게 한다고 생각하는 사람이었다. 그래서 아는 척 잘난 척하면서 사느라 굉장히 애쓴 인생을 살았다. 소그룹에서 그런 자기의 약한 부분을 꺼내 놨다. 서로 "척하면서 사느라 애썼다" "너무 힘들었겠다" "이제 무식한 년으로 살아도 괜찮다"고 위로해 주었다. 합숙하면서 만날 때마다 사람들이 "무식한 년, 밥 먹었어?" "무식한 년, 산책 갈래?" "무식한 년, 커피 마셨어?" 하면서 불러 줬다. 무식하기 싫어서 한평생 아등바등 살아온 사람이 무식한 년으로 불릴 때 찾아오는 자유함이 얼마나 큰지 모른다.

때로는 '내가 별거 없구나'를 아는 것이 우리를 자유케 하는 진리가 된다. 저 사람이 너무 커 보이고 나는 초라해 보였는데, 하나님 앞에서는 저 사람이나 나나 별다를 것 없다는 사실을 깨달을 때 우리가 참 자유를 얻는다. '별거 없구나'라는 의미는 하나님 앞에서 작은 존재라는 뜻이다. 우리가 죄인이고, 죄인인 나를 구하시려고 주님이 십자가에 못 박히셨다는 진리를 만났을 때 우리에게 엄청난 자유가 찾아왔듯이, 진리는 늘 우리를 자유케 한다. '내가 내 약한 부분을 가리고 사느라 참 애썼구나'를 알고 나면 앞으로는 가리려고만 하는 데 힘을 쓰지 않아도 된다. 내 벗은 몸을 고작 나뭇잎 몇 개 엮어 가리려고 하면 힘들다. 그러나 하나님이 주신 가죽옷으로 가릴 때 우리는 마음에 평강을 누린다. 그것이 바로 참 자유이다.

수치심을 가리려는 영적 우월감

내가 벗은 몸이라는 사실을 깨달으면 우리는 무엇으로든 이것을 가리려고 애쓴다. 즉 수치를 가리려고 아등바등한다. 이 수치를 가리는 양상이 사람마다 다양하게 나타난다.

영적 우월감으로 수치를 가리는 사람들이 있다. B집사님이 신앙적으로 너무 침체되고 힘들어할 때 A집사님이 이렇게 이야기한다.

"내가 기도하는 중에 음성을 들었는데, 당신이 하나님을 더 깊이 만나야 한대."

만약 B집사님이 의존성이 높은 사람이라면, "아 그래요? 하나님이 저에 대해서 집사님에게 그렇게 얘기하셨군요?" 하면서 A집사님을 의존하게 되고, 하나님이 뭐라고 또 다른 말씀을 하실지 그분을 바라보게 된다. 그런데 조금 이상하지 않은가. 물론 A집사님이 순수하게 B집사님을 걱정하는 마음을 가지고 기도하다가 하나님이 주시는 마음을 전달할 수 있다. 그런데 단회가 아닌 반복적이라면 '나는 너보다 영적으로 우월해'라는 무언의 정보가 전달되는 것 같지 않은가.

이것은 자기 수치를 가리려고 하는 것과 상당한 연관이 있다. 이단 교주들 중에 이런 사람이 많다. 그들이 자기 인생 이야기하는 것을 가만히 들어 보면 어린 시절 환경적으로 굉장히 부끄럽고 수치스러운 경험을 했다고 한다. 이 사람들이 그런 자기 수치를 가리려고 뭘 하는가. 엄청난 확신 가운데 하나님이 자기에게 직통 계시를 주신다고 말한다. 당신들은 못 듣는 것을 나는 들을 수 있다는 것이다. 어마어마한 영적 우월감이다. 그런데 사실 그 우월감 너머에는 초라한 자기가 있다. 그 초라함을 가리려고 방어막을 단단하게 만들어 가는 것이다. 그러다 보면 진짜 자기는 없어지고 크게 부풀려진 자기만 남는다. 이단 교주들이 등장할 때 화려한 옷과 무대 장치를 하는 것을 보면 알 수 있다. 금박으로 장식한 옷을 입고 수많은 사람을 대동해서 주변에 세워 놓는다. 그 화려함에 속으면 안 된다. 화려함 너머에는 그들의 수치가 있다. 그걸 가리려고 애쓰는 발악을 발견해야 한다.

보통 사람들은 그런 이단 교주나 거기에 빠진 사람들을 보면서 말한다.

"도대체 왜 저런 거에 빠지는 걸까?"

이단에 빠지는 사람을 보면 주로 불안이 굉장히 높다. 불안은 미래가 애매할 때 커지는 특징이 있다. 내일, 1년 뒤, 10년 뒤에 무슨 일이 벌어질지 분명하고 또렷하면 불안하지 않다. 시험을 준비하면서 불안한 이유는 시험에 떨어질까 봐서이다. 차라리 시험에 떨어지고 나면 불안하지 않다. 그런데 아직 결과를 정확히 모르니 불안하다. 불안하니 거기에 대해 누가 분명하게 말해 주면 혹한다. 그러니 점쟁이를 찾아간다. 이단에 빠지는 심리도 이와 비슷하다. 합리적으로 생각할 때 뭔가 이상하다는 걸 알면서도 찾아가는 이유는 뭔가 분명하고 또렷한 것을 얻고 싶은 불안 때문이다.

그런데 우리는 애매하고 모호한 인생을 살도록 창조되었다. 삶은 불안할 수밖에 없다는 말이다. 인간은 하나님이 아니기 때문에 미래를 알 수도, 통제할 수도 없다. 누구나 인생에는 적당한 불안이 있기 마련이다. 그런데 인간의 습성은 자꾸 분명하고 또렷하게 하고 싶어 한다. 그래서 규칙을 만든다. 아침 5시에 일어나 새벽예배 다녀와서 9시에 기도하고, 10시에 성경 공부하고, 11시에는 청소하고, 12시에는 식사한다. 이렇게 규칙이 있으면 그래도 내가 뭔가를 한 것 같고 덜 불안해진다. 이런 것을 보면 불안이 꼭 부정적인 것만도 아니다. 불안에는 순기능이 있다. 불안은 나쁘다거나 좋다라고 얘기할 수 없는 중립적인 정서 상태라고 할 수 있다.

그런데 문제는 불안이 너무 커서 보이지 않는 하나님을 믿지 못하는 것이다. 하나님과 더 깊이 사귀는 여정으로 가는 것을 포기하고 눈에 분명히 보이는 허상을 쫓아간다. 이단은 불안하고 애매한 것을 분명하게 정해 준다. '몇 월 며칠에 메시아가 재림할 것이다' '내가 메시아니 나를 따르면 반드시 천국에 갈 것이다' '내가 기도하면 병이 반드시 치료된다' 하는 식이다. 간혹 교회에도 목회자나 사람에 의지하면서 신앙생활 하는 사람이 있다. 하나님을 믿는다고 하지만 진짜 예배를 사모해서 예배의 자리에 나간다기보다는 행위에 중독되어서, 예배드리지 않으면 벌받을 것 같아서 다니는 사람도 있다. 이 모든 것이 불안감에서 파생되는 행위이다. 혹시 내가 영적 우월감을 가진 사람에게 의존하고 있지는 않은가. 진짜 하나님을 믿는 것이 아니라 벌 받을 것이 두려워 기도하고 있는 것은 아닌가 돌아볼 필요가 있다.

심리적 영역에서 Not God를 적용한다면

불안한 인생을 살아가는 우리에게는 심리 정서적으로 안정감을 찾아 나가기 위한 노력이 필요하다. 어떻게 하면 심리적인 영역에서 안정감 있는 인생을 살 수 있을까. 가장 중요한 것은 나는 하나님이 아니라는 사실을 인정하는 것이다. 하나님의 영역과 내 영역이 있다는 사실을 분명히 깨닫는 것이다. '나는 하나님이 아니다'라는 사실을 분명히 내 삶의 영역에 갖고 들어올 때 우리는 훨씬 마음이 편안해지고 자유해지는 것을 느낄 수 있다. 그러려면 다음의 세 가지를 기억해야 한다.

첫째, 우리는 하나님이 아니기 때문에 시간을 초월할 수 없다. 시간은 분명한 하나님 영역이다. 우리는 지금 당장 뭔가가 빨리 이루어지기를 바란다. 지금 당장 어떤 결과가 눈앞에 나타나기를 기대한다. 그런데 때로는 기다리는 것만이 답일 때가 있다. 그럴 때 우리는 시간을 주관하시는 하나님을 기억해야 한다. 흔히 '하나님의 때'가 있다고 말한다. 지금은 지루하고 막연해도 하나님의 때가 반드시 온다는 사실이 내 삶의 영역으로 들어오면 마음이 편안해질 수 있다.

그뿐만 아니라 우리는 시간을 초월할 수 없기 때문에 반대로 시간이라는 요인을 우리 삶으로 가져오는 연습이 필요하다.

성경적 마음 이해 ——— 편한 마음

예를 들어 외도한 남편이 있다고 해보자. 남편이 잘못을 인정하고 용서를 아내에게 구했고 아내도 잘 지내 보기로 결심했다. 그러나 아내의 마음속에 불쑥불쑥 억울함이 올라와서 남편에게 다정하다가도 갑자기 싸늘해지는 반응이 있다. 남편은 잘 지내기로 해놓고 그러면 어쩌냐고, 언제까지 그럴 거냐고 화를 낸다. 나는 이런 남편에게 이렇게 물어본다.

"아내가 몇 번 정도 화를 내면 괜찮으시겠어요? 일주일에 1-2번 정도, 약 30분씩 화를 내는 건 괜찮으신지요? 그러다가 점점 줄어들기를 어느 기간까지 하면 남편 분이 견딜 수 있으실까요?"

이런 질문들은 시간이라는 요인을 우리 삶으로 들여오는 연습이다. 남편 입장에서는 용서하고 잘 지내기로 했으니 지금 당장부터 그러기를 바라는 마음이지만, 아내의 마음에서는 시간이 필요할 수 있다. 시간을 초월할 수 없다는 사실을 망각하고 바로 실현되기를 기대할수록 심리적 증상이 나타날 수 있다.

둘째, 우리는 하나님이 아니기 때문에 모든 것을 다 알 수 없다. 부지불식(Not Knowing)의 영역이 있다. 어떤 부모는 자녀의 일거수일투족을 알고 싶어 한다. 아이가 학교에서는 어떻게 생활하는지, 혹시 친구들과 어울려 나쁜 짓을 일삼고 있지는 않은지 궁금해 가방을 뒤지기도 하고 주변 인물을 탐색하기도 한다. 어떤 부모는 아이 핸드폰에 위치 추적 어플을 설치하기도 하고, 몰래 핸드폰을 뒤지기도 한다. 이것 역시 불안에서 나오는 행동이다. 물론 아이 성향에 따라서 큰 사고를 치기 전에 어느 정도 장치를 해둘 필요는 있다. 그러나 '내 아이라고 해서 내가 다 알 수 있는 것은 아니다'라는 사실을 염두에 두어야 한다. 역설적이게도 부모가 아이의 모든 것을 알려고 할수록 아이는 독립적인 주체로 성장하기 어렵다. 적당히 모르는 척 넘어가는 지혜가 필요할 때도 있다. 자녀에게 어떤 일들이 일어났는지 너무 모르는 것도 문제이지만, 모든 것을 알려고 하는 것도 문제가 된다.

어떤 상황을 완전히 알려고 하는 행동은 편집이나 강박적인 증상들이 발현되는 경우라고 할 수 있다. 예를 들어 내가 없을 때 소그룹에서 나에 대한 이야기를 하는지 안 하는지를 알아보려고 한다면 얼마나 힘이 들겠는가. 또는 누군가랑 썸을 타는데 그 사람이 나를 어떻게 생각하는지 알고 싶어서 이런저런 네트워크를 활용해서 조사한다면 어떻겠는가. 배우자가 어디서 무얼 하고 있는지 세세하게 알려고 한다면 그 관계가 어떻게 되겠는가. 정보를 얻겠지만 결국 관계는 깨질 것이다. 우리는 알 수 없는 게 많을 수밖에 없는 존재이다. 따라서 알 수 있는 것과 알 수 없는 것을 구별하고, 알고 싶지만 문제가 될 것 같으면 지혜를 가지고 조절해 보는 훈련이 마음에서 필요하다. 심리적 힘은 모호함을 얼마나 잘 견디느냐의 정도이다.

셋째, 우리는 하나님이 아니기 때문에 내 뜻대로 할 힘이 제한된다. 내 마음대로 할 수 있는 게 많지 않다는 말이다. 세상에 전능하신 분은 하나님뿐이다. 모든 것을 뜻대로 하실 수 있는 분도 하나님뿐이다. 그럼에도 우리는 내 뜻대로 되었으면 좋겠다는 바람이 크다. 심리적인 영역이나 특히 관계에서도 그런 경우가 많은데 이게 심하면 증상이 나타난다. 대표적인 예가 가족을 통제하게 되는 경우이다. 부모라면 당연히 자녀가 게임을 못하게 한다든지 공부를 하라고 통제할 수 있다. 자연스러운 훈육이지만 이게 건강하지 못한 통제가 되는 경우가 있다. 건강하지 못한 통제는 자녀들을 비인격적인 존재로 대하는 것이다. 더 나아가서 모욕감과 수치심을 불러일으킨다면 그것은 더 이상 훈육이 아니다. 잔소리는 어떨까. 잔소리가 너무 지나쳐서 듣는 사람이 어찌해야 할 바를 모를 정도로 폭력적이라면 그 역시 건강하지 못한 통제가 된다. 누군가에게 "내가 하라는 대로만 하면 너 인생 편할 거다"라고 하면서 인생을 개입하거나 대신 살아 주려고 하면 오히려 더 파괴적인 결과가 나오는 원리이기도 하다.

인생의 고락을 다 지내고 이제는 나이가 지긋해진 어르신들이 주로 하는 말이 있다.

"우리가 어떻게 원하는 대로만 하고 살 수 있나. 우리 뜻대로 안 되는 게 더 많지."

이 말은 자책이나 자조적인 말이 아니다. 오히려 마음에 조금 여유가 확보된 사람들이 할 수 있는 말이다. 그분들은 "그걸 이렇게 해야지, 왜 이렇게 안 했어?" 하지 않는다. 오히려 "살아 보니 내 힘으로 된 게 하나도 없더라" 한다. 그러고 보면 내가 할 수 있는 일이 많지 않다는 사실을 깨달아 가는 과정이 곧 성장이다.

크리스천의 성장은 내가 뭘 더 많이 알게 되고, 할 수 있는 게 더 많아지는 게 아니라, 알 수 없고, 내 맘대로 할 수 없는 게 더 많다는 것을 받아들이면서 일어난다. 유한하고 무지한 우리 자신을 수용할수록 성장한다는 의미이다.

06

chapter

누구나 지질한
과거 하나쯤 있잖아요

이번 장에서는 우리가 수치를 가리기 위해 어떤 방어기제를 사용하는지 심리학적 측면에서 알아보고자 한다. 또 방어기제는 아니지만, 비슷한 동기에서 발동하는 인지왜곡의 종류도 함께 살펴보려고 한다.

방어기제의 종류와 예

정신분석학자이자 프로이트의 딸인 안나 프로이트(Anna Freud)가 방어기제에 대하여 정리한 것이 있다. 그중 우리가 많이 사용하는 기제들을 중심으로 일부를 살펴보겠다.

첫째, 억압이다. 앞서 우리 인생은 불안할 수밖에 없다고 했다. 그 불안에 대한 1차적 방어기제가 바로 억압이다. 무엇인가를 억누르는 것이다. 의식에서 용납하기 힘든 생각이나 욕망, 충동 등을 무의식적으로 억누른다. 앞서 아버지가 목사님이신데 정작 자기는 예수가 믿어지지 않아 괴로워하던 30대 남성 이야기를 했다. 알고 보니 아버지에 대한 분노가 있었고, 그 분노를 의식적으로는 수용하기가 어려우니 무의식적으로 아버지를 제일 괴롭히는 방법을 선택한 것이었다. 이런 것이 바로 억압의 형태로 나타나는 방어기제이다. 억압은 가장 많이 나타나는 방어기제 중 하나이다.

둘째, 동일시이다. 무의식적으로 다른 사람의 가치나 태도, 행동들을 내면화하는 형태로 나타난다. 고등학교 3학년 내담자를 만났다. 자신이 해야 할 학업에서는 무기력하고 의욕이 없음에도 친구들이 규칙을 지키지 않거나 다소 불의한 일들을 하는 것에 많은 분노가 있는 남학생이었다. 이 학생의 아버지 직업이 경찰이었는데, 이 친구가 하는 말이 "우리 경찰들은 그렇게 행동하지 않아요"라고 했다. 경찰은 아버지이지, 이 학생은 경찰이 아니다. 그런데 학생의 안에 아버지의 가치와 태도가 내면화되어 있었다. 그러니까 아버지의 말 한마디 한마디가 이 학생에게 엄청난 영향을 주고 있었던 것이다. 이런 것이 바로 동일시의 형태로 나타나는 방어기제이다.

셋째, 부인이다. 사실을 있는 그대로 인식하기 거부하는 방어기제이다. 어떤 사람은 내가 한 행위를 기억하지 못하기도 하고, 거짓된 정보가 진짜라고 믿어 버리기도 한다. 예를 들어 사별한 사람이 상담 신청서에 사별 칸이 있음에도 불구하고 기혼 란에 체크한다. 사별을 인정하고 받아들이는 것이 불편해서 나도 모르게 부인하는 것이다. 이것은 성경에서 말하는 자기 부인과는 조금 다르다. 내 무의식 속에서 특정 정보를 인식하기 거부하는 것이다.

넷째, 반동형성이다. 위협적이고 공격적인 무의식의 충동을 의식 수준에서 정반대의 말이나 행동으로 대치하며 살아가는 형태로 나타난다. 예를 들면 내면의 공격성이 높은 사람인데 현실에서는 비폭력운동을 한다. 거꾸로 하는 것이다. 초등학교 남자아이가 좋아하는 여자아이를 더 괴롭히는 행동도 여기에 해당할 수 있다. 다른 예로는 엄마가 교양과 품위가 중요하다며 사람들에게 보이는 품격과 체면을 강조했을 때, 자녀가 욕설을 사용한다든지 거칠고 예의 없이 행동하는 반동형성을 보일 수 있다.

다섯째, 투사이다. 불안을 해소하기 위해서 내 안에 일어나는 충동이나 사고, 감정을 남에게 돌리는 행동이다. 투사의 방어기제는 우리 일상에서 정말 많이 일어난다. 만약 내가 옆 친구에게 "배고프지?" 하고 물어본다. 이때 사실은 내가 배고픈 상태일 수 있다. 내 안에 있는 감정이 남에게도 있겠다고 여기는 것이 투사이다. '저 사람이 나를 무시하나?' 하는 감정 때문에 힘들어하는 사람이 많다. 물론 상대방이 나를 무시하는 것 같은 행동의 근거가 있을 때도 있다. 그런데 그렇지 않을 때, 아무 이유도 없이 그런 생각이 들 때는 혹시 내가 나를 싫어하는 건 아닌지, 내가 나를 존중하고 있는지 들여다볼 필요가 있다. 내가 나를 무시하고 싫어하면 다른 사람이 나를 무시한다고 느낄 확률이 높다. 어떤 사람은 "아내도 나를 무시하고, 아들도 나를 무시합니다. 내가 집안에서 이렇게 무시당하고 살아야 하나 싶고 정말 화가 납니다"라고 말한다. 그런데 도리어 그런 사람들에게 "혹시 자기 자신을 어떻게 바라보고 계신가요? 나 스스로를 존중하고 있나요? 혹시 내가 나를 무시하고 있지는 않나요?" 하고 물어본다. 사실은 내가 나를 못마땅해하면서 남이 나를 무시한다고 생각한다면 이것은 일종의 투사이다.

만약 옆집에 사는 열 살 아이가 내게 "에이, 아줌마가 심리학을 뭘 알아요? 제가 더 많이 알아요. 제가 유튜브와 책에서 공부했어요. 심리학은 이런 거예요" 하고 얘기했다면, 나는 그걸 듣고 "네가 날 무시해?"라고 말하면서 분노하지 않을 것이다. "그렇구나, 기특하네" 하고 웃어넘기게 될 것이다. 그런데 박사과정 학생들을 모아 놓고 강의하는데 학생 중 하나가 "교수님, 그 말씀은 조금 잘못된 것 같습니다. 좀 더 정확한 정보가 필요할 것 같습니다" 하면 어떨까. 옆집 열 살 아이가 말했을 때와는 반응이 다르게 나타날 것이다. 박사과정 학생들에게 무시당할까 봐 두렵다면 내가 맞다고 우길 수도 있고, 질문하는 태도를 문제 삼을 수도 있고, 또는 질문한 학생을 부당하게 대할 수도 있다. 즉 '저 사람이 날 무시하나?'라는 감정은 상대방의 어떠함이 아니라 어떤 상황이나 대상 앞에서 나 스스로 자신이 없고 초라하다고 여겨질 때, 내가 나를 향해 '난 왜 이 모양일까?'라는 생각으로 가득할 때 찾아오기 쉽다. 이것이 투사의 형태로 나타나는 방어기제이다.

여섯째, 주지화(지성화)이다. 종교나 철학, 문학 등 지적인 활동에 몰입함으로써 위협적인 욕망이나 대상에서 벗어나고자 하는 방어기제이다. 또한 감정적인 반응을 억누르고 논리적, 이성적으로 접근하려는 방어로써, 감정을 인정하고 다루기보다는 객관화된 용어들과 지식들로 상황을 해석하려고 한다. 예를 들어 큰 슬픔을 경험한 사람이 슬퍼하는 대신 과학적인 통계나 이론으로 자신의 감정을 설명한다. 아내에게 갑작스럽게 이혼을 요구받은 남편이 기독교인이 이혼해도 되는지를 설명하거나, 최근 이혼율이 급증하는 이유 등이 궁금하다고 말하는 경우에 감정 접촉을 못하고 주지화의 형태로 방어한다고 할 수 있다.

일곱째, 치환(전위)이다. 현실적인 제약으로 충동이나 욕구를 충족시킬 수 없을 때 다른 대상을 통해서 충족시키려는 과정이다. 예를 들어 아빠한테 혼이 난 아들이 아빠에게 덤벼서는 승산이 없을 것 같으니까 동생이나 애완동물한테 대신 화풀이한다. 이것이 치환의 형태로 나타나는 방어기제이다.

여덟째, 승화이다. 이것은 치환의 한 형태로, 충동이나 욕구를 사회적으로 바람직한 방향으로 전환하는 과정이다. 예를 들어 성욕이나 공격성이 강한 사람이 예술 활동, 문화적인 활동을 함으로써 그 충동을 바람직한 방향으로 바꾸어 나간다.

아홉째, 합리화이다. 합리화는 수용할 수 없는 행동에 대해서 실제 이유가 아니라 그럴듯한 이유로 둘러대거나 변명을 통해서 난처한 입장이나 실패를 모면하려는 일종의 자기기만 전략이다. 이솝우화에 "여우와 신 포도" 이야기가 있다. 여우는 포도가 먹고 싶어서 포도밭을 기웃거리는데, 담장이 너무 높아 못 올라갈 것 같으니까 "저 포도는 설익어서 시겠어" 하고 그 자리를 떠난다. 자신의 한계로 먹지 못한 것이면서 다른 이유를 가져와 둘러댄, 합리화의 대표적인 예이다.

마지막으로, 취소이다. 죄책감을 느끼는 일을 하고 나서 안한 것처럼 하거나, 또는 죄의식을 완화라도 하듯이 어떤 상징적인 행동이나 생각을 한다. 가정폭력을 일삼는 남편이 있다. 하루는 아내를 심하게 괴롭혀 놓고 다음날 꽃을 사 온다. 또는 근사한 레스토랑을 예약해 놓고 아내를 초대해서 같이 저녁을 먹는다. 어떤 집사님은 옷장에 명품 백이 가득하기에 "이게 다 뭐야?" 하니 "우리 남편이 잘못할 때마다 하나씩 사 준 거야" 한다. 죄책감을 완화하고 싶어서 명품 백을 사 주는 것이다. 이런 것들이 취소 방어기제이다.

우리는 방어 행동을 안 할 수가 없다. 나도 모르게 커버링하고 있는 부분이 있지는 않은지, 또 어떤 방어기제를 사용하고 있는지 탐색해 보면 좋겠다.

인지 왜곡의 종류와 예

방어기제는 아니지만, 인지왜곡이 있다. 사건이나 상황을 있는 그대로 바라보지 못하고 내 꼬여 있는 생각으로 왜곡해서 받아들이는 것이다. 여러 가지 이유가 있을 수 있는데, 경험이 부족할 수도 있고 잘못된 경험이 강화되고 고착되어 왜곡의 형태로 나타나기도 한다. 우리가 상황을 명확하게 바라보고 판단하는 것을 방해하는 패턴에는 어떤 것들이 있을까.

첫째, 자의적 추론이다. 충분하고 적절한 증거가 없는데도 결론에 이미 딱 도달해 버린다. 독심술이나 부정적인 예측이 여기에 포함된다. 아무 정보도 없으면서 "나 그거 뭔지 알아. 딱 보면 알아" 하는 사람들이 있다. 특히 점쟁이들이 이런 말을 잘한다. "내가 딱 보니 바람이야!" 하는 것이다. 또 어떤 사람들은 "이건 안 봐도 실패인데" 한다. 딱히 적절한 근거나 증거는 없다. 나도 모르게 자연스럽게 추론돼서 결론에 도달하는 것이다. 이게 긍정적인 예측으로 가면 큰 문제가 없는데, 부정적인 예측이 내 일상에서 반복적으로 일어나면 힘들어진다.

'투사적 동일시'라는 개념이 있다. 상대방의 행동이 나에게 익숙한 반응으로 나오게 하는 것을 말한다. 예를 들어 내가 자라면서 아버지가 외도하는 모습을 많이 봤다. 그것 때문에 어머니가 평생 괴롭게 살았다. 그런데 이분이 결혼하고 보니 남편이 출근만 하면 그렇게 불안하다. 무엇이 제일 두려울까. 남편의 외도이다. 우리는 불안이 극심해지면 그 불안을 줄이는 쪽으로 행동한다. 불안을 견디기 힘드니 남편 핸드폰을 추적하고 몰래 관찰한다. 끊임없이 의심하고 거기에 대한 명확한 답을 강요한다. 그러다가 남편이 교회에서 만난 어느 자매를 향해서 한번 웃어 주면, 그 미소 한 번에 아내는 '외도했구나!' 하고 확신하게 된다.

그런데 신기한 것은, 남편이 외도하지 않았을 때는 그렇게 불안하다가, 정작 남편이 외도한 사실을 알게 되면 불안감이 줄어들고 불안 대신 고통이 시작된다. 누가 나를 때리려고 하면 언제 때릴까 불안하다가 정작 맞고 나면 불안은 없어지고 육체의 고통만 남는 것과 같다. 왜일까. 사실 그녀는 아버지가 외도했었다는 사실이 괴로웠지만, 그것이 익숙하다. 너무 피하고 싶은 상황인데, 남편이 외도할까 봐 계속 불안하니 불안을 줄이려는 쪽으로 행동이 움직이게 되는 것이다. 결국 익숙한 상황, 내가 그렇게 피하고 싶었던 상황을 마주하면 '아, 내가 맞았어. 남편이 외도할거라 생각했는데 맞네. 그럼 그렇지' 하는 것이다. 이것이 투사적 동일시로 나타나는 일이다.

이런 일들은 우리 주변에서 왕왕 일어난다. 아버지에게 많이 혼나며 자란 사람들에게 흔히 나타나는 모습이 있다. 권위자를 두려워하는 것이다. 이런 사람은 학교나 직장에서 선생님이나 상사를 향한 맹목적인 두려움이 있을 수 있다. 그들에게는 선생님이나 상사가 권위자이다. 그들은 늘 '저 권위자가 내게 화를 내면 어쩌지, 나를 혼내면 어쩌지?'하는 불안에 시달린다. 사실 그들이 원하는 것은 권위자의 인정과 사랑이다. 그런데 정작 행동은 무의식적으로 선생님이나 상사가 교묘하게 나에게 화를 내는 상황을 만든다. 지각을 한다든지, 과제를 제때 제출하지 않는다든지, 엉뚱한 일을 한다든지, 권위자가 싫어하는 행동을 하는 것이다. 그래서 권위자가 자신에게 화를 내면 그때 이 사람은 '저 사람도 아버지랑 다를 것이 없군. 역시 권위자들은 다 나를 싫어하네' 한다. 혼날까 봐 불안했던 마음은 사라지고 고통과 괴로움이 남게 된다.

이렇게 자기가 갖고 있는 신념을 도식이라고 한다. 우리는 심리 도식 구조를 유지하려고 한다. 그래서 폭력적인 아버지를 그렇게 싫어하던 여성들이 다소 폭력성이 있는 남성에게 매력을 느낀다. 힘을 사용하는 폭력성은 아니더라도 강력한 리더십을 가지고 이끌고 가는 모습이 매력적이어서 결혼하고 보니, 아내의 삶에 자율성을 주지 못하는 남편인 경우가 있는 것이다. 물리적으로 폭력적이던 아버지를 피해서 결혼한 줄 알았는데, 정서적으로 억압하고 통제하는 남편과 결혼한 경우이다.

혹시 내가 경험한 어린 시절의 경험이나 수치, 불안에서 벗어나지 못하고 비슷한 상황을 만들어 가고 있지는 않은가. 불안을 줄이려고 감정반사행동으로써 오히려 이상한 부정적 증상을 만들어 내고 있지는 않은가. 이런 행동이 투사적 동일시로 일어날 수 있다는 사실을 알아야 한다. 그래서 우리는 신앙생활하며 인생이 불안할 수밖에 없다는 것을 바로 인식할 필요가 있다. 불안을 줄이고 싶을 때 엉뚱한, 파괴적인 행동을 하기보다 기도하고 말씀 읽고 동역자들과 교제하며 신앙 안에서 해결하려는 노력이 필요하다.

둘째, 선택적 추상이다. 정신적 여과(mental filtering)라고도 한다. 정신적으로 뭔가를 필터링하는 것이다. 필터링이란 전체가 아니라 일부만 하나 뽑아서 그것을 집중해서 들여다보는 것이다. 전체적인 맥락을 고려하지 않고 일부 세부 사항에만 초점을 맞춰서 생각하는 것이 정신적 여과이고, 인지왜곡의 한 종류이다. 선택적 추상이 있는 사람은 성경 볼 때도 앞뒤 말 다 빼고 뭐 하나에 딱 꽂혀서 그것만 붙잡는다. 그러니 인지왜곡이 일어난다. 우리가 뭔가를 판단하고 생각할 때는 전체적인 맥락을 충분히 고려하는 훈련이 되어야 한다.

오랜 시간 임상을 하면서 알아차린 게 하나 있다. 사람은 자신이 인생을 살면서 삼았던 무기가 자녀에게 없을 때 더 불안해한다는 것이다. 예를 들어 공부를 잘했던 부모는 자녀가 자신보다 성격이 서글서글하고 외모가 괜찮더라도 공부를 못하는 것만 생각하면서 걱정한다. 외모가 아름다운 엄마는 자녀가 성품이 좋고, 인간관계도 폭넓게 잘함에도 불구하고 외모만 지적하는 경향이 있다. 빠릿빠릿하면서 성실함이 무기였던 부모님은 자녀의 느긋함을 문제 삼아 지적한다. 느긋한 자녀가 얼마나 창의력이 대단한지는 무시하게 된다. 정직과 올곧음으로 살아온 어머니 눈에 게임하면서 친구들을 이끄는 아들의 리더십은 보이지 않고, 거짓말하는 것 같고 대충 사는 것 같은 부분이 불안하고 못마땅하다. 부모가 자녀의 모습을 총체적으로 바라보지 못하는 결과이다. 이 정도는 우리에게 일반적으로 일어나는 일이지만, 이런 모습이 확장되어서 자녀에게 다른 모습이 있다는 걸 전혀 알아차리지 못하고 이렇게 반응하는 것을 선택적 추상으로 일어난 인지왜곡이라고 할 수 있다.

셋째, 과잉 일반화이다. 한 가지 근거를 다른 상황, 다른 사람에게 확대 적용하는 것이다. 앞서 소개한 중년 여성에게 부정적이었던 비뇨기과 의사선생님의 상황이 여기에 해당한다. 그는 어린 시절 새엄마로부터 경험한 중년 여성의 경험을 상담하러 온 환자의 보호자에게 확장 적용했다. 그래서 남들이 보면 이해하기 어려울 정도로 날카로운 반응을 한 것이다. 이런 인지왜곡은 우리 안에서도 종종 일어난다. 학교 다닐 때 두세 명의 선생님에게 부정적인 피드백을 들은 경험으로 인해 교사들은 모두 한심하다고 평가하거나, 반대로 중저음 목소리를 가진 선생님이 자신을 칭찬하고 예뻐했던 기억을 일반화시켜서 중저음 목소리를 가진 사람은 모두 친절하다고 평가한다면 과잉 일반화이다. 때로는 이런 왜곡이 극심한 양상으로 일어나기도 한다.

넷째, 극대화 또는 극소화이다. 극대화는 실제보다 더 큰 것처럼 자각하는 것이고, 극소화는 실제보다 더 작게 보려는 경향이다. 예를 들어 자녀가 학교에서 조금 다쳐서 왔다. 그냥 지나가다가 벽에 살짝 긁힌 것이다. 그런데 부모가 '학교 환경이 너무 잘못됐다, 아이가 다칠 수 있는 학교 시설에 문제가 있다' 하면서 '교장선생님과 이 부분에 대해 의견을 나누고 싶다' 나아가서 '교육청에도 알려야겠다' 한다면 어떨까. 사실 별것 아닌 일인데 자꾸 문제를 크게 키우는 것이 극대화 인지왜곡이다. 반대로 극소화시키는 사람들도 있다. 아이가 학교에서 집단 따돌림을 겪는데, 도움을 줘야 할 어른들이 "애들이 크면서 좀 싸우기도 하고 그러는 거지 그게 뭐 대단한 문제라고 수선을 떨어?" 한다. 분명한 상황을 들여다보기 무서워서 그렇다. 마치 없는 일처럼, 아주 사소한 일인 것처럼 축소시켜 버리고 싶은 것이다.

초등학교 1학년 교사가 내담자로 방문했다. 이 교사는 "중요한 문제는 아닌데, 되게 사소한 건데, 애들이 제 말을 잘 안 들어요" 했다. 아이들이 선생님 말을 안 듣는 것은 사소한 문제가 아니다. 선생님 말을 잘 듣게 통제하는 환경을 만드는 것이 초등 교사의 중요한 출발이다. 그리고 선생님 본인에게도 아이들이 통제가 안 되는 것은 괴로운 문제이다. 만약 이 교사가 "너무 중요한 이 문제로 제가 괴로워요"라고 말했다면, 내 힘듦이 타당하게 받아들여질 것이다. 이 문제로 조금 괴롭고 힘들어도 된다. 그런데 그는 '별것 아닌 것 때문에 나는 왜 이렇게 힘든가' 하면 더 힘들어진다. 상황을 극소화해서 문제를 작게 보려는 경향이 나를 더 괴롭게 하는 것이다.

다섯째, 개인화이다. 나와 관련된 일이 아닌데도 외부 사건들을 나 자신과 개인적으로 관련짓는 것이다. 그 일이 마치 나 때문에 일어난 것 같다고 생각하는 것이다. 예를 들어 중학교 교실에서 수업을 받고 있는데 한 아이가 갑자기 책상을 탁 치고 나가 버렸다. 그런데 저쪽에 엉뚱한 아이가 혼자 막 우는 것이다. 선생님이 "너 왜 우니?" 하고 물어보니 "쟤가 나간 게 저 때문인 것 같아요" 한다. 사람들 사이에서 갈등이 생기거나 상황이 안 좋게 흘러갈 때 그걸 보면서 나 때문에, 내가 뭔가를 잘못해서 그런 것 같다고 내 상황과 관련지어 생각한다. 개인화로 인지왜곡이 일어나는 것이다.

이렇게 개인화 인지왜곡이 일어나는 사람들을 보면 간혹 부모로부터 "너 때문에 내가 너무 힘들다"라는 식의 한탄을 듣고 자랐거나 눈치를 많이 보는 환경에서 자란 경우가 많다. 어릴 때부터 '나 때문에 좋지 않은 일들이 일어나는구나'라는 생각을 하다 보니 그것이 개인화 인지왜곡으로 굳어진 것이다. 이럴 때는 어떻게 하는 것이 좋을까. 주변 사람들한테 "그 일이 나 때문에 일어난 걸까?" 하고 자꾸 물어봐야 한다. 그럴 때 사람들이 "그게 무슨 소리야?"라거나 "왜 그런 생각을 해? 그렇지 않아"라고 말하면 그대로 믿을 수 있어야 한다.

여섯째, 이분법적인 사고이다. 흑과 백으로 구분하려는 경향이다. 이것 또한 불안을 제대로 다루지 못한 데서 오는 인지왜곡이다. 불편하고 불안할 때는 명료하고 분명한 것이 도움이 된다고 했다. 그렇기 때문에 '모 아니면 도'라고 생각하면서 극단에 초점을 맞추는 것이다. 예를 들어 정치색을 이야기할 때 이 이분법적인 사고가 발동한다. '나랑 색이 다르면 반대파'로 나누면서 '적'이라고 간주해 버리는 것이다. 이런 인지왜곡은 현대사회를 분열 상황으로 몰아간다.

우리는 불안하다 보니 모호하고 애매한 것을 피하고, 분명하고 또렷한 것을 선호하는 경향이 있다. 그래서 확실하게 하고 싶고, 분명하게 확인하고 싶어 하는 방향성을 가지고 움직인다. 그런데 살다 보면 어쩔 수 없이 모호하고 애매한 상황을 견뎌야 하는 순간이 정말 많다. 그런 상황을 잘 견디는 힘은 심리적 면역력과 관련이 있다.

심리적 면역력이 있는 사람은 어떤 상황을 이분법적으로는 잘 생각하지 않는다. 이럴 수도 있고 저럴 수도 있다고 생각한다. 이런 사고방식과 관련해서 요한복음 10장 10절 말씀을 함께 묵상해 보면 좋겠다. 예수님이 이 땅에 온 것은 "양으로 생명을 얻게 하고 더 풍성히 얻게" 하려 하심이라고 말씀한다. 그러니까 예수님이 이 땅에 오신 목적에 우리의 영생도 있지만 우리가 풍성한 삶을 누리는 것도 있다는 말이다. 풍성함은 서로 다름에서 온다. 여러 사람이 중국집에 가서 음식을 시키는데, "모두 자장면으로 통일?" 하면 그 상에는 자장면밖에 없게 된다. 그런데 "저는 짬뽕이요" "나는 유산슬" "나는 잡채밥으로 할게요" 하면 그 상에 올라오는 음식은 굉장히 풍성해진다. 심리적인 영역도 마찬가지이다. 나와 다른 사람의 생각과 가치관이 모이면 우리 삶이 풍성해진다. '나는 이렇게만 생각해 왔는데, 저렇게도 생각할 수 있구나' 하고 인정하다 보면 보는 조망이 넓어지고 더 많은 것을 배울 수 있다. 그리고 이렇게 다양성을 받아들이기 시작하면 심리적 면역력이 생긴다. 심리적 면역력이 생기면 불안을 다루는 힘이 커진다.

물론 나랑 너무 다른 사람을 만나 교제하는 것은 쉬운 일이 아니다. 내 생각이 잘 통하지 않고 기분도 안 좋아질 수 있다. 그러니까 자꾸 비슷한 사람끼리 모이는 것이다. 모여서 뭘 할까. "저 사람들 너무 이상해" 하면서 배타성을 키운다. '저 집단은 나랑 너무 달라, 나랑 다른 사람은 이상한 사람'이라는 생각을 더 확고하게 하는 것이다. 요즘 남녀 사이 갈등이 팽배하다. '김치녀' '한남충' 같은 말들이 우리 사회의 갈등 상황을 너무 잘 대변해 준다. 말이 통하는 여자끼리, 남자끼리 똘똘 뭉쳐 상대를 배타적으로 대하고 그들의 가치를 터부시한다. "쟤네는 잘못됐어" 하면서 모이다 보면 그 집단의 응집력이 더 강해진다. 그 집단 안에 속해 있으면 마음이 편안해지고 '내가 뭘 잘못하고 있나'라는 불안이 줄어들기 마련이다. 반대로 내 생각이랑 다른 집단을 만나면 다소 긴장되고 내 생각이 틀릴 수도 있겠다는 불안이 생길 수밖에 없다. 그러다 보니 같은 생각을 가진 비슷한 집단으로만 모이려고 하고 폐쇄성이 커지게 되면 다양성은 떨어지는데, 이렇게 이분법적으로 흑과 백으로 나눠 생각하는 것이 대표적이다.

다양성이 떨어지면 심리적인 면역력이 약해진다. 심리적인 면역력은 '우리가 인생의 실패와 좌절을 어떻게 대하는가'와도 깊은 연관이 있다. 인생을 살며 겪는 어려움들을 견디면서 다시 도전해 보는 용기를 가져볼 수 있는 힘도 심리적 면역력에서 온다. 넘어지더라도 '그럴 수도 있고 저럴 수도 있다'는 생각을 해야 '지금은 넘어졌지만 다음엔 잘할 거야' 할 수 있는데, 폐쇄적으로 생각하고 극단으로 치달으면 '나는 끝났어, 이번 인생은 망

했어' 하면서 일어날 힘을 얻지 못한다.

따라서 너무 한 방향의 사람들끼리만 만나지 말고 다양한 집단, 다양한 사고방식을 가진 사람들을 만나기를 권한다. 나와 다른 생활 환경, 다른 사고방식을 가진 사람을 만나다 보면 생각도 열리고 견문도 넓어진다. 이런 사람들과 두루 어울리다 보면 힘들고 어려운 일이 생길 때 '하나님이 나에게 시련을 주시는구나' 뿐 아니라 '하나님이 내가 풍성한 삶을 살기 원하시는구나'라고 생각할 수 있게 된다. 생각을 전환할 수 있는 힘이 생긴다.

일곱째, 파국화이다. 걱정하는 한 사건 때문에 두려움이 지나치게 강조되는 것이다. 예를 들어 세상의 종말이 올 것 같은 두려움, 한 번의 실패로 인생이 완전히 끝날 것 같은 두려움에 빠지는 것이다. 아이가 시험을 망쳤다. 그럴 때 어떤 부모는 이제 '네 인생은 이대로 끝이다'라고 생각한다. 이렇게 파국화 인지왜곡을 가진 부모의 아이들은 어떨까. 인지왜곡은 세대 전수가 되는 경향이 있다. 자녀들은 중요한 정서적 정보를 처리하는 과정을 부모를 통해서 모델링하기 때문이다.

화가 나면 물건부터 집어던지는 아버지가 있다. 그런 아버지 옆에서 늘 참고 사는 어머니가 있다. 자녀는 그런 어머니를 보면서 '나는 참고 살지 말아야지' 한다. 이런 어린 시절을 보낸 아이가 어떤 성인이 될까. 화가 나면 던지거나 참거나 둘 중에 하나밖에 못 한다. 화가 나는 정서가 일어날 때 어떻게 처리해야 하는지 모델링을 못 한 것이다. 우리 부모 세대가 안정된 환경에서 건강하게 살아왔다면 우리도 좀 덜 불안하게 살 수 있었을 텐데, 안타깝게도 과거 한국의 시대 상황에서는 그게 쉽지 않았다. 대부분 우리 부모님은 하루하루 먹고살기 힘든 환경에서 살아왔기 때문에 "걱정이다" "큰일이다"를 입에 달고 살았다. 그러다 보니 이런 정서가 모델링이 되어 파국화의 인지왜곡이 일어나게 된 것이다.

그러면 어떻게 하면 좋을까. 내 안에 분노나 슬픔, 좌절 등 중요한 정서가 일어날 때 다른 사람들, 특히 영적으로 건강한 주변 사람들이 그 감정을 어떻게 해결하는지 살펴봐야 한다. 내가 닮고 싶고 본받고 싶은 사람이 있을 때 그 사람이라면 이런 상황에서 어떻게 할 것 같은지 생각해 보는 것이 상당히 도움이 된다.

절약 정신이 아주 투철한 남편이 있었다. 그는 아내가 뭐만 하면 불안했다. 그래서 사사건건 따라다니며 절약 정신을 외쳤다. 돈을 못 쓰게 하는 것도 모자라 화장실 물 내리는 것도, 휴지 쓰는 것도 통제했다. 한번은 두 분이 빵집에 갔는데 남편이 "커피만 사면되지 무슨 빵까지 사?" 했다. 또 아내가 쓴 영수증을 일일이 보면서 혹시 불필요한 것을 사지는 않았는지 체크했다. 그런데 사실 그는 굉장한 부자였다. 그런데도 이렇게 소비를 통제하니 아내가 숨 막혀 못살겠다고 호소했다. 이 남편과 이야기를 나누는데 남편이 그런다.

"아내 말이 다 맞아요. 내게 문제가 있습니다. 어린 시절 돈이 없을 때 당한 수치가 반복될까 봐, 우리 부모님처럼 인생이 망

할까 봐 아내를 들들 볶았습니다. 아내가 돈을 조금이라도 쓰면 바로 내 인생이 노숙자로 끝날 거 같아서 두려웠나 봐요. 이런 내 문제가 부부 사이 관계를 해치고 있다는 사실을 알았습니다. 앞으로는 그런 통제를 줄이고 아내와의 관계에 신경 쓰겠습니다."

자기 문제를 분명하게 알고 있어서 좀 기대하고 다음 상담 시간에 만났는데, 아내의 불만은 여전했다. 머리로는 아는데도 변화가 쉽게 되지 않았다. 예전처럼 휴지를 반씩 잘라 놓지는 않지만, 이미 아내가 휴지 두 장을 뽑아 드는 순간 남편 이마에 내 천(川) 자가 딱 그려지면서 한숨을 쉬었다는 것이다. 남편은 남편대로 마음의 불안이 쉽게 해결되지 않아 괴로움을 호소했다.

뭔가를 고쳐 보려고 하는데, 잘 안될 때가 많다. "제가 예수님 안에서 거듭나 다시 잘해 볼 거예요!" 하지만 잘 안 된다. 괴로워하는 남편에게 혹시 선배나 친구 중에 이 문제를 이상적으로 해결할 수 있을 것 같은 사람, 모델링할 수 있는 사람이 있는지 물어봤다. 그랬더니 한 친구를 이야기했다. 그때부터 그는 친구네 집에 가서 친구를 계속 관찰했다. 아내가 휴지를 두 장 뽑을 때 어떻게 하는지, 좀 쓸데없는 소비를 하는 것처럼 느껴질 때 어떻게 하는지 보고 배우면서 모델링하려고 애썼고, 조금씩 불안을 덜어 나갈 수 있었다.

여덟째, 명명(labeling)이다. 꼬리표를 딱 붙이는 것이다. 이것 역시 모호한 것에 대한 불안이 원인이다. 어떤 증상이나 사건에 이렇게 꼬리표를 붙이면 어떤 일이 벌어질까. 우리가 모호할 때 그것에 대해 명명하면 명료해질 것이다. 예를 들어 "쟤는 왜 저래? 왜 저렇게 자기 생각밖에 못해?" 싶을 때 "이기적이어서 그래"라고 하면서 '이기적인 사람'이라는 꼬리표를 달아 버리면 그 사람의 행동을 이해하지 못할 때 오는 긴장 또는 불안이 줄어든다. 그렇지만 꼬리가 달린 당사자는 얼마나 마음이 어렵겠는가. 어떤 내담자는 "엄마는 늘 내게 이기적이라고 말해요, 내가 이기적인 사람인가 봐요" 한다. 만일 내담자가 이기적인 성향이 있지 않다면, 이 경우 내담자 엄마의 불안도가 높을 수 있다. 자신의 불안이 해결이 안 될 때 자녀에게 '네가 이기적이어서 그렇다'고 명명한 것이다.

혹시 내가 지나치게 평가적인 말을 많이 쓰지는 않은지 살펴볼 필요가 있다. 그리고 그 이유가 불안을 다루기 위한 의도는 아닌지 생각해 봐야 한다. '이 사람은 이런 사람, 저 사람은 저런 사람' 하고 너무 쉽게 결정해 버리지는 않는가. 또 관계에서도 뭔가를 단정해 버리는 사람이 있다. '이 관계는 잘될 수 없어'라고 단정해 버리는 것이다. 그렇게 단정하면 관계의 모호성을 견디는 에너지를 쓰지 않아도 되기 때문에 평가적으로 또는 단정적으로 판단하게 된다.

반대로 내게 그런 꼬리표가 붙어 버리는 경우도 많다. 공동체에서, 또는 부모님으로부터 부정적인 평가를 받았다면 그것 때문에 너무 속상하고 나아가 괴로울 것이다. 그러나 지나친 괴로움에 빠져 있기보다는 생각을 조금 환기시켜서 '내게 그런 면

이 있나? 저 사람은 내 어떤 부분에서 그런 생각을 하게 됐을까?'
를 객관적인 시각으로 살펴보면 좋겠다. 그렇게 건강한 시각으
로 나를 살펴보다 보면 타인이 정해 놓은 '어떤 사람'이라는 꼬리
표에서 벗어날 수 있다.

자기 인식이 건강하지 못해서 스스로에게 부정적인 꼬리표
를 붙이는 경우도 있다. 만약 '나는 우울한 사람이야'라는 꼬리표
가 붙으면 '나는 또 우울해질 거야' 하면서 그 꼬리표대로 행동하
려고 하는 것이다. 이것을 '자기이행적 예언'이라고도 말한다. 무
의식적이어도 나에 대해서 어떤 말을 반복해서 하게 되면 그대
로 이루어질 수 있다는 뜻이다. 따라서 내 안에 붙여진 꼬리표가
있다면 그게 어떻게 생겨난 것인지 검토해 보면 좋겠다.

어떤 꼬리표를 달고 살아가고 있는가. 앞서서 집단 상담을
할 때 '무식한 년'이 된 교수님 이야기를 했다. 무식한 것 들키지
않으려고 부단히 애쓰는 인생을 살아왔는데, 무식한 년으로 불
리는 순간 큰 자유함이 있다고 했다. 이렇게 우리가 척하는 인생
을 살다가 내 실체를 만나는 순간, 부들부들거리며 커버링하던
것을 다 까놓고 솔직하게 내 모든 것을 드러내는 순간 우리는 자
유로울 수 있다.

우리는 누구나 어린 시절의 수치를 품고 살아간다. 꼭 집안
의 가난과 바람피우는 부모님 같은 수치가 아니더라도, 누구에
게나 지질한 순간들이 있다. 비참했던 순간들의 지질함, 성적인
첫 경험의 지질함, 동급생이나 선배에게 힘으로 제압당하던 지

질함이 있다. 그것을 얼마나 잘 가리며 살아가고 있는가. 그 실체를 드러내놓고 교제하는 사람이 있는 사람과 없는 사람의 삶은 너무 다르다.

부부 상담할 때 내주는 숙제가 있다. 그동안 부부가 싸우던 주제, 예컨대 "어머니가 어떻게 나한테 그럴 수 있어?" "애들 교육을 어떻게 그따위로 시키는 거야?" "우리 집 재정 문제는 어떻게 할 거야?" 같은 이야기를 옷 다 입고 식탁에 앉아서 싸우지 말고 옷을 다 벗고 세 시간 정도 침대에서 이야기를 나눠 보는 것이다. 생각보다 많은 분이 이 숙제를 하고 온다. 그런데 숙제를 하고 온 분들이 하나같이 입을 모아 하는 말이 "너무 신기해요. 우리가 평생 싸워 온 주제인데 시키신 대로 하고 이야기하니 싸우지 않았어요. 대화가 너무 부드럽게 이어졌어요" 한다. 내가 뭔가를 커버링하고 방어하면서 대화하면 문제가 해결되지 않는다. 상대방에게 우스워 보이지 않으려고 더 세게 대응하기 때문이다. 그런데 옷으로 가리지 않고 대화하다 보면 상대방이 무섭지도 않고, 나를 긴장시키는 대상도 아니기 때문에 한결 대화의 본질에 집중할 수 있다.

우리는 센 척, 괜찮은 척하느라 안간힘을 쓰지만, 사실 사람이 별게 없다. 별게 없다는 말이 한심하고 무능하다는 말이 아니다. 세 보이고 무서워 보여서 눈도 못 마주칠 것 같은 사람도 사실 가림막을 다 걷고 보면 나와 다를 게 없다는 말이다. 적어도 하나님의 시각에서는 그 사람도 작은 피조물에 불과하고, 나 또

한 작은 피조물일 뿐이다. 그러니 평가적인 시각을 줄이고 타인을 이해하려는 노력이 필요하다. 또 내가 괜찮은 척하고 싶지만 한편으로는 한계가 있는 사람이라는 것을 수용해야 한다. 그럴 때 우리 안에 진리가 머무르면서 자유로워지는 것을 경험할 것이다.

07

우리는 무엇 때문에 화가 날까요

욕구와 탐욕을 어떻게 이해하고 있는가? 어떤 사람들은 욕구 자체를 부정적인 것으로만 이해한다. 그래서 신앙적으로 회개해야 한다고 여긴다. 또 욕구는 우리 삶에 부정적인 영향을 미치기 때문에 줄이려고 노력해야 한다고 생각한다. 이 욕구의 문제를 성경적, 기독교적으로 이해할 필요가 있다.

욕구와 욕망, 그리고 탐욕

인간은 배고프면 먹고 싶고 졸리면 자고 싶다. 이것은 욕구이다. 욕구는 인간 내부적으로 결핍이나 과잉이 생길 때 정상 상태로 되돌아가고자 하는 움직임이라 할 수 있다. 기본적인 욕구는 채워지면 더 바라지 않는 상태로 접어든다. 아무리 배고파도 음식을 양껏 먹으면 더 이상 먹고 싶지 않은 상태가 되는 것처럼 말이다. 그런데 욕망은 다르다. 더 좋은 것, 더 나은 것을 갈망한다. 이런 욕망은 절제와 조절이 필요하다.

탐욕은 어떨까. 탐욕은 지나친 욕심이다. 욕심을 사전에서 찾아보면 "분수에 넘치게 무엇을 탐내거나 누리고자 하는 마음"이라고 정의한다. 성경에서 탐욕은 '우상숭배'라고 말할 정도로 자신과 나아가 남까지 해칠 수 있는 위험한 것이다. 욕구는 채워야 하는 것, 욕망은 조절해야 하는 것이라면, 탐욕은 버려야 하는 것이다.

욕구와 욕망, 탐욕을 구별한다면 다음과 같다. 배고픈 상태에서 뭔가가 먹고 싶다면 죄가 될 수 있을까. 그렇지 않다. 배고파했다고 회개해야 한다고 말할 사람은 없다. 이것은 욕구이다. 그리고 맛없는 음식보다는 이왕이면 맛있는 음식을 먹고 싶은 것은 죄라 하기 어렵다. 욕망 또한 어느 정도 조절할 수 있다면 괜찮다. 그런데 욕구가 어느 정도 채워졌고 욕망에 따라 맛있고 더 좋은 음식을 먹었는데도 계속해서 맛있는 음식을 찾고, 끊임없이 먹으려고 한다면 문제가 된다. 이미 배가 충분히 부른데도 먹을 것에 집착하면서 과식함으로 건강에까지 이상이 오는 지경이 되면 이것은 탐욕의 영역이라 할 수 있다.

심리 정서적인 측면에서도 욕구, 욕망, 탐욕을 구분해 볼 수 있다. 만약 누군가 "나는 당신의 인정이 필요한 사람이야"라고 말한다면 어떨까. 어떤 사람은 '어떻게 크리스천이 사람의 인정을 필요로 할 수가 있지?'라고 생각할지 모르겠다. 아무래도 크리스천은 사람보다 하나님의 인정을 더 가치 있게 여기기 때문에 이런 말이 불편하게 들릴 수도 있다. 그러나 앞에서도 말했듯이, 인정받고 싶은 것은 인간의 아주 기본적인 욕구이다. 우리는 하나님이 아니고, 누군가의 인정이 필요하도록 창조되었다.

그런데 이 인정받고 싶은 욕구가 점점 강해져서 '더 많은 사람의 인정을 받고 싶어'로 나아가면 이것은 욕망이 될 수 있다. 조절해야 한다. 그리고 이 욕망이 더 거세져서 '모든 사람이 나만 인정해야 해!' 하면서 다른 사람까지 해롭게 하는 상태가 되면 이것은 탐욕이다. 이것은 '분수에 넘치게' 욕심을 부리는 것이다.

'분수'란 무엇일까. 우리의 포지셔닝, 즉 내 상태를 아는 것이다. 인간은 누구나 하나님 앞에 죄인이다. 나는 하나님이 아니다. 이것이 우리 모두의 분수이다. 이것을 깨닫고 받아들이는 것이 중요한다. 내 상태를 알고 받아들이는 것이 전제되어야 탐욕에서 벗어날 수 있다.

분노와 좌절된 욕구

만약 내가 교회에서 열심히 봉사하고 헌신했다. 그런데 아무도 내게 '수고했어'라는 말을 해주지 않는다. 한두 번이 아니라 여러 번 지속적으로 아무도 몰라주면 기분이 어떨까. 섭섭하고 아쉬울 수 있다. 사람들이 내가 한 수고를 좀 알아주면 좋겠다는 마음도 든다. 그런데 사실 이 인정받고자 하는 욕구는 죄인인 상태와 연결된다. '아, 나는 죄인이기 때문에 인정받고자 하는 욕구가 있구나' 하고 받아들일 필요가 있다. 이게 된다면 여기까지는 사실 문제가 없다. 그런데 욕구가 채워지지 않을 때 우리는 분노라는 감정이 생긴다. 이렇게 분노가 올라오면 삶이 참 괴로워진다. 여기서는 인정받고 싶은 욕구를 예로 들었는데, 다른 욕구들도 마찬가지이다.

이 분노를 설명하는 이론 중 하나가 '좌절-공격 가설'이다. 인간은 목표를 달성하고자 할 때 그 행동이 방해받으면 좌절감을 느끼게 되고, 이 좌절감이 분노를 유발한다. 그리고 이 분노는 공격적 행동으로 이어질 수 있다. 예를 들면 약속 장소에 제시간에 도착해야 한다는 목표를 가지고 있는데, 가는 길에 차가 너무 막힌다. 설상가상으로 앞 차가 길이 열렸는데도 느리게 움직인다. 정말 화가 나는 상황이다. 이것은 빨리 약속 장소로 가야 한다는 목표가 좌절된 데서 오는 분노이다. 먼저는 도로 상황 때문에 화가 나다가 앞 차에 화가 날 수도 있고, 나중에는 이렇게 차가 많을 수밖에 없는 사회에, 도로 환경을 이렇게 만든 국가에 화가 나기도 한다. 욕구가 강할수록 즉 간절히 바랄수록 좌절도 커지고 화도 거세진다. 이처럼 우리의 공격적 행동에는 좌절이 선행된다.

좌절감은 억울한 일들이 연달아 일어난다든지, 무시당한다는 느낌을 지속적으로 받을 때도 일어난다. 무시당한다는 느낌은 어디에서 올까. 존중받고 싶은 욕구가 좌절되는 데서 온다. 이렇게 과도한 좌절감의 반복은 극단적인 분노로 이어진다. 존중받고 싶은데 존중의 경험은 채워지지 않고 오히려 좌절하게 되면, 예를 들어 지나가는 사람이 이유 없이 날 째려보거나, 실수로 어깨를 밀쳐 놓고도 제대로 사과하지 않으면 화가 날 수밖에 없다.

분노는 열심히 일하는 사람들, 간절하게 잘해 보려고 하는 사람들에게서 더 극단적으로 나타난다. 교회에서도 빈둥거리면서 대충 크리스천 흉내만 내며 다니는 사람들은 교회 하는 일에 그렇게 화를 안 낸다. 가정에서도 마찬가지이다. '우리 가정이 화목하면 좋겠어' 또는 '내 자녀가 공부를 더 잘하면 좋겠어'라든가 '남편이 회사에서 인정받고 승진하면 좋겠어'라는 마음이 강할수록 거기에 더 많은 에너지를 쓰게 되고, 그게 잘 안되면 더 크게 화가 난다. 다시 말해서 좌절이 더 크다는 말이다. '잘되면 좋겠다'라는 욕구와 열심이 있는 행동이 좋은 결과로 돌아오지 않을 때 더 큰 좌절감, 더 큰 분노로 연결된다.

우리가 또 분노하게 되는 상황이 있다. 바로 상대적인 박탈감이 일어날 때이다. 나는 열심히 하는데 옆 사람은 열심히 하지 않는다. 그런데 가만 보니 옆 사람이 나보다 보상이 훨씬 더 크다. 이렇게 비교가 되는 상황에서 우리의 분노가 더 커진다.

욕구불만인 상태가 지속되어도 분노가 일어난다. 내 안에 바라는 것들이 채워지지 않았을 때, 즉 결핍된 상태를 우리는 욕구불만이라고 말한다. 예를 들어 사회적으로 부당한 평가를 받았을 때 우리는 분노한다. 인정받고 싶은 욕구, 존중받고 싶은 욕구, 내가 수고한 것에 대해서 정당한 평가를 받고 싶은 욕구가 채워지지 않아서이다. 또 사회적인 소외를 당했을 때도 우리는 분노한다. 사람들이 나를 따돌리고 끼워 주지 않았을 때 어느 집단에 속하고자 하는 욕구가 채워지지 않으면서 분노하는 것이다. 정서적인 것뿐만 아니라 물리적으로 내가 어떤 삶을 누리고 싶은데 그게 이루어지지 않을 때도 우리는 소외라는 욕구불만이 작동한다. 공평하게 대우받고 싶다, 일정 수준의 삶을 누리고 싶다는 욕구를 좌절시켰기 때문에 이 또한 굉장한 분노로 연결될 수 있다.

욕구불만은 사소한 일에도 사람을 예민하게 반응하게 만들고 인간관계를 해친다는 특징이 있다. 혹시 너무 자주 분노하고 있지는 않은가. 작든 크든 욱하고 올라오는 감정이 일상생활을 힘들게 하지는 않은가. 통제되지 않는 분노로 너무 힘들다면 채워지지 않은 욕구로 인한 스트레스가 있지는 않은지 돌아볼 필요가 있다.

모든 좌절이 분노를 일으키는 것은 아니다. 좌절할 때, 내가 바라던 것들이 채워지지 않았을 때 오히려 그 좌절감이 어려움을 해결하려는 동기로 작동할 때가 있다. 좌절감을 가지고 기도하면서 하나님의 뜻을 찾을 때 우리는 새로운 소망으로 채워지는 경험을 종종 한다.

분노의 예
우리 주변에서 흔히 만나게 되는 분노의 예들을 살펴보자.

성경적 마음 이해 ──── 편한 마음

사춘기 자녀의 분노

사춘기 자녀를 키우는 부모들에게 하소연을 듣는 일이 많다. 자녀들이 틈만 나면 '우-씨! 우-씨!' 하고 화를 내면서 집안을 발칵 뒤집어 놓는다는 것이다. 그러면 부모들은 차마 싸움이 될까 싶어 말은 못하고 속으로 '저 녀석이 왜 저렇게 화를 내고 다니면서 집안 분위기를 흐려?' 한다. 그런데 그때 우리에게 필요한 시각은 '저 아이에게 어떤 좌절이 있는 걸까? 어떤 욕구가 결핍되었기에 저렇게 분노하지?'이다.

인간의 발달단계를 보면 청소년기는 사회적인 역할, 즉 정체성을 형성해 가는 심리적 상태에 있다. 이때 어떤 욕구들이 있었는지 우리의 기억을 더듬어 보자. 이 시기 아이들은 온전한 정체성을 가진 사람으로서 존중받고 싶다는 욕구가 굉장히 커진다. 이것이 좌절될 때 분노한다. 또 청소년기는 '나는 누구인가?'에 대한 것들을 탐구하고 뼈대를 세워 나가는 시기이다. 그런데 부모가 초등학교 시절처럼 '이거 해라, 저거 해라' 하면서 계속 통제하고 관리하는 태도를 유지하면 아이들은 답답하다. 부모가 "너 이거 왜 안 했어?" "지금 게임을 몇 시간이나 하는 거야? 당장 끄고 공부해!" "너 그 친구들 만나지 말라고 했지?" 식으로 통제하면, 청소년기 아이들은 내가 내 인생을 자율적으로 결정하고 꾸려 보고자 하는 욕구가 좌절된다.

물론 부모 눈엔 사춘기 자녀라도 아직 어린아이로 보이는 것이 맞다. 아직 자립하고 독립하기엔 한참 모자란 수준이다. 그러나 우리가 이 시기 자녀의 심리와 분노하는 이유를 객관적으로 살펴볼 필요가 있다. 잘잘못이나 옳고 그름이라는 판단의 잣대를 조금 내려놓고 자녀의 분노를 성장하는 과정으로 받아들이고 이해해 보려는 의지가 필요하다.

부모의 분노

어떤 부모는 자녀가 화를 내면 덩달아 분노를 참지 못한다. '저놈이 건방지게 나를 무시하나' 하는 생각으로 분노한다. 자녀를 키우며 화가 나는 이유는 뭘까. 이것 또한 욕구의 좌절로 이해해 볼 수 있다. 부모에게는 저마다 '내 자녀가 이랬으면 좋겠다' 하는 욕구가 있다. '공부를 잘하면 좋겠어' '똑똑하면 좋겠어' '성품이 온화하면 좋겠어' '인기가 많으면 좋겠어' 같은 욕구가 있고, 이것들은 대부분 '내 아이가 사회적으로 바람직하게, 안정적으로 살아가면 좋겠다'는 욕구에서 시작한다. 그리고 부모들은 이것을 위해 이런저런 모양으로 수고한다. 그리고 수고를 많이 하는 부모일수록 욕구가 좌절되면 더 크게 분노한다.

사회적 분노

사회적 분노도 마찬가지이다. 이 사회가 올바르게, 정의롭게, 공의롭게, 공평하게 잘 이루어졌으면 좋겠다고 생각하는 사람들일수록, 또 그것을 위해서 애쓰고 수고하며 에너지를 쓸수록 사회적 분노가 클 수 있다.

성경적 마음 이해 ─── 편한 마음

노년 세대의 분노

세대 간의 분노도 있다. 보통 노년 세대는 젊은 세대를 보면서 "말세다 말세"라는 말을 많이 한다. 젊은 세대는 기득권 세대를 소위 "꼰대"라고 일컬으며 거리를 둔다. 이 세대 간 갈등을 어떻게 하면 좁혀 볼 수 있을까. 먼저 윗세대와 아래 세대를 이해해 볼 필요가 있다.

현재 70대 이상 노년층의 지난 인생을 돌아보면, 이들은 상당히 불안정한 시대를 살았다. 사회적으로 가난했고 경쟁이 팽배했기 때문에 그 사이에서 어떻게든 이기고 생존하는 것이 굉장히 중요했다. 그래서 이 세대가 자녀의 진로를 고민하던 시절 우리 사회는 교사나 은행원이 인기가 많았다. 본인이 불안정한 시대를 살아왔기 때문에 내 자녀만큼은 월급이 안정적으로 나오는 직업을 갖기 바란 것이다. 그야말로 생존과 관련된 '안정의 욕구'가 강했다는 것을 알 수 있다.

또 어른들은 젊은 세대에게 존중받고 그들과 건강하게 상호작용하고 싶은 욕구가 있다. 한 권사님의 아들이 결혼을 했다. 그런데 가족이 다 모인 자리에서 며느리가 어른을 봐도 인사도 하지 않고 예의 없게 구는 모습이 영 못마땅하더란다. 그래서 이 권사님이 "너 그러면 안 된다, 어른을 보면 인사해야지" 했다. 며느리가 "네 알겠습니다" 하기는 했는데 태도가 달라지지 않았다. 그러면 어떨까. 본인이 해준 말을 잔소리로 듣고 무시하는 며느리의 태도에 화가 날 것이다. 존중받고 싶은 욕구와 며느리와 건강하게 상호작용하고 싶은 욕구가 좌절되었기 때문이다. 타인이 보기에는 '무시 좀 받았다고 저렇게 화낼 일인가' 할 수 있지만, 사실은 그 내면에 '욕구의 좌절'이 있음을 알 수 있다.

젊은 세대의 분노

그런가 하면 요즘 10-30대 젊은 세대의 욕구는 사뭇 다르다. 이들에게 "너 안정적인 직업을 찾아야 하지 않겠니?" 하면 피식 웃는다. 요즘 젊은 층에게는 '안정의 욕구'보다는 '재미'를 추구하고자 하는 욕구가 굉장히 강하다. 생존의 어려움을 겪은 세대가 아니기 때문이다. 그보다는 자신이 누구인지 어느 때 살아 있는 느낌이 드는지에 더 몰입하다 보니 '펀(fun) 세대'라고도 한다. 이들은 '재미없는 일'을 할 때 욕구가 좌절된다. 재미있는 일, 신나는 일을 하면서 역량을 발현시키고 싶은 욕구가 있는 것이다. 그런데 어른들이 그런 자신들을 한심하게 보면서 알아주지 않으니 좌절하고 분노한다. 어른들은 젊은이들을 볼 때 저렇게 살면 안 될 텐데 하면서 불안해서 지적하고, 젊은이들은 재미없고 의미 없는 이야기를 장황하게 하는 것이 싫어서 어른들을 피한다. 세대의 차이로 일어나는 갈등이다.

한 아이가 수학을 50점 맞다가 공부를 열심히 했다. 정말 최선을 다했다. 그런데 다음 시험에서 55점을 받았다. 아이도 결과에 좀 실망했다. 노력한 만큼 대가가 따라 주지 않아 좌절했다. 부모 눈에도 50점이나 55점이나 비슷하게 보인다. 아이가 최선을 다한 것 같지 않다. 그래서 아이에게 "더 열심히 해야지" 하고 반응했다. 물론 아이도 머리로는 부모의 말에 동의한다. '그래, 50점에서 55점 올린 게 뭐 그리 대단하다고. 더 열심히 해야지' 할 수는 있다. 그런데 자기가 수고했던 과정이 있기 때문에 욕구에 대한 좌절이 더 클 것이다. 좌절은 분노로 이어지기 쉽다. '내가 앞으로 공부하나 봐라!' 할 수도 있는 것이다. 그러면 악순환이 이어진다. 부모는 "너 대체 왜 이러니? 예전에는 공부 좀 하는 것 같더니 요샌 왜 이렇게 정신을 못 차려?" 할 것이고, 거기에 "야, 옆집 개는" 하기 시작하면 돌이킬 수 없게 된다. 만약 시험 결과가 좋지 않았을 때 부모가 자녀의 욕구와 노력을 좀 들여다봐 주고 "네가 참 열심히 했는데 실망이 컸겠다. 그래도 이만큼 노력해 5점이나 올랐으니 지금처럼 꾸준히 하면 분명 좋은 결과가 있을 거야"라고 해주었다면, 노력한 것을 인정해 주었다면 결과는 조금 달라졌을 수도 있다.

자율을 빼앗겼을 때의 분노(우울감)

하나님은 우리를 자율성을 가진 존재로 창조하셨다. 그래서 지속적으로 자율성이 침범당하면 증상이 나타난다. 그 맥락에서 많이 분노하는 경우가 자율적으로 결정하고 싶은 욕구가 좌절될 때이다. 한마디로 통제를 많이 받으면 좌절하고 분노하는 것이다. 그런데 이런 경우가 있다. 분노가 밖으로 표출되면 공격적 행동으로 드러나는데, 이게 밖으로 표출되지 못하는 것이다. 이렇게 분노가 안으로 쌓이면 '우울'이 된다. 분노가 밖으로 향하여 나오면 공격성이 되고, 반대로 나 자신을 향하여 분노하면 우울이 된다는 뜻이다.

어느 집사님이 자녀 없이 남편과 오붓하게 살았는데, 남편이 병으로 사망했다. 정신없이 장례를 치르고 허탈한 마음으로 집에 돌아왔는데, 집 안에 남편의 흔적이 하나도 없었다. 너무 놀라서 무슨 일인가 알아보니 친정어머니가 업체를 불러서 남편 물건을 다 정리한 것이었다. 이 친정어머니의 생각은 뭐였을까. 딸이 당한 괴로움이 너무 클 것 같아서 상처를 조금이나마 덜어주고자 한 일이었다. 죽은 사람은 얼른 잊고 빨리 좋은 모습을 되찾기를 바란 것이었다. 딸이 얼른 건강을 되찾고 마음의 평안을 찾게 하고 싶다는 욕구가 강해져서 딸에게 물어보지도 않고 사위의 흔적을 다 지워 버린 것이다.

그런데 집사님에게는 어떤 욕구가 있을까. 우리가 보통 사랑하는 사람을 먼저 떠나보내면 애도 기간이 필요하다. 집사님도 이 기간에 남편을 기억하고 그의 물건과 함께 지나온 시간을 의미 있게 잘 정리하고 싶은 욕구가 있었다. 갑작스럽게 하늘나라에 간 남편에 대해 슬프기도 하고 그립기도 하고 또 하나님이 원망스럽기도 한, 굉장히 복잡한 마음들이 소용돌이치는데, 이런 것들을 시간을 갖고 차분하게 정리하고 싶었다. 그런데 이 욕구를 친정어머니가 빼앗아 갔다. 이런 것 또한 일종의 통제일 수 있다.

성경적 마음 이해 ──── 편한 마음

만약 이럴 때 집사님이 "엄마, 왜 그랬어? 나한테도 시간이 필요해. 엄마 마음은 알겠는데 이건 아닌 것 같아"라고 표현할 수 있으면 깊은 우울로 가지 않을 수 있다. 그런데 보통 이런 일을 겪는 사람들을 보면 부모의 지나친 간섭과 통제를 너무 어릴 때부터 경험해 왔기 때문에 지쳐 있다. '그래, 우리 엄마 이런 사람이었지' 하고 체념한다. 혹은 엄마가 자신을 위해서 그렇게까지 서둘러서 남편 물건을 치웠다는 사실을 알기에 좌절된 욕구를 겉으로 표현하지 못하고 내면의 분노로 쌓는다. 그러다 보니 아주 깊은 우울감에 빠진다. 주변에서 보면 '남편과의 사별로 많이 우울한가 보다' '우울이 오래 가네' 할 수 있지만, 사실 이 우울감은 친정어머니의 통제에 의한 분노가 덧붙여져서 커지는 거라고 할 수 있다.

정서 처리의 중요성

그래서 우리 삶에 정서의 처리가 정말 중요하다. 화날 때, 슬플 때, 외로울 때, 놀랄 때 등, 다양하게 찾아오는 정서의 변화를 어떻게 다루고 있는가. 어떤 사람들은 정서 처리를 할 때 참는다. 밖으로 내뱉지를 못한다. 또 어떤 사람들은 소리를 지르거나 물건을 집어 던지기도 한다. 며칠 동안 잠을 자는 사람도 있고, 친구에게 전화해서 수다를 떨거나 술을 진탕 마시는 사람도 있다. 혹은 앞서 이야기한 사례의 친정어머니처럼 상대방에게 물어보지도 않고 혼자 일을 처리한다. 어떻게 보면 밖으로 꺼내 놓지 못

하고 참는 것이다.

이렇게 중요한 정서 처리 방법은 보통 가족 안에서 모델링한다. 어떤 사람들은 "어릴 때 엄마가 참기만 하면서 사는 게 너무 싫었는데 어른이 되어 보니 나도 참고 있더라"거나 "화가 나면 물건을 던지고 폭력적인 행동을 일삼던 아빠가 너무 싫었는데, 어느 순간 나도 그러더라"고 말한다. 이런 원망은 부모가 돌아가신 후에도 사라지지 않는다.

한 여성은 어릴 때 어머니가 남아선호사상이 강해서 차별대우를 받고 자랐다. 과거에는 어른들이 아들만 귀하게 여긴다거나 장남만 공부시키는 일들이 정말 많았다. 그래서 우리 주변에 이런 차별로 분노가 쌓인 사람들이 많았다. 이 여성도 그랬다. 그녀가 했던 이야기 중에 "부모라면 좀 공평해야 하는 것 아니에요?"였다. 이 말은 어떤 욕구와 연결될까. '나도 부모님에게 중요한 존재였으면 좋았겠다'는 욕구와 이어진다. 부모에게 인정받고 싶고 존중받고 싶은 것은 인간의 아주 기본적인 욕구이다. 그런데 이 욕구가 좌절되었다. 그런데 우리가 이런 욕구를 잘 읽지 못한다. 그래서 표면적으로 '어떻게 부모가 공평하지 못하고 차별 대우할 수가 있어?' 하는 것이다.

이게 그냥 '부모님이 공평했더라면 좋았겠다' 하고 넘어갈 수 있으면 괜찮다. 그런데 어떤 사람들은 거기에 한이 맺혀서 일상생활까지 영향을 받는다. 그래서 '나는 절대 우리 애들을 차별하지 않을 거야!' 그러면서 어떻게든 자녀에게 콩 한 쪽도 나

뉘 주려고 노력한다. 그런데 이럴 때 우리에게 필요한 마음은 '부모님도 죄인이기 때문에 완벽하게 공평할 수 없다'는 마음이다. 우리의 본성은 죄인이고, 거기에는 내 부모님도 해당하는 것이다. 우리 부모님도 애쓰고 수고했지만, 그들의 삶의 결과물로 어쩔 수 없이 '차별'이 있을 수 있었겠다고 이해하는 너그러움이 필요하다.

그런데 이것이 '부모가 공평할 수 없으니 그 때문에 내가 고생한 것은 뒤로 하고 잘못된 패턴을 무조건 받아들이자'는 것은 아니다. 공평하지 않은 부모, 차별 대우하던 부모 때문에 우리의 삶이 얼마나 차갑고 외로웠는가. 서러운 일들이 참 많았을 것이다. 이런 사실을 인식하고 머무르면서 살펴봐야 한다는 말이다. 부모님이 공평하지 않은 것에 분노만 하기보다, 내 분노가 욕구의 좌절에 의한 것이었음을 이해하면 좋겠다.

그런가 하면 미안하다고 이야기하지 않는 아버지 때문에 분노하는 예가 있다. 또는 사과하지 않는 배우자 때문에 분노한다. 이것 때문에 우울감을 호소하는 사람도 많다. 상담하다 보면 배우자에게 사과를 바라는 사람을 많이 만난다. "같이 살아온 시절이 몇 십 년인데, 그동안 나를 그렇게 힘들게 해놓고 사과 한번 한 적 있어? 당신 나한테 정말 잘못했잖아"라고 얘기하는데, 상대 배우자는 "그럼 당신은 잘했어?" 한다. 어떤가. 정말 대화하기 싫지 않겠는가. 그래도 하나님이 이혼을 바라시는 것 같지 않으니 같이 살기는 한다. 다만 진심을 담은 사과 한마디, "그동안 나 때문에 고생 많았다. 미안하다"는 한마디 해주기를 바라는 것이다. 그런데도 상대 배우자가 "그게 뭐가 그렇게 중요하냐? 그 형식적인 한마디가 뭐 그리 대수냐?" 한다. 그 말도 이해는 된다. 형식적인 말 한마디가 지나온 시절을 없던 것으로 만들 수는 없다.

그렇다면 우리는 왜 그렇게 사과를 바라는 걸까. 사과 한마디란 우리 인생에 어떤 의미일까. 어떤 욕구와 이어지는 걸까. 바로 지나온 고생을 인정받고 존중받고자 하는 욕구와 연결된다. 우리가 살아오면서 '참 고생했다'라는 걸 누군가 알아주는 것, 특히 나를 힘들게 한 당사자가 알아주는 것은 인생에 정말 큰 의미가 있다. 그 사과 한마디는 형식적인 한마디가 아니라 우리에게 '네가 살아온 인생이 헛되지 않았다'는 것을 인정해 주는 말이다. 누군가에게 우리가 살아온 인생을 존중받고 싶고, 그 삶이 의미있게 여겨지길 간절히 바라는 마음이 있다. 그래서 나를 이렇게 힘들게 한 그 사람이 사과 한마디를 해주지 않으면 우리는 좌절하고 분노하게 되는 것이다.

이 욕구의 좌절이 반복되고 분노가 이어지다 보면 우리는 무기력해진다. 우울을 설명할 때 '학습된 무기력'에 대해서 말한다. 학습된 무기력을 알려주는 쥐 실험이 있다. 쥐 앞에 먹이를 놓고 중간에 전기 자극을 받도록 장애물을 설치한다. 쥐가 먹이를 향해 갈 때마다 전기 자극을 받아 갈 수 없다. 쥐는 먹이를 향해 나아가다가 계속해서 좌절한다. 이런 좌절이 반복되면 나중엔 쥐에게 무기력이 학습된다. 나중에는 전기 자극이 없어도 먹

174   성경적 마음 이해 ——— 편한 마음

이를 먹으려고 하지 않는다.

관계에 있어서도 '학습된 무기력'에 빠질 수 있다. '내가 바란다 한들 뭐가 되겠어?' 하면서 더 이상 기대가 없이 체념한 상태의 우울에 빠지는 것이다. 이것은 내 욕구가 거듭 좌절됐다는 증거이다. 우리 안에 존중받고 이해받고 싶은 욕구가 있는데, 예를 들어 '당신이 나랑 살면서 참 힘들었지?'라는 피드백을 좀 받고 싶은데, 또는 내가 힘들었다는 것을 좀 알아주면 좋겠는데 이 욕구가 거듭 좌절된 것이다.

그러면 우리가 어떻게 해야 이런 좌절과 우울이 조금 편안해질 수 있을까. 상대방은 변화할 것 같지 않고, 내게 사과 한마디 해줄 것 같지 않은데, 그러면 그냥 학습된 무기력으로 살아야 할까. 그럴 때 잠깐이라도 내 마음을 살펴보기를 권한다. 이런 우울감이 내게 있을 때 '내 욕구가 많이 좌절됐나 보다'라고 이해해 보는 것이다. 내가 나를 이해해 보려고 할 때 우리는 조금씩 이해받는다는 느낌을 경험하게 될 것이다.

08

chapter

욕구를 이해하면 마음이 보여요

미국의 심리학자 에이브러햄 매슬로(Abraham Harold Maslow)
가 1943년 발표한 '매슬로의 욕구 단계'는 어떤 욕구가 인간의
행동 선택 동기에 영향을 미치는지 알려 준다. 이 욕구 단계를 보
면 인간의 욕구에 일정한 위계 구조가 있다. 가장 기본이 되는 욕
구는 생리적 욕구이다. 그다음이 안전의 욕구, 소속과 사랑의 욕
구, 존중의 욕구로 이어지고, 마지막이 자아실현의 욕구이다. 하
위 욕구일수록 우리 삶에 강렬하게 영향을 미친다고 한다. 그러
니까 생리적인 욕구는 존중에 대한 욕구보다 훨씬 더 강렬하게
우리의 삶에 영향을 미친다는 말이다. 그래서 아래 단계 욕구일
수록 생존하는 데 절박하다.

아울러서 아래 네 개 단계, 즉 생리적 욕구, 안전의 욕구, 소
속과 사랑, 존중의 욕구는 '결핍 욕구'라고 해서 채워지면 더 이
상 우리의 행동을 움직이게 하는 동기로 작용하지 않을 수 있다.

어느 정도 채워지면 더는 찾으려고 하지 않는다는 것이다. 그런데 성장과 자아실현 욕구는 충족될수록 증대된다. 매슬로는 자아실현 욕구와 연결해서 자기 초월 욕구를 말한다. 그러면 매슬로가 말하는 욕구의 각 단계를 좀 더 자세히 살펴보자.

생리적인 욕구와 안전의 욕구

첫째, 생리적인 욕구이다. 이것은 선천적이고 본능적인 욕구이다. 호흡과 갈증, 식욕, 수면욕, 배설욕, 성욕 등이 여기에 해당한다. 이 기본 욕구가 충족되지 않으면 우리는 다음 단계로 나갈 수 없다. 이 생리적 욕구는 우리 행동을 강력하게 움직이는 동기이다. 생리적인 욕구가 채워지지 않을 때 합리적인 상호작용이 어려울 수 있음을 기억해야 한다.

그래서 배가 너무 고파서 지쳐 있는 사람하고 싸우면 안 된다. 우리가 며칠을 굶으면 '이 배고픔을 뭘로 채우지? 뭘 먹어야 하지?'의 생각으로 머릿속이 가득 찬다. 그러면 '내가 저 사람과 어떻게 상호작용할 수 있을까?' '저 사람을 어떻게 존중할 수 있을까?'로 나가기 어렵다. 배고픔을 채우고자 하는 동기가 나를 드라이브하는 상태가 된다. 그래서 지혜로운 사람은 누군가와 중요한 대화를 할 때는 상대방의 상태를 살핀다. 상대가 배가 고픈지, 너무 춥거나 졸린 상태가 아닌지 등을 봐 가면서 요청하거나 부탁하는 것이다. 나 또한 졸립다든지 뭔가 생리적인 욕구가 안전하게 채워지지 않은 상태에서는 중요한 의사결정을 하지 않는 게 좋다. 중요한 사람들과 만나서 상호작용하는 것에도 영향을 줄 수 있다. 그만큼 생리적인 욕구가 중요하다.

그런데 우리가 이 생리적인 욕구에서 반드시 짚고 넘어가야 할 것이 있다. 이것은 인간이라면 누구나 채워야 하는 욕구이기 때문에 여기에 욕망이나 탐욕을 적용할 수 없다는 것이다. 내가 배고프다고 해서 '나한테 왜 이런 욕구가 있지? 회개해야지' 하지 않아도 된다는 것이다. 이것은 애초에 죄인으로 태어났기 때문에 가질 수밖에 없는 욕구이다. 선천적이고 본능적인 것이다.

둘째, 안전에 대한 욕구이다. 생리적인 욕구 다음 단계로 우리 모두는 안전에 대한 욕구가 있다. 인간은 하나님의 창조물이기에 보호받고자 하는 본능이 있는 것이 아닐까 생각한다. 이렇게 인간은 누구나 질병과 위험, 두려움이나 공포로부터 보호받고자 하는 욕구가 있고 이런 상태를 추구한다. 그래서 우리를 안전하게 하려고 뭔가를 통제하려는 경향이 있다. 안전의 욕구가 강한 사람들은 법과 질서를 아주 중요하게 여긴다. 그래서 법이나 사회 질서를 어기는 사람들을 경멸하기도 한다. 또 이런 사람들은 변화를 싫어하고 낯선 사람에 대한 경계심이 강하다. 보통 우리가 "저 사람은 융통성이 없어"라고 말한다. 그런데 사실은 그게 안전의 욕구가 강해서 그렇다. 개인의 경험이나 살아온 방식에 따라 안전 욕구가 민감해질 수 있다.

한 60대 후반 할머니가 나를 찾아왔다. 가톨릭 신자였는데, 이분의 인생 역사를 살펴보니 물리적인 안전에 위협을 받는 일들이 많았다. 옆집이 무너지면서 간신히 목숨을 건진 적도 있었다. 그러다 보니 TV를 통해 충격적인 사건을 접한 후, 지나친 불안감을 느꼈다. 급기야 덩어리진 음식을 넘기지 못할 정도가 되었다. 정신과에서 수면제나 식욕촉진제 같은 약을 처방받아 먹기도 했는데 해결되지 않으니 심리상담을 받고자 했다.

이분과 대화를 통해 인생 이야기를 펼쳐서 들어 보니 왜 안전에 대한 욕구가 강하고 여기에 민감하게 반응하는지를 알 수 있었다. 특이 이분에게는 어린시절 집이 갑자기 무너졌던 사건이 트라우마로 크게 자리 잡고 있었다. 그래선지 이분은 사람들이 욱하고 싸우는 장면도 싫어하고, 바람에 문이 쾅 닫히는 소리만 들려도 깜짝 놀랐다. 사람 간에 갈등도 싫어서 문제를 회피하곤 했다. 성당에 가서 혼자 조용히 기도할 때가 제일 편하다고 했다. 지금 가장 고민이 뭔지 물으니 손주들이 학교 갈 때 횡단보도를 건너야 하는데, 혹시나 아이들이 무슨 사고를 당할까 싶어 그게 너무 불안하고 무섭다고 했다. 손주들이 그 횡단보도를 매일 건너가야 한다는 생각에 심장이 뛰고 밥맛이 없고 잠도 제대로 못 이루는 것이다. 매일 전화해서 손주들이 집에 있는지 확인하고, 만약 밖에 있다고 하면 불안해서 한걸음에 달려온다. 자녀들로서는 어머니가 날마다 전화해서 "차 조심해라" "사람 조심해라" "애들은 어떠냐" 확인하니 힘들다. 거기다 자녀들이 아들딸을 유학 보내려고 했는데 할머니의 성화에 포기해야 했다. 내가 예측할 수 없는 환경에 대한 공포가 굉장히 컸던 것이다.

이분이 얼마나 무서웠을지 생각해 보라. 집이 갑자기 무너지면서 1-2초만 늦게 움직였으면 나도 거기 매몰되어 죽을 수도 있었겠다는 트라우마를 한평생 갖고 산다는 것은 쉬운 일이 아니다. 그리고 이런 일들을 반복해서 경험한다는 것은 상상만으로도 고달픈 인생이다. 이런 것들을 우리가 펼쳐 놓고 이야기해 볼 필요가 있다. 트라우마가 있는 사람들은 그 경험이 뇌의 한 부분에 저장될 때 그날의 정서가 같이 연합되어 저장된다. 그래서 트라우마 경험이 있는 사람들은 그날을 떠올리는 것만으로도 굉장한 감정의 동요가 일어난다.

그런데 안전한 사람과 따뜻하고 온화한 분위기에서 그날 일을 편안하게 꺼내 놓고 그때 느꼈을 감정을 함께 나누다 보면 트라우마가 조금 해결되는 것을 경험할 수 있다. 트라우마의 경험이 무섭거나 폭력적인 분위기에서 일어난 통제 불가능한 사건이었다면, 지금 여기에서 누군가에게 얘기할 때는 무섭지도 않고, 오히려 따듯하고 편안하게 이완된 분위기에서 통제감을 가지고 얘기하게 되는 것이다. 통제감을 가졌다는 건 내가 얘기를 멈출 수도 있고, 더 할 수도 있는 자율성이 있다는 의미이다. 그러니 지금 여기에서의 분위기와 느낌이 그 트라우마 사건과 연합하는, 그날의 사건이 지금 현재의 정서와 다시 연합돼서 뇌에 재저장되는 것이다. 이것을 '정서의 재조직화' '감정의 재구성'이라고 한다.

할머니도 그랬다. 옆집이 무너질 때 매캐한 연기 속에서 내

성경적 마음 이해 ──── 편한 마음

신체가 건강한가 확인하는 것이 두려웠고, 내 가족이 어떻게 됐을까 봐 두려웠다고 했다. 그래서 절박하게 소리 질렀던 그 장면들을 나와 함께 떠올리며 꺼내 놓았다. 처음에는 무서워 차마 기억하지 못하던 장면들을 안전하고 온화한 분위기에서 하나둘 꺼내 놓으면서 할머니는 점차 안정감을 찾아갔다. 무섭고 두렵기만 했던 그 장면을 떠올리면서 호흡도 길게 하고, 말씀을 이어가다가 조금 쉬며 따뜻한 차도 마셨다. 상담을 마무리할 무렵 할머니는 조금씩 식사도 하고 밤에 잠도 주무셨다. 할머니의 불안과 공포는 안전의 욕구가 충족되지 않을 때의 경험이 우리 삶에 미치는 심리적인 영향의 예라고 할 수 있다.

마음이 너무 힘들면 생각이 온통 지배당하고, 그러면 그것이 신체적인 증상으로 나타난다. 그래서 생각이 많아지면 입맛도 없어지고 불면의 밤이 찾아온다. 그런데 반대로 몸이 너무 힘들면 마음이나 생각이 가벼워지기도 한다. 몸과 마음은 서로 균형을 이루면서 영향을 주고받는다. 우리 내면에 일상적인 생활에 지장을 줄 정도의 어려운 마음, 생각이 있다면 그 원인을 좀 들여다보면서 살필 필요가 있다.

소속 욕구와 존중 욕구

셋째, 소속과 연결의 욕구이다. 어떤 집단에 소속되고자 하는 욕구를 사회적 욕구라고 한다. 이것이 우리 삶에 많은 영향을 줌에도 불구하고, 우리는 소속의 욕구를 경시하는 경향이 있다.

생리적인 욕구, 안전의 욕구까지는 '맞아, 그건 욕구지' 하는데, 소속의 욕구는 그렇게 보지 않는 것이다.

우리는 이 소속의 욕구를 기독교적 시각으로 이해해 볼 필요가 있다. 우리가 창조될 때로 돌아가 보자. 우리는 홀로 창조되지 않았다. 아담에게는 하와가, 하와에게는 아담이 있었다. 나 말고도 다른 구성원이 있었다는 말은, 인간은 애초에 관계적 존재로 창조되었다는 의미이다. 그렇다면 우리에게는 관계적 존재로 타인과 연결되고 싶은 욕구가 있을 수밖에 없다. 가족이나 친구, 집단의 일원으로 내가 그 구성원으로서 의미 있는 관계를 형성하고 유지하고자 하는 욕구가 우리 안에 기본적으로 있다는 말이다. 그리고 이 소속 욕구는 타인과 정서적으로 좀 더 친밀감을 느끼고자 하는 욕구와 이어진다. 이게 충족되지 않을 때 우리는 소외감과 외로움을 느끼게 되는 것이다.

그렇다면 이 욕구가 현대 사회에서 왜 그렇게 중요해졌을까. 많은 심리학자가 이 시대에 심리 정서적 질병이 늘어나는 원인에 대해서 연결감의 약화를 꼽는다. 과거 농경사회에서는 어땠을까. 산업혁명이 일어나기 전에는 내가 태어난 지역에 강한 소속감을 느꼈다. 그래서 '어디 출신'이 그 사람을 대변하는 참 중요한 요소였다. 교회를 다닐 때도 '나는 A교회 성도'라는 인식이 강해서 함부로 교회를 옮기지도 않았다. 이동 수단이 활발하지 않았던 이유도 있었을 것이다. 그러다 보니 지역, 교회, 특정 공동체에 대한 소속감은 강제적이기도 했다.

그런데 산업화, 도시화가 이루어지면서 강제적으로 형성되는 소속감이 약화됐다. 요즘 교회를 다니면서 '내가 이 교회에 평생 뼈를 묻으리라' 하는 사람이 얼마나 될까. 혹시 무슨 사정이 생기면 옮길 수 있다는 생각으로 다니는 사람이 더 많다. 이 도시, 이 회사에 강력한 소속감이 안 느껴지는 이유가 뭘까. 내가 필요하다면 사는 지역, 소속된 곳을 떠나 옮길 수 있다는 인식이 생긴 것이다. 강제가 아닌 선택의 문제가 되면서 상대적으로 소속감은 약해진다.

그런데 문제는 어딘가에 소속하고자 하는 것이 인간의 아주 기본적인 욕구라는 것이다. 우리는 더 강력한 소속을 원할 수밖에 없다. 지역이나 사회를 내가 선택해서 소속할 수 있다는 이야기는, 선택의 여지가 없는 집단에 대한 소속감이 더 중요해진다는 말이다. 선택의 여지가 없는 집단이 뭘까. 바로 가족이다. 그래서 현대사회는 가족 구성원끼리의 갈등을 더 못 견뎌 하는 사람이 많다. 강력하게 소속되는 곳이 좁아지니 그 집단에 대한 이상화가 있다. 그 집단에게 내가 바라는 모습이 강하게 있다는 말이다. '부모님이 너무 마음에 안 들고 나를 자꾸 통제하려고만 들어서 견딜 수 없으니 그만두겠다'고 하면서 아예 소통하지 않고 감정의 창구를 닫아 버리는 행위는 가족에게 더 강하게 소속되고 싶다는 내면의 깊은 욕구와 관련이 있다. 결국 현대사회에서 내가 강제적인 소속감을 느낄 수 있는 집단은 가족밖에 없기 때문이다.

부부관계에서도 선택지가 많아지는 걸 보면, 현대 사회에서는 결혼이라는 제도에서 예전보다는 그리 강한 소속감을 느끼지 않는다는 반증이다. 그런데 부모는 어떨까. 이것은 선택의 여지가 없다. 배우자는 내가 선택할 수 있지만 부모는 내가 선택하는 것이 아니다. 강력한 소속을 제공하는 집단에 대해서는 내가 바라는 모양이 좀 더 강할 수밖에 없다. 그런데 이렇게 강한 소속감을 원하는 대상이 마음에 안 들면 어떻게 될까. 예전 60-70년대 같으면 부모님이 조금 이상해도 그 지역 형들이나 이모, 삼촌과의 소속감이 있으니 괜찮았다. 그래서 부모님이 좀 못마땅해도 갈등을 키우면서 언제까지 이럴 거냐고, 그만 좀 하라고 고래고래 소리 지르지 않았다. '뭐 어쩌겠어' 하면서 넘어갔다. 부모 외에도 나를 강력하게 소속시키는 공동체가 있었기 때문이다. 그런데 지금은 내가 소속을 강하게 가질 수 있는 곳이 많지 않다.

소속이란 꼭 어떤 조직이 있어야 하는 것은 아니다. 이것은 누군가와의 연결감으로도 대체될 수 있다. 연결감을 조금 더 강하게 갖는 게 친밀감이다. 내가 A라는 사람과 친하다. 그런데 이 사람과의 친밀감을 느끼는 역기능적 방법이 뭐가 있을까. 바로 누군가를 같이 험담하는 것이다. 이때 이 대화에 참여한 사람들끼리는 공통 화제가 응집적으로 생기기 때문에 친밀함을 느낀다. 이것은 조직 간에서도 적용이 되는데, 예를 들어 내가 A집단 소속인 경우 A가 아닌 다른 조직에 적대적인 태도를 가질 때 A집단의 내부 결속력이 강해진다.

현대사회에서 벌어지는 남성과 여성 사이의 첨예한 대립도 이렇게 이해해 볼 수 있다. 남성들이 모인 커뮤니티에, 혹은 여성들이 모인 커뮤니티에 "요즘 20대 여자애들 너무 이상하다, 문제가 있다" "남자들 왜 저러냐" 이런 글을 올리면 엄청난 댓글이 달리면서 남성끼리, 여성끼리 똘똘 뭉쳐 유대감을 형성한다. 젊은 이들을 한데 모아 'MZ세대'로 묶어 공격한다거나, 윗세대를 '꼰대'라고 칭하면서 조롱하는 것도 연결 욕구 또는 소속 욕구를 채우고자 하는 심리적 영향이다. 내가 어딘가에 강하게 연결되고 싶은 욕구가 이런 역기능적인 사회 문제들을 불러온다.

이 소속 욕구를 앞서 말했던 창조될 때의 남녀 차이, 즉 영향력과 연결감과 연결해서 생각해 볼 수 있다. 연결감이 잘 훈련된 여성은 지나가는 사람들에게 "여기가 어디에요? 어디로 가면 돼요?" 하고 물어보는 것이 어렵지 않다. 그런데 남성들은 길을 물어보는 것이 쉽지 않다. 영향력을 행사하면서 연결되는 것은 선호하지만, 영향을 받으면서 연결되는 것은 어렵기 때문에 그렇다. 그래서 과거 내비게이션이 없던 시절에 차 안에서 부부가 참 많이 싸웠다. 남편이 길을 모르면서도 누구한테 물어보지 않고 그냥 모르는 길을 뱅글뱅글 돌다 보면 아내는 그게 이해가 안 되니까 잔소리를 하고, 그러다가 싸움으로 이어지는 것이다.

그런데 연결감 훈련이 안 된 남성들이 소속마저 불안정해지면 어떻게 될까. 예를 들어 한 남성이 50대까지는 회사라는 조직에 안정적으로 소속되어 있었다. 그런데 은퇴를 앞두고 소속될

곳이라고는 집밖에 없게 되었다. 그렇게 집으로 와 보니 아내는 교회 일, 친구들 모임, 동창 모임 이렇게 날마다 바쁘게 돌아다닌다. 자녀들은 모두 각자의 삶에 바쁘다. 그러면 남성들이 공허함을 많이 느낀다. 갑자기 우울감을 느끼면서 '내 인생은 뭐였나. 그렇게 애쓰면서 살았는데 지금은 나를 찾는 사람 하나 없구나' 하는 것이다. 이럴 때 남성들이 어떤 일들을 할까. 가족을 불러 모은다. 그러면 "야, 너희들 얼굴 보니 좋구나. 좀 외롭고 허전했는데 같이 밥 먹으니 좋구나" 하면 되는데, 언어가 또 그런 쪽으로 발달이 안 되어 있으니 문제가 생긴다. 자식을 불러 앉혀 놓고 뭐라고 얘기는 해야겠기에, "가족은 모름지기 시간을 내서 자주 얼굴을 봐야 한다. 내가 회사 다닐 때는…" 하면서 가르치는 것이다. 자녀들은 갑자기 아버지가 낯설게 느껴지고 왜 저러시나 싶다. 그런데 이것이 사실은 소속이 불안정해지면서 가족에게 더 강하게 소속되어 있음을 확인하고 싶은 반응이라고 생각하면 이해할 수 있다. 이런 소속 욕구를 어떻게 채울 것인가를 고민하지 않으면 굉장히 외로워질 수 있다.

이렇게 소속 욕구를 어쩌지 못하는 중년기 후반 및 노년기 남성들을 만나면 나는 두 가지를 제안한다. 먼저 교회 모임이나 여러 형태의 공동체에 소속해 볼 것을 권한다. 구성원들이 다소 마음에 들지 않더라도 소속되어 있는 것이 건강한 인생 후반에 도움이 된다. 두 번째는 평생 직장 다니랴 아이 키우랴 신경 쓰지 못했던 배우자와 시간을 가져 볼 것을 추천한다. 물론 한평생 안 하던 일을 갑자기 하기란 쉽지 않다. 그런데 이렇게 해서 소속 욕구를 채워야 다른 엉뚱한 곳에서 주변을 괴롭게 하지 않을 수 있다.

남성들에게 특히 가족에 대한 소속감이 굉장히 중요하게 작용한다. 물론 여성도 내 가족이 나로 인해 평안하게 잘 살기를 바라는 것은 마찬가지지만, 인생의 후반기로 갈수록 삶의 만족도에 영향을 미치는 정도가 달라진다. 이 가족 안에 내가 구성원으로서 영향력을 행사할 수 있고 없고에 따라 내가 인생을 성공적으로 살았나 아닌가를 판단하는 데 아주 강한 영향을 미치는 것이다. 그래서 정년퇴직을 한 남성들은 아내가 여행이나 가족 일정에 대해서 "당신 바쁘면 그냥 우리끼리 다녀올게"라는 말에서 굉장한 쓸쓸함과 허전함을 느낀다.

생애주기에 따라 우리의 역할이 달라져야 한다. 이전에 해 왔던 역할을 고집할 때 새로운 단계로 접어든 삶이 고단할 수 있다. 은퇴 후의 남성들에게는 정서적인 언어로 연결되는 훈련이 없는 상태에서 소속을 상실하게 되면 본인과 가족이 힘들 수 있으니 서로 연결감을 주는 훈련을 해야 할 것이다.

넷째, 존중에 대한 욕구이다. 자기 존중, 즉 내가 나를 존중할 뿐만 아니라 타인으로부터 내가 인정과 좋은 평가, 존중을 받고자 하는 욕구를 말한다. 사회적 지위나 명예를 얻거나 일에서의 성취를 통해서 충족될 수 있는 욕구이다. 이러한 욕구 충족을 통해서 우리는 내가 유능한 사람이구나, 내가 이 세상에 필요한 존재구나라는 걸 느끼고 싶어 한다.

어떤 사람들은 내가 쓸모없는 사람이라고 느낄 때 정말 살고 싶어지지 않는다고 말한다. 내가 쓸모 있는 존재라는 것을 너무 느끼고 싶어 한다. 존중에 대한 욕구가 있어서 그렇다. 이 욕구가 결핍될 때 어떻게 될까. 열등감이나 무력감을 느낄 수밖에 없다.

존중에 대한 욕구는 기본적인 욕구이다. 우리가 신앙생활을 하다 보면 사람의 인정을 얻기 원하고 좋은 평가를 받고 싶어하는 마음을 터부시하곤 한다. '내가 왜 이렇게 사람들의 평가에 연연하지?' 하면서 '내가 하나님 앞에 올바로 서 있는 것이 아닌가?' 하는 것이다. 인정받고자 하는 욕구를 죄책감으로 가져가는 사람들이 많다. 그런데 '내가 열심히 수고했으니까, 내가 여기에 쓸모 있는 사람이라고 느끼고 싶어 하는구나'라고 먼저 인정해 줄 필요가 있다.

반대로 나는 다른 사람들의 존중 욕구를 채워 줄 수 있는 사람이라는 사실을 기억하기 바란다. 인정과 존중 욕구는 내게만 있는 것이 아니다. 인간이라면 누구에게나 있는 기본적 욕구이다. 따라서 교회에서 열심히 애쓰는 동역자들을 만나면 "집사님이 계셔서 우리 공동체가 참 잘 돌아가는 것 같아요" "권사님이 계셔서 우리 모임이 너무 따뜻해요" "목사님이 계시는 것만으로도 저희가 굉장히 위로가 돼요"라고 말해 주라. 그렇게 칭찬을 말로 꺼내 놓는 순간 그들의 존중에 대한 욕구가 채워진다.

존중 욕구가 결핍되면 어떻게 될까. 기본 욕구는 채워지면 더 이상 우리 행동을 드라이브하지 않는다고 했다. 거꾸로 얘기 하면, 이 욕구가 결핍이 되면 이걸 채우려고 계속해서 어떤 행동을 하게 된다는 말이다. 우리 주변에 보면 인정받고 싶어서 뭔가를 지속적으로 하는 사람들이 있다. 여기서 내가 쓸모 있는 존재 이고 싶어서 애를 쓴다. 겉으로 보면 유별나게 열심히 하는 모습으로 나타난다. 그러면 "왜 저래? 별나다" 한다. 물론 열심을 내는 데에는 여러 이유가 있겠지만, 그 속내에 존중 욕구가 채워지지 않아서 그럴 가능성이 있다.

교회에도 불평불만을 입에 달고 사는 사람들이 있다. 어떤 사람들은 사사건건 시비를 걸면서 "교회가 이러면 안 된다! 이건 잘못된 결정이다"라며 문제를 제기한다. 이런 사람들은 대부분 소속 욕구가 채워지지 않아 소외감과 외로움을 느끼는 것이다. 이럴 때 누군가 "집사님, 그게 아니고 일이 이렇게 된 거예요"라고 이야기해 주면서 상호작용해 주는 사람이 생기면 조금 나아진다. 불평하는 사람은 사실 외로운 사람일 수 있다.

존중 욕구도 이와 비슷하다. 존중 욕구가 결핍되면 이 욕구를 채우려고 정말 열심히 애쓰는데, 그럴 때 누가 옆에서 "집사님이 있어서 너무 다행이에요"라고 말해 주면서 칭찬해 주면 이 존중 욕구가 채워진다. 존중 욕구가 결핍되면 주변 사람들을 혼내기도 한다. "나는 이렇게까지 하는데 당신은 왜 그것밖에 못하나" 하는 것이다. 그러면 그 분노 너머의 결핍을 조금 이해하면서 살펴봐 주면 좋겠다.

자아실현의 욕구와 초월 욕구

마지막으로, 자아실현의 욕구이다. 이것은 개인의 잠재력을 발휘하고 자신만의 의미 있는 삶을 살기 위한 욕구이다. 자기 개발, 성취, 독립성, 창의성을 통해서 자기 발전을 이루고 잠재력을 끌어내서 극대화할 수 있는 단계를 말한다. 한마디로 성취 욕구이다. 이 욕구는 앞선 네 가지 욕구처럼 결핍 욕구는 아니다. 사실 채워지지 않아도 삶에 그렇게 큰 어려움을 초래하지는 않는다.

이 자아실현의 욕구와 함께 살펴볼 것이 '자기 초월 욕구'이다. 매슬로는 이 자아실현의 욕구가 충족될 때 이것을 넘어서 자기 초월 욕구를 갖게 된다고 주장한다. 나 자신의 완성을 넘어서 다른 사람이나 세계에 기여하고자 하는 욕구를 자기 초월 욕구라고 한다. 크리스천에게 이런 욕구가 있다. 하나님 나라를 확장하고 싶은 욕구이다. 또 하나님이 명하신 것, 이를테면 이웃을 사랑하고 선을 행하는 것이다. 또 우리가 복음을 전하고자 하는 것도 다른 사람을 구원의 길로 이끌고자 하는 욕구이다.

우리가 자아실현 욕구가 이루어지지 않을 때는 보통 이상과 현실의 괴리가 클 때이다. 뭔가 거창하고 위대한 것을 이루어야 자아실현이 될 거라고 생각하지만, 현실은 그렇지 못한 경우이다. 내가 훌륭한 사회적 성취를 이루고, 어떤 잠재력을 발현시키는 것으로만 자아실현을 바라보면 그렇지 못한 순간마다 좌절되고 힘들어질 수 있다. 그럴 때는 애초에 자아실현의 의미를 조금 작게 갖고 온다면 어떨까. 오늘 하루 내가 어떤 의미 있는 삶을 살았는지 돌아보는 것이다. 예컨대, 오늘 만나는 사람들에게 친절하게 웃어 주었다. 이것이 때로는 타인에게 큰 의미가 되었을 수 있다. 이처럼 일상의 아주 사소하다고 여겼던 것들을 먼저 점검하면서 여기에서 만족감을 채워 가는 것 또한 자아실현이 될 수 있다.

한편, 크리스천으로서는 이와 같은 매슬로의 욕구 이론을 바라볼 때 기독교적인 비평이 있으면 좋겠다. 욕구란 결국 개인의 경험이나 사회 문화적인 배경에 따라 위계가 달라질 수 있을 것이다. 크리스천은 풍요로운 물질이 주는 안전보다 영적 성장이나 깨달음이 더 중요한 가치로 여겨지기도 한다. 이것은 이 매슬로의 욕구 이론으로는 설명되지 않는다. 생리적인 욕구가 가장 강력한 욕구라고 하지만 사실 크리스천은 금식기도를 함으로써, 즉 일차적인 욕구를 견뎌 가면서까지 하나님과 교제하는 것을 우선순위에 두기도 하기 때문이다.

그럼에도 우리가 이 매슬로의 욕구 이론을 살펴보고 생각해 보고자 함은, 우리는 창조된 피조물이요 죄인이기 때문에 우리 안에는 이런 기본적인 욕구가 있을 수밖에 없음을 인정하고 받아들일 필요가 있다는 사실이다. 그리고 이런 욕구가 채워지지 않을 때 증상이 일어날 수 있으니 욕구를 채움으로써 우리의 행동을 조절해 볼 수 있다면 좋겠다. 더 맛있는 것이 먹고 싶은 욕구를 굳이 죄악시할 필요는 없지만, 지나쳐서 탐욕으로 가는 것을 조절해 보자는 것이다. 욕구와 욕망은 어느 정도 인정하고 그것을 조절하면 되지만 탐욕은 나와 타인을, 나아가 내가 속한 조직과 가정을 해칠 수 있다는 사실을 기억하기 바란다.

윌리엄 슈츠의 대인관계 욕구 이론

정신분석학의 창시자라 할 수 있는 지그문트 프로이트는 인간의 욕구가 행동을 좌우한다고 주장했지만, 그 욕구라는 것이 비과학적이고 눈에 보이지 않는 영역이라는 이유로 많은 비난을 받았다. 그 반동 형성으로 20세기 초반 등장한 것이 '행동주의 심리학'이다. 이 행동주의 심리학자로는 '파블로프의 개'로 유명한 이반 파블로프(Ivan Pavlov)나, '스키너의 상자'로 유명한 버러스 프레더릭 스키너(Burrhus Frederic Skinner)가 많이 알려져 있다. 이들은 '환경적으로 적절한 보상을 통해 행동을 트레이닝하면 사람을 원하는 대로 조종할 수 있다. 행동을 조작할 수 있다'고 주장했다. 이런 행동주의 심리학 역시 너무 비인간적이라는 이유로 비난을 받았다. 인간의 존엄성이라든지 따뜻함이 없었던 것이다.

그래서 나온 것이 '인간 중심 이론'이다. 미국 심리학자인 칼 로저스(Carl Rogers)가 정립한 이론으로, '인간은 저마다 내면에 잠재력이 있고 그것을 발견하면 자아실현을 이룰 수 있다'는 주장이다. 그 잠재력을 잘 *끄집어내려면* 따뜻하게 긍정적으로, 가치 판단 없고 지시적이지 않은, 인간과 인간이 동등하게 만나는 경험이 필요하다고 주장했다.

한편 개인의 성격 발달에 리비도 충족 여부가 중요하다는 고전적 정신분석학의 흐름에서, 사람이 관계를 맺고 싶어 하는 것은 그 자체가 본능이라는 '대상관계 이론'이 발달했다. 이 대상관계 이론은 '우리가 살아가고 있다는 것은 누군가와 관계가 있다는 것이다. 관계의 형태에서 일어나는 심리적인 증상들이 우리 안에 내면화되고, 상호작용하면서 그런 것들이 좌절될 때 병리들을 갖게 된다'고 말한다. 이것은 비단 심리학 이론에서만 통하는 이야기는 아니다.

성경에서 인간은 하나님이 상호작용의 대상으로 창조한 존재이다. 더불어 인간은 창조될 때 상호작용할 대상이 함께 창조됨으로써 관계를 맺으며 살아갈 수밖에 없는 상황에 있다. 사람과 어울리고 이야기 나누고 싶은 것도 욕구라고 생각해 본 적이 있는가. 이러한 것을 인정해 보면서, 미국의 심리학자 윌리엄 슈츠(William Shutz)가 정리한 '대인관계 욕구 이론'을 조금 더 알아보고자 한다.

윌리엄 슈츠는 대인관계 이론을 제시하면서, 사람에게는 누구나 대인관계 욕구가 있고, 사람은 사람을 필요로 한다고 주장한다. 이때 사람마다 관계를 필요로 하는 양, 즉 대인관계 욕구의 크기가 다르다고 한다. 윌리엄 슈츠는 이 욕구의 정도는 타고나는 것으로 보고, 이 대인관계 욕구의 양을 측정할 수 있는 심리검사 'FIRO-B'를 만들었다.

혹시 나는 어떤 것 같은가. 사람들과 상호작용하고 싶은 욕구가 있을 텐데, 그 욕구의 크기가 어느 정도인 것 같은가. 어떤 사람들은 조기 축구회, 초중고 동창 모임, 군대 동기 모임 등, 온갖 모임을 찾아다닌다. 대인관계 욕구가 아주 큰 사람이다. 반면 어떤 사람은 친구를 만나 한두 시간 이야기한 것으로 만족감을 얻는다. 대인관계 욕구가 작은 사람이다.

윌리엄 슈츠는 이 대인관계 욕구를 세 가지 차원으로 구별했다. 소속(Inclusion), 통제(Control), 애정(Affection)이다. 여기에서 소속은 매슬로가 얘기한 소속과 완전 일치된 개념은 아니지만 그래도 상당히 유사하다. 통제는 일종의 영향력으로 볼 수 있고, 애정은 정서적인 연결감으로 이해하면 좋을 것 같다. 그리고 이세 가지 차원의 기본적인 욕구는 다시 두 가지 양상으로 구별해서 살펴볼 수 있다. 표출(표현)과 기대이다. 다시 말해 어떤 경우는 욕구가 밖으로 표현된다. 그런데 또 어떤 경우에는 '이렇게 해주면 좋겠다'고 속으로만 생각한다. 이렇게 내 욕구가 행동 차원으로 표현되느냐, 혹은 다른 사람의 행동을 기대하느냐의 기대 차원으로 나눠서 생각해 볼 수 있다.

소속 욕구 표출	통제 욕구 표출	애정 욕구 표출
"여기 같이 해보자." "참여해 봅시다."	"이렇게 합시다." "제가 할게요."	"좋아해요." "사랑합니다."
소속 욕구 기대	통제 욕구 기대	애정 욕구 기대
"저 모임에 나도 끼면 좋겠네." "나도 끼고 싶다."	"이렇게 해주세요."	"사랑한다고 표현해 주세요."

대인관계 욕구 이론의 욕구 차원과 행동 차원

욕구 차원의 첫 번째는, 소속 욕구이다. 만약 교회에서 명단을 정리했는데, 실수로 내 이름이 빠졌다. 어떨 것 같은가. 불같이 화가 날 수도 있고, 그런 이유로 불같이 화를 내는 사람이 이해되지 않을 수도 있다. 이것은 윌리엄 슈츠가 말한 욕구 점수가 높고 낮음의 차이이다. 예를 들어 소속 욕구가 높은 사람인데 명단에 그의 이름이 없으면 이분에게 이 사건은 큰일이다. '우리 간사님이 바빠서 내 이름을 빠트렸네'가 안 된다. 이분이 인격적으로 미숙하다고 말할 수도 없다. 이것은 다만 소속 욕구가 너무 높은 이유이다. 욕구 차원에서 소속은 새로운 인간관계를 맺고 사람들하고 상호작용하며 그룹에 소속하고자 하는 욕구라고 정의되기 때문이다.

내가 어느 집단에 소속하기를 바라는지 생각해 보자. 또 나는 내가 하는 일에 다른 사람을 참여시키기를 선호하는가. 예를 들어 내가 심리학 강의를 듣는데, 내용이 너무 좋고 내 안에 동요와 삶의 변화를 일으켰다고 해보자. 그래서 같은 교회 다니는 김 집사님에게 "집사님도 이 강의 들어 봐요. 집사님 삶에 도움이 될 거예요"라고 추천한다. 이것이 내가 하는 일에 다른 사람을 참여시키는 일이다. 이런 일을 선호하는 사람일수록 소속 욕구가 높은 사람이라고 할 수 있다.

이 소속 욕구가 높은 사람들은 참여를 권유하기도 하지만, 또 권유 받고 싶어 한다. 어떤 사람은 주변 사람들이 나만 빼고 자기들끼리만 모이면 "왜 나는 안 불렀어?" 하면서 서운해한다. 이렇게 소속 욕구가 높은 사람 중에 "저도 그 모임에 관심이 있는데, 같이 가도 돼요?"라고 물어보면서 내 욕구를 잘 표현하는 사람이 있는가 하면, 어떤 사람들은 속으로만 기대한다. '저 사람이 나를 그 모임에 불러 주면 좋겠다'고 속으로만 생각하는 것이다. 소속 욕구는 높지만 행동 차원이 기대의 양상으로 나타나는 것이다. 이런 사람들은 나만 빼놓고 모이는 것을 통해 욕구가 좌절되는 심리적 경험을 한다.

특히 청소년기에 소속 욕구가 높은데 표현을 잘 못하다가 좌절로 접어드는 일이 자주 일어난다. 상담을 진행하던 중에 내

성경적 마음 이해 ——— 편한 마음

담자에게 지금 떠오르는 일 중에 어린 시절 가장 상처가 되었던 일이 있는지 물었다. 한번은 그가 다리를 접질려서 방에 혼자 누워 있었는데, 가족이 거실에서 아무 일도 없는 것처럼 하하 호호 하면서 치킨을 시켜서 먹더란다. 그 소리를 듣는데 죽고 싶다는 생각이 들었다고 했다. 창문을 열고 뛰어내릴까 하는 생각까지 했다는 것이다. 물론 조금 서운할 수는 있겠지만, 과연 이게 죽고 싶을 정도로 괴로울 일일까 싶을 수 있다.

그는 소속의 욕구가 굉장히 중요한 사람이다. 가족 사이에 끼어서 함께 즐겁고 싶은 욕구가 아주 큰 것이다. 그런데 아무도 그에게 와서 "너도 나와서 치킨 먹어" 해주는 사람이 없고, 본인들끼리 신나서 시간을 보내고 있으니 소외감이 너무 컸다. 가족 사이에 속하지 못한 채 방에서 혼자 누워 있으니 '나는 이 가족의 일원이 아닌가?' '나는 어디서 주워 온 자식인가?' '여기서 살아서 뭐 하지?' 하는 생각이 발달한 것이다. 소속의 욕구가 높으면 그럴 수 있다.

욕구의 차원에서 두 번째는, 통제 욕구이다. 이것은 권력과 지배력, 즉 책임을 지거나 책임져 주기를 바라는 것, 의사결정을 스스로 하기를 바라거나 누군가 해주기를 바라는 것, 영향력을 행사하거나 받는 것 등과 관련되어 있다.

이 통제 욕구가 많은 사람 중에 표현하는 통제 점수가 높은 사람은 책임을 지고자 한다. 이런 사람들은 내 영향력이 많은 사람에게 미치기를 원한다. 그래서 어떤 일을 좀 더 주도적으로 해결하고자 하고, 자기가 원하는 방향으로 이끌고 나가는 것을 더 편안해한다. 이런 사람은 '책임감이 강하다' '리더십이 있다'는 평가를 자주 받는다.

기대하는 통제 점수가 높은 사람은 거꾸로 리더십 있는 사람에게 영향을 받고자 한다. 이런 사람들은 주어진 상황이 어느 정도의 체계와 규칙이 있길 원한다. 또 리더가 이 말 했다 저 말 했다 하는 것을 불편해하고 책임감 있게 해주기를 기대하는 것이다. 이런 사람들은 구조화되고 규칙이 잘 갖추어진 조직을 선호한다. 융통성이 많은 상사나 조직은 힘들어한다.

간혹 선교단체로부터 선교사님들을 파송하기 전에 윌리엄 슈츠의 FIRO-B 검사를 실시해달라고 요청받는데, 그때는 특히 이 통제 부분 점수를 유심히 본다. 예를 들어 통제 점수가 높은 신입 선교사가 통제 점수가 낮은 선임 선교사가 있는 선교지로 파송받으면 굉장히 힘들어한다. 만약 선임 선교사가 이랬다저랬다 하고, 분명하게 할 일을 지시하지 않고 "하고 싶은 것 있으면 하세요" 하는 분이라면 '대체 나더러 뭘 하라는 거지?' 할 수 있는 것이다. 그런데 간혹 우리는 이것을 일 처리 능력이 능동적이냐 수동적이냐, 체계적이냐 비체계적이냐라고 견주면서 옳고 그름으로 평가하려는 경향이 있다. 그러나 이것은 그 사람의 욕구의 영역으로 이해해 주는 것이 좋다. 서로 그 욕구를 채워 줄 수 있는 사람과 동역할 수 있도록 하는 지혜가 필요하다.

부부간에도 이 통제의 욕구가 중요하다. 한쪽은 기대하는

성경적 마음 이해 ──── 편한 마음

통제 점수가 높고, 다른 한쪽은 표현하는 통제 점수가 높으면 부부 사이에 큰 갈등이 없다. 한쪽이 방향성을 제시하면 다른 한쪽은 그 의견을 따르면서 심리적인 안정감을 가져간다. 그런데 만약 한쪽이 기대하는 통제 점수가 낮으면 상대방의 지시가 힘들게 느껴질 수 있다. 표현하는 통제 점수가 높은 사람은 아무래도 상대방이 보기에 이래라 저래라 하는 태도를 많이 보인다. 그러면서 책임도 지고 리더 역할도 하게 된다. 부부가 둘 다 표현하는 통제 점수는 높고 기대하는 통제 점수가 낮으면 서로 자신의 주장을 굽히지 않는 것처럼 보일 수 있다.

부모 자녀 간에도 이런 일이 있을 수 있다. 간혹 부모 중에 어떤 사람들은 자녀의 학습에 가이드라인을 정해 주려고 한다. 수학 학원은 여기 다니면 좋겠고, 영어는 과외를 하면 좋겠고 하는 식으로 정해 주는 것이다. 자녀가 기대하는 통제 점수가 높으면 그런 부모로부터 안정감을 느끼는데, 이 점수가 낮으면 귀찮게 여긴다. 반대로 자녀가 기대하는 통제 점수가 높은데 부모가 "네 인생이니 네가 알아서 해라"라고 하면 자녀들은 오히려 막연하고 힘들다고 느낀다. 그밖에 교회나 직장 조직 내에서도 이 통제 욕구와 관련해 많은 일이 일어날 수 있다.

욕구 차원의 세 번째는, 애정 욕구이다. 사실 이 부분이 한국말로 '애정'이라고 번역되었지만, 일대일의 정서적인 유대와 개인적으로 따뜻한 관계를 맺고자 하는 욕구라고 이해하면 좋겠다. 이 애정 욕구는 '사람들에게 내가 친밀함을 나타내는 행동을 자주 하는가, 아니면 사람들과 거리를 두고자 하는가?'라는 질문을 통해 생각해 볼 수 있다. 어떤 사람은 "수고했어요"라는 인사를 건네거나 정감 있는 행동을 잘하지만, 어떤 사람은 수고했다는 것은 알지만 속으로만 생각하고 잘 표현하지 못하는 것이다. 그런가 하면 상대방과의 관계에 적절한 거리가 편한 사람도 있다.

또 '내 감정을 다른 사람과 얼마나 공유하고자 하는가? 다른 사람들이 그들의 감정을 드러내는 것을 얼마나 선호하는가?'라는 질문을 통해서도 애정 욕구가 높은지 낮은지 가늠할 수 있다. 어떤 사람은 "나 그때 얼마나 화가 났는지 몰라" "그때 진짜 고생했지. 힘들었어"라고 말을 잘하는데, 또 어떤 사람은 마음은 있어도 표현은 잘 못 한다. 상대방이 내게 이런 감정을 좀 드러내 주면 좋겠다고 생각하는 사람도 있다. 그럴 때 일대일 관계에서의 친밀함을 느끼는 것이다.

어떤 사람은 많은 사람이 나에게 친밀하게 행동해 주기를 바라기도 한다. 이것은 애정 욕구 중에서도 기대 점수가 강한 사람이다. 애정의 기대 욕구가 강하면 상대방의 나를 향한 태도가 얼마나 따뜻한지, 얼마나 친절한지를 중요하게 여긴다. 그런데 상대방의 나를 향한 태도가 어떻든 그렇게 크게 문제 삼지 않고 중요하게 여기지 않는 사람도 있다. 이런 사람은 상대방이 나에게 그리 따뜻하게 얘기해 주지 않아도 크게 마음 상해하지 않는다. 애정의 기대 욕구가 낮아서 그렇다.

만약 일대일의 관계에서 한 사람은 애정의 기대 욕구가 낮고 표현 욕구가 강하면 상대방이 애정의 기대 욕구가 높아도 잘 지낼 수 있다. 한쪽이 표현을 잘하기 때문에 괜찮다. 그런데 나는 애정의 기대 욕구도 높고 표현 욕구도 높은데, 상대방이 표현 욕구가 낮으면 문제가 생긴다. 상대방이 나에게 친밀함을 표현해 주면 좋겠고, 기대감이 높은데 그게 채워지지 않으면 갈등이 일어난다. 많은 부부 간 갈등이 이 애정 욕구의 차이에서 발생한다. 표현하지 않는 배우자 때문에, 혹은 너무 애정을 갈구하는 배우자 때문에 지치는 것이다. 부모와 자녀 간에도 애정 욕구 때문에 갈등이 생긴다. 부모는 애정의 기대 욕구가 높은데 자녀가 표현 욕구가 높지 않으면 "쟤는 우리를 사랑하지 않는 거야?" 할 수 있겠다.

이렇게 대인관계 욕구 이론에서는 기대하는 만족 수준과 현재 개인의 상태가 불일치하면 불안이 생긴다. 내 기대는 이만큼인데 그 정도를 상대가 표현해 주지 않을 때 갈등이 생긴다. 이 불안을 줄이기 위해 우리는 반응하고 또 행동을 드라이브한다. 다시 말해 불안을 줄이기 위해 욕구를 충족시키는 행동을 할 수밖에 없는 것이다. 이런 것을 우리가 잘 이해하고 대인관계의 팁을 얻어 가면 좋겠다.

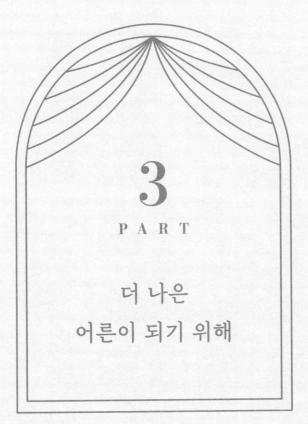

PART

3

더 나은
어른이 되기 위해

정서도 성장이 필요해요

인간의 성장을 이야기할 때 각각의 발달단계에 따라 이해해 보는 시각이 있다. 그렇다면 과연 성경은 인간의 발달단계를 어떻게 제시하고 있을까.

> 예수께서 열두 살 되었을 때에 그들이 이 절기의 관례를 따라 올라갔다가 눅 2:42

예수님이 열두 살 되던 해의 이야기이다. 열두 살이면 보통 사춘기가 시작되는 나이이다. 이 구절은 성경에서 유일하게 사춘기 청소년에 대해 언급하는 구절이 아닐까 싶다. 이때 우리가 너무 잘 아는 사건이 벌어진다. 사춘기에 접어든 예수님이 유월절 절기 관례에 따라 부모님과 함께 예루살렘에 갔다. 그런데 모든 일정을 마치고 돌아가면서 보니 예수님이 사라졌다. 마리아와 요셉이 깜짝 놀라서 길을 되짚어 가다 보니 예수님이 성전에서 선생들과 앉아서는 이런저런 이야기를 주거니 받거니 하고 있었다. 그때 마리아가 "아이야 어찌하여 우리에게 이렇게 하였느냐 보라 네 아버지와 내가 근심하여 너를 찾았노라"(48절) 한다. 너 때문에 우리가 얼마나 애태웠는지 모른다고, 왜 아직 여기에 있느냐고 책망한 것이다. 그랬더니 예수님이 "어찌하여 나를 찾으셨나이까 내가 내 아버지 집에 있어야 될 줄을 알지 못하셨나이까"(49절)라고 대답하신다. 물론 많은 신학자가 이 예수님의 대답을 두고 여러 신학적인 의미를 담아 해석했지만, 나는 이 대답이 참 사춘기 소년다운 대답이라는 생각이 들었다.

그러고 나서 예수님은 나사렛으로 돌아가신다. 그 후로는 부모에게 순종하며 지냈다고 한다. 그리고 마지막 구절이 인상적이다.

> 예수는 지혜와 키가 자라 가며 하나님과 사람에게 더욱 사랑스러워 가시더라 52절

예수는 지혜와	인지적 발달
키가 자라 가며	신체적 발달
하나님과	영적 발달
사람에게	사회적 발달
더욱 사랑스러워 가시더라	정서적 발달

이 52절 말씀을 우리가 발달에 대한 관점으로 이해해 보면 좋을 것 같다. 우선 예수님의 지혜가 자랐다고 한다. 이것은 인지적인 발달을 말한다. 학습 능력이라든지 지식적인 발달이 여기에 해당한다. 그다음 키가 자랐다. 신체적 발달이다. 말씀에서는 단순히 '키'라고 표현했지만, 여기에는 전방위적인 신체적 발달을 포함한 것이 아닐까 생각한다. 그리고 하나님과 사람에게 사랑스러워 가셨다고 한다. '하나님과'의 관계는 영적 발달을 의미한다. '사람에게'의 의미는 사회적 발달이다. '사랑스럽게'는 곧 정서적인 발달이라고 할 수 있겠다. 이처럼 인간의 성장이란 각각의 발달단계를 거쳐 가면서 인지적, 신체적, 영적, 사회적, 정서적 발달을 통합적으로 이루어 가는 과정이라고 이해할 수 있다.

그렇다면 인간의 신체적 발달은 어떤 단계를 거쳐 성장하게 될까. 처음 태어난 아기는 누워 있다. 그다음에 뒤집고, 그러고 나면 어깨와 허리를 들어 올린다. 그러다가 다리를 세워 기어다니고, 무엇인가를 붙잡고 일어섰다가 다리에 힘이 들어가기 시작하면 걷는다. 누워 있던 아이가 갑자기 일어나 뛰는 일은 없다. 각각의 단계는 불가역적이다. 각 단계가 질서 없이 왔다 갔다 하지 않고, 마치 계단을 오르듯 하위 단계가 잘 발달되면 그다음 단계로 진행한다.

신체에 이런 발달단계가 있는 것처럼, 인지에도 발달단계가 있다. 장 피아제(Jean Piaget)의 인지발달론이 대표적이다. 예를 들어 돌 전 아기들은 눈앞에 보이지 않는 것은 존재하지 않는다고 여긴다. 내 손이 여기에 있는데 그 위를 수건으로 덮으면 사라졌다고 생각하는 것이다. '대상 영속성'이라고도 말하는데, 어느 정도 발달단계를 거치면 대상이 영속적으로 존재하는구나라는 것을 깨닫게 되면서 엄마가 눈앞에 있다가 사라져도 '완전히 사라진 것이 아니라는 사실을 짐작할 수 있게 된다. 그렇게 자라다 보면 아이는 어느새 인지 발달단계의 어느 시점에 도달하여 추상적 개념도 사용해서 이해하고 이야기할 수 있게 된다.

이처럼 인간의 성장에는 그에 맞는 발달단계가 있기 마련이다. 그렇다면 우리의 심리사회 즉 정서의 발달에도 각각의 단계가 존재할까. 여기에 대해 아동심리분석학자 에릭 에릭슨(Erik Erikson)은 '심리사회 발달단계'의 여덟 단계를 이야기한다. 우리가 심리사회적, 정서적으로 건강하게 발달하기 위해 성장 과정에서 거쳐 가야 하는 여덟 단계가 있다는 주장이다. 이번 장에서는 에릭슨의 심리사회 발달단계를 통해 내 심리사회적인 상태가 어떠하고, 또 발달단계의 어디쯤에 있는지 탐구하면서 나도 이해하고 남도 이해해 보는 시간을 갖고자 한다.

신뢰와 불신 단계

에릭슨의 심리사회 발달단계의 1단계는, 신뢰와 불신 단계이다. 영아기 때 내가 주양육자, 주로 엄마나 아빠 나아가 조부모와 어떤 관계를 형성했느냐에 따라 신뢰가 발달하기도 하고 또 불신이 발달하기도 한다는 것이다. 이것은 기본적인 믿음의 영역을 결정한다. 내가 나를 믿는지, 타인을 믿는지, 또 세상에 대한 신뢰가 어떻게 되는지까지로 확장된다.

보통 영아기라고 하면 1-2세 시기이다. 이때 이 신뢰와 불신이 발달 단계의 주요 과제로 자리를 잡는다. 예를 들어 내가 배고플 때 주양육자가 그 배고픔을 알아차리고 음식을 갖다준다든가, 무섭거나 고통을 느낄 때 위로의 목소리와 함께 따뜻하게 안아 준다면 아이는 신뢰하는 것이 어렵지 않게 된다. 주양육자와 신뢰를 형성한 아이는 주양육자가 잠깐 자리를 비우더라도 '언젠가 오겠지, 설마 나를 버리고 떠나겠어?'라고 생각하는 것이다. 물론 자라는 과정에 분리불안 증상이 나타난다. 아이가 처음 어린이집이나 유치원에 갈 때 주양육자와 떨어지지 않으려고 해서 애먹는 일은 육아하는 사람이라면 누구나 경험할 것이다. 그런데 그것은 자연스러운 과정이고, 그보다 더 근본적으로 '엄마가 나를 버리고, 나를 세상에 혼자 두고 사라지면 어떡할 것인가'에 대한 불안이 커지면 불신의 상태가 된다.

어느 때 불신감이 커질까. 주양육자의 행동을 예측할 수 없을 때이다. 그래서 이 시기에는 주양육자가 예측 가능한 행동을 하는 것이 굉장히 중요하다. 예를 들어 아이가 배고파서 울었더니 밥을 준다. 그런데 어느 때는 주더니 어느 때는 안 준다. 기저귀가 축축해서 바꿔 달라고 떼를 썼는데, 어느 때는 갈아 주더니 어느 때는 갈아 주지 않는다. 그러면 아이는 주양육자의 행동을 예측할 수 없다. 그럴 때 이 아이에게 불신감이 발달할 수 있지만, 그래도 부모가 옆에 있었던 것이니 좀 낫다. 만약 부모에게 버림받은 경험이나, 주양육자가 설명 없이 떠나 버리는 경험을 하면 아이에게 불신감이 발달한다. 주양육자와 상호작용이 충분히 되지 않을 때 성인이 되어서도 타인을 잘 믿지 못한다. '저 사람도 나를 떠날 거야'라는 생각이 바탕에 깔려 있어서 사람들과 친해지는 데 오래 걸릴 수 있다. 이렇게 영아기 시절에 신뢰가 형성되지 않으면 세상과 사람에 대해서 잘 믿지 못하는 심리적인 상태가 된다.

어차피 믿을 만한 게 없는 세상인데 불신감이 발달한 것이 뭐 그리 큰 문제인가 싶은가. 그런데 그렇지 않다. 예를 들어 오늘 내가 어떤 모임에 나가면서 '이 약속 시간이 오늘 틀어질 거야'라고 의심하면서 나가는 사람이 있을까. 혹은 '이 모임에 있는 사람들이 나한테만 말하지 않고 장소를 옮겨 버렸으면 어떡하지?'라고 생각하는 사람이 있을까. 그런데 불신감이 발달한 사람은 이런 생각을 시시때때로 한다. 심할 경우 '세상이 의도적으로 나를 괴롭히는 방향으로 움직인다'든지 '사람들이 나에게 하는 말들 하나하나가 의심스럽다'라고 생각하기도 한다. 그러니 인생 살기가 얼마나 힘들겠는가.

이런 불신의 대상이 때로는 나 자신이 되기도 한다. 내가 누군가를 사랑하게 됐는데 '내가 과연 이 사람을 끝까지 사랑할 수 있을까? 내 마음이 변하면 어떡하지?' 하는 것이다. 물론 '저 사

성경적 마음 이해 ──── 편한 마음

람이 나를 사랑하는 게 맞나?' 하는 불신도 있다. 사실 이런 불신들은 우리 안에도 조금씩은 있다. 그런데 불신감이 심하면 '누가 나를 좋아하겠어?'까지 나아가게 된다. 그래서 이런 사람들은 누가 옆에서 "내가 사실은 당신이 참 마음에 들어요. 좋아하는 마음이 생겼어요" 하면 첫 반응이 '왜 나한테 이런 말을 하지?' 하는 불신이다. 불신감이 발달한 사람들은 종종 "그 사람 마음이 그렇다는 걸 내가 어떻게 알아요? 눈에 보이는 것도 아니잖아요. 내가 뭘 믿고 그 사람을 받아 줘요?"라는 식의 말을 한다. 이런 사람들 중에는 사람 만나는 것을 아예 시도조차 안 하기도 한다. 또는 어떤 사람을 만나더라도 계속 그 사람의 마음을 확인하려는 강박적 행동을 한다. "네가 날 사랑한다는 걸 내가 어떻게 알아? 보여 줘. 네가 나를 떠나지 않는다는 걸 내가 믿을 수 있게 해줘!" 하면서 상대방을 아주 곤란하게 한다. 생각이 이렇게까지 나아가게 되니 세상 살기가 녹록지 않을 것이다. 이것은 아주 기본적인 심리 구조가 이렇게 움직이고 있는 것이라고 생각해야 한다.

사실 이 신뢰와 불신의 정도를 어디부터는 신뢰다, 또 어디부터는 불신이다라고 분명하게 나눌 수 없다. 그리고 에릭슨은 자신이 말한 심리사회 발달단계의 여덟 단계 모두 긍정적인 것들을 형성하기 위해서는 적절한 수준의 반대의 것을 경험해야 한다고 말한다. 즉 신뢰가 발달하려면 어느 정도의 불신을 경험해야 한다는 것이다. 우리가 어떤 사람을 신뢰한다고 할 때 맹목적으로 믿는 것 또한 문제가 된다. 의심할 것들이 많이 있는데도 무조건 믿는 것, 즉 지나친 신뢰 또한 건강한 심리 상태라고 할 수 없다. '이 사람은 믿을 만해'라는 것이 우리 안에 생기려면 어느 정도의 의심은 있어야 한다는 말이다. 긍정과 부정이 적절하게 상호작용할 때 양이 많은 쪽으로 발달할 수 있다. 따라서 어느 정도 불신을 경험할 때 적절한 신뢰가 발달할 수 있다.

자율성과 수치심 단계

2단계는, 자율성과 수치심 단계이다. 수치심은 의심 또는 자기 회의, 자기 의심이라고도 말한다. 자율성이란 무엇일까. 나 혼자서 무엇인가를 결정하고 수행하는 능력이다. 아이들은 자라면서 내가 뭔가를 해보려고 하려는 때가 생긴다. 신발도 내가 스스로 신어 보려고 하고, 옷도 스스로 입어 보려고 한다. 이때 이런 과정을 통해 성취감을 느끼면서 내가 자율적으로 뭔가를 결정하고 해보려고 하는 능력이 생긴다.

자율성의 기본 출발은 '내가 뭘 원하는지'이다. 누가 시켜서가 아니라 내가 하고 싶어서 하는 것이다. 그렇게 시도해 보는 기회를 갖는 것이 아주 중요하다. 그래야 내가 뭘 할 수 있는지를 확인하기 때문이다. 늘 엄마가 신겨 주던 신발을 내가 신어 보려고 시도한다는 것은 일단 내가 뭘 하고 싶어 하는지를 안다는 말이다. 신발을 신어 보고 싶은 것이다. 그리고 이것을 신어 봤을 때 내가 할 수 있는지 없는지를 확인할 수 있다. 그런데 엄마가 "너 이거 거꾸로 신었잖아!" "시간이 너무 오래 걸려. 그냥 엄마가 해줄게” 하면 이 시기에 자율성 경험을 하지 못하게 된다. 마찬가지로 밥 먹을 때도 아이들은 숟가락을 들고 “내가 먹을 거야!” 한다. 그런데 자꾸 흘리고 잘 안 된다. 그럴 때 엄마가 “이것 봐. 다 흘리잖아. 그냥 엄마가 먹여 줄게”라고 몇 번 하는 것은 괜찮겠지만, 아예 부모가 아이에게 흘리면서 먹을 기회를 다 빼앗아 버리면 자율성 발달이 어려워진다.

이런 경험이 자꾸 쌓이면 이 사람은 자기 능력을 의심하는 경향이 생긴다. 어려서부터 내가 뭘 원하는지, 뭘 해볼 수 있는지 기회를 놓치다 보니 성인이 되어서도 자기 능력을 의심하게 되는 것이다. 우리가 내 의견을 누군가에게 이야기했는데 상대방이 받아들여 주지 않으면 어떨까. 예를 들어 회사 회의 시간에 “제 의견은 이렇습니다”라고 말했는데 다들 고개를 갸우뚱하면서 “그 생각은 좀 이상한데요? 잘못됐어요” 하는 것이다. 대부분은 ‘저들은 나랑 의견이 좀 다른가 보다’ 하고 넘어갈 수 있다. 그런데 자율성이 발달하지 않은 사람들은 굉장한 수치심을 느낀다. 내 존재 자체가 거절됐다고 느끼면서 ‘다시는 내 의견을 말하지 말아야지’라고 생각할 수도 있다. 심할 경우 은둔형 외톨이로 사는 사람들도 있는데, 이런 사람들의 반응도 자율성과 연관이 있다.

자율성의 결핍이 있는 사람들은 타인과의 관계에 있어서 ‘저 사람은 내 진짜 모습을 알면 결국 떠날 거야’라는 생각을 많이 한다. 내 진짜 모습이 지질하고 수치스럽다고 생각하기 때문이다. 내가 어떤 것을 시도해 보고 실패해 보면서 나를 확인하는 과정이 필요한데, 이때 나의 것을 시도해 보지 못한 결과로 나됨, 자기감(self-sence)를 확인하지 못하게 된다. 그러다 보니 어떤 게 나인지, 내 모습이 뭐가 진짜인지 혼란스럽고, 그 결과 내 자신을 부끄럽고 수치스럽게 느끼게 되는 것이다. 그래서 또 어떤 일을 시작하기도 전에 '나는 뭘 해도 안 될 거야'라는 생각을 한다거나 작은 거절도 크게 받아들인다.

예를 들어 교회 지체에게 같이 밥 먹자고 말했다가 거절당했다. 상대방은 단순히 시간이 안 됐을 수도 있고 상황이 여의치 않았을 수도 있는데, 이 사람은 '쟤가 나를 싫어하는구나' 나아가서 '나는 이 교회에서 환영받지 못하나 보다'라고까지 생각한다. 그러면 또 거절당할 것이 두려워 행동이 위축된다. 그리고 주변 사람들의 반응에 계속해서 의존하게 된다. 상대방의 의견에 따라가려고만 하는 것이다. 자율성이 취약한 사람들은 주변 사람들이 대화를 나눌 때 나에 대한 부정적인 언급이 있을까 봐 계속 신경 쓴다. 예를 들어 내가 아는 공동체의 구성원 두 사람이 뭔가 도란도란 재미있게 이야기를 나누면서 간다고 해보자. '혹시 저 두 사람이 나에 대해 안 좋은 이야기를 나누는 것 아니야?' 하면서 마음이 확 불안해지는 경우가 있다. 이런 것 또한 자율성의 결핍과 수치심의 발달로 생각해 볼 수 있다.

주도성과 죄책감 단계

3단계는, 주도성과 죄책감 단계이다. 정말 많은 크리스천이 신앙생활하면서 죄책감과 죄의식으로 힘들어한다. 한번은 한 청년이 내게 "교회 다니는 거 진짜 재미없어요" 했다. 그래서 "교회를 재미로 다니니? 하나님을 예배하려고 다니는 거지"라고 말했더니 그 청년이 하는 말이, "그건 그런데요, 교회 공동체 모임 가면 날마다 반성하고 회개하는 이야기밖에 안 해요. 지난주에 모여서 회개했는데 이번 주에 또 회개해요. 그렇게 매주 회개할 거면 뭐 하러 회개해요?"란다.

우리가 하나님 앞에 죄인 의식을 가지고 회개하면서 나아가는 것은 영적인 행위이다. 아주 바람직하고 우리 안에 꼭 있어야 할 일들이다. 그런데 아예 반성하는 패턴에 집을 짓고 한 걸음도 못 나아가는 사람이 많다. 이것은 문제가 있다. 요한복음 10장 10절 하반절에 보면 예수님이 "내가 온 것은 양으로 생명을 얻게 하고 더 풍성히 얻게 하려는 것이라"라고 하신다. 예수님이 이 땅에 오신 목적은 우리가 풍성한 삶을 얻는 것이다. 그런데 풍성한 삶은커녕 죄책감에 빠져서 '나는 왜 이것밖에 안 되나' '난 이게 너무 문제다' 하고만 있으면 안 된다. 에릭슨은 이 죄책감을 주도성에 대한 반대 개념으로 우리에게 알려 준다.

주도성과 죄책감이 형성되는 시기는 초기 아동기이다. 프로이트는 이 시기에 이성 부모에 대한 사랑과 동성 부모에 대한 경쟁심을 발달시킨다고 했다. 그래서 이때 아들은 오이디푸스 콤플렉스를 해소하고자 초자아를 형성시킨다. 이 시기 아동들이 옳고 그른 것이 무엇인지, 어떻게 행동하는 것이 맞는지, 규칙을 지키는 것은 무엇인지에 대해 배우는 이유가 여기에 있다. 또 양심과 같은 것들이 생겨난다. 그리고 그 양심은 부모가 갖고 있는 가치에 대해 동일시한다. "엄마가 거짓말은 나쁜 거랬어"라고 하면서 나 또한 거짓말은 나쁜 것이라고 받아들이게 되는 것이다. 물론 초자아가 형성되더라도 행동은 다를 수 있다.

에릭슨은 이 동일시의 개념과 영역을 주도성, 나아가 죄책감으로까지 확장시킨다. 보통 5-6세 아이들이 놀이를 많이 한다. 소꿉놀이 같은 역할 놀이나 블록 쌓기, 기차놀이 등을 하면서 아이들은 자기 세상을 만들어 간다. 그러면서 무엇인가를 만들어 내는 활동을 한다. 아이들은 이 과정에서 목표를 정하고 달성을 위해 도전하고 노력하고 경쟁하는 행동 양식을 발달시킨다. 바로 이 과정이 주도성의 영역이다. 친구들과 놀이하면서, '내가 더 가지려고 하니까 저 친구가 싫어하는구나' '내가 이렇게 하면 좋아하는구나' 등 내 행동에 따르는 상대방의 반응을 통해, '아, 내가 이렇게 하면 안 되는구나' '이런 것들은 좋은 행동이구나' 같은 것들을 배워 나간다. 자신의 욕구를 조절하면서 원하는 것을 얻는 훈련을 하는 과정이다. 그래서 아이들이 또래와 놀 때 어른이 지나치게 간섭하는 것은 그리 좋지 않다. 만약 아이들이 놀다가 한 아이가 엄마에게 와서 "엄마, 나 쟤 때문에 화났어. 내가 이거 두 개 갖고 싶었는데 쟤가 하나 뺏어 갔어" 하면, 보통은 엄

성경적 마음 이해 ──── 편한 마음

마가 나서서 조정해 주려고 한다. 물론 어른이 개입해야 할 때도 필요하지만, 아이들이 상호작용하면서 스스로 조정해 보는 단계가 필요하다. 아이가 스스로 놀이를 계획하고 창의적으로 움직여 보는 단계인데, 뭔가를 계획하고 이루어 가는 과정을 차단당하면 어떻게 될까. 이때 아이들은 단순히 '에이, 내 마음대로 되는 게 없네'에서 끝나는 게 아니고 죄의식이 발달하게 된다. '내가 이걸 바라면 안 되는 거였구나'로 받아들이는 것이다. 이런 죄의식, 죄책감은 결국 초자아를 키우고, 초자아가 커질수록 죄책감을 더욱 크게 느끼게 된다.

이렇게 주도성이 결핍되고 죄책감 영역이 발달한 사람은 내가 어떤 일에 실패했을 때 그 이유를 전적으로 내 책임으로 돌리려고 하는 경향이 커진다. 그런데 어떤 일이 잘 안됐다고 할 때 내 잘못만 있는 것은 아닐 수 있다. 상황이 좋지 않았을 수도 있고, 다른 사람의 잘못일 수도 있다. 그런데 마치 이 모든 잘못이 내게만 있는 것 같다고 여기는 것이다. 이것은 곧 자기 억제의 상태, 내가 원하는 것이 뭔지도 못 찾겠고, 원하는 것을 시작도 못하고 도전도 못 하게 되는 상태라고 할 수 있다.

주도성이 있다는 것은 내가 원하는 것과 해야 할 것 사이에서의 갈등을 조절하는 능력과도 관련이 있다. 예를 들어 내가 지금 공부를 해야 하는데, 놀고 싶다. 그러면 지금 공부할 것인지, 놀 것인지 사이에서 갈등을 한다. 주도성이 있는 아이들은 이 갈등에서 무엇 하나를 결정하는 것이 조금 쉽다. 죄책감이 강하고 주도성이 연습되지 않은 아이들은 이 갈등을 건강하게 못 다룬다. '이거 해야 하는데, 이거 해야 하는데'로만 머릿속이 가득하다. 놀고 싶은 것만으로도 죄책감을 느낀다. '사람을 도와야 하는데' '성경 공부해야 하는데' 같은 당위적 사고만 남아서 고민하는데 에너지를 다 써 버리고 정작 아무것도 하지 못한다.

학생들에게 과제를 내 주면 어떤 친구들은 기한을 잘 못 지킨다. 과제를 안 내고 싶어서 그러는 게 아니라 완벽하게 하고 싶어서 잘해야 한다는 생각에 이미 에너지를 다 쓰는 것이다. 그래서 나는 그런 친구들에게는 "과제를 너무 열심히 하지 말고 대충해서 미리 내는 걸 목표로 해라"라고 말한다. 이렇게 해야 할 일들을 완벽하게 해야겠다라는 생각이 강할수록 제때에 못 끝내는 사람이 많다. 주도성을 가지고 살아 본 경험들이 없거나 주도성이 발달할 만한 환경이 안 됐을 때 일어나는 현상이다.

연애 관계에서나 어떤 다른 관계에서도 죄책감이 너무 강해서 새로운 상황을 피할 수도 있다. 우리가 새로운 사람들을 만나려면 에너지가 많이 든다. 아무리 외향적인 사람이라도 새로운 사람들을 만날 때는 에너지를 써야 한다. 그런데 '내가 무언가를 잘못했다' '내 행동이 잘못되었다' 등의 죄책감을 느끼는 데 에너지를 많이 쓰면 새로운 만남을 갖는 것이 너무 힘들어서 피하고 주저하다가 결국 관계를 건강하게 발전시키지 못할 수 있다. 주도성이 연습되지 않았다는 것은 새로운 상황이나 관계를 어떻게 풀어 가야 할지를 모를 수도 있다는 뜻이다.

요즘에는 중독 문제로 괴로워하는 사람들이 많다. 도박 중독, 성 중독, 게임 중독도 있지만 드라마 중독, 유튜브 중독, 쇼츠 중독도 많다. 자기 전에 한참 쇼츠를 보다가 이걸 딱 멈춰야 잠을 자는데 멈추지 못한다. 나에게 해로운 습관을 멈추는 힘, 이것도 주도성과 관련이 있다. 한번은 내담자 중에 신앙생활을 정말 열심히 하고 교회에서도 중책을 맡고 있는데, 포르노 중독에 빠진 사람이 있었다. 아내가 와서 "저 사람이 포르노 중독이 얼마나 안 좋은 건지 깨달았으면 좋겠어요" 하기에 남편에게 물어봤다. "포르노 중독이 얼마나 안 좋은지 모르세요?" 그랬더니 "압니다" 했다. 중독자들이 안 좋은 걸 몰라서 못 끊는 것이 아니다. 알코올 중독이든 도박 중독이든 이것이 나뿐만 아니라 가족들까지 다 힘들게 한다는 사실을 알고 있다. 그런데 멈추는 힘이 부족한 것이다. 이것이 주도성과 관련이 있다.

에릭슨은 놀이를 통해서 주도성이 발달한다고 했다. 어른이 되어서도 놀이를 해보는 것은 아주 중요하다. 우리가 놀이를 할 때는 어떤 상태가 되는가. 우아하고 고상하게 가식 떨면서 놀기는 힘들다. 이렇게 우리는 나를 방어하던 것들을 좀 내려놓을 수 있어야 한다. 나를 가리고 숨기는 데 에너지를 쓰지 않고, 그런 것들을 내려놓고 상호작용할 때 친밀함이 형성되는 것처럼 말이다. 이것은 교회에서 자유롭게 예배하는 것과도 유사하다. 내가 정말 하나님 앞에서 춤추며 예배할 수 있는 자유로운 상태. 그 자유로울 수 있는 나의 상태는 에릭슨이 얘기하는 주도성과 연관

된다.

이렇게 중요한 주도성을 어른이 되어서 어떻게 하면 기를 수 있을까. 건강한 퇴행이 심리적으로 아주 도움이 된다. 퇴행은 안전한 대상에서 일어나야 한다. 친밀감을 가지고 있는 친구들이나 배우자와 있을 때 어린아이처럼 노는 게 대표적 예이다. 초자아로 형성된 평가나 판단은 퇴행을 못하게 하는 장애물이 되기도 한다. 예를 들어, '어른이 어떻게 그런 유치한 행동을 할 수 있어' '누군가에게 무례하게 예의 없이 행동하는 건 나빠' '모든 문제의 원인은 나야' 또는 '~ 해야 한다' '그래야만 한다'와 같은 당위적 사고도 에너지를 많이 빼앗아 가기 때문에 이런 생각이 많으면 자유롭기가 참 어려워진다. 하나님은 우리를 주체적인 자아로 살아가게 창조하셨는데, 우리 스스로가 만들어 놓은 평가 기준이나 가치체계에 지배되어 정작 나의 주도성을 잃어버리고 살 수 있다.

근면성과 열등감 단계

4단계는, 근면성과 열등감 단계이다. 아이들이 자라면서 학령기로 들어간다. 유치원을 지나 초등학교에 들어가게 되는 시기인데, 이때부터 아이들은 사회화에 필요한 핵심적 기술, 인지적 기술, 사회적 기술을 제대로 습득한다. 이때는 학교나 가정, 교회에서 또래와의 맥락이 중요하다. 이 단계에 학습 기회를 제공받을 때 성공하면 근면성이 획득되는 것이다. 공부를 열심히 해서 백 점 받아도 근면성이 획득되지만, 물건 다섯 개를 친구와 나눠 가지는 과정에서 이런저런 고민을 해보고 상호작용하는 것도 일종의 성공 경험이 될 수 있다. 이럴 때 아이들이 유능감을 가지면서 근면성을 더 발달시켜 가는 것이다.

그런데 이때 과도한 통제를 받거나 아니면 내가 조절하는 것들이 실패하면 열등감이 생긴다. 물론 열등감은 더 나은 상태로 나아가는 동기가 될 수 있다. 정신의학자 알프레드 아들러(Alfred Adler)는 "열등감은 우리한테 축복이다. 우리가 더 우월해지려고 노력할 수 있는 동기가 되기 때문이다"라고 말한다. 그러나 열등감이 지나치면 우리의 삶을 피폐하게 만든다. 열등감이 지나치면 늘 나를 사람들과 비교하면서 '난 이게 부족해, 저 사람은 괜찮은데 나는 왜 이럴까?'라는 생각으로 가득하게 된다. 왜 그럴까. 열등감은 기본적으로 비교하는 시각에서 나오기 때문이다. 이런 상태로 사는 삶은 풍성하지도 않고 아주 피곤할 것이다.

성경에도 시기는 뼈를 썩게 한다고 말씀한다(잠 14:30). 이렇게 이야기할 정도로 시기와 질투는 부정적인 정서이다. 그런데 이런 부정적 정서와 생각이 나도 모르게 자동적으로 들어 버리면 괴롭다. 나도 비교하고 싶지 않은데 어느 순간 보면 남이 나보다 많이 가진 것을 비교하면서 시기하고 있는 것이다. 부모님에 의해서 비교하는 시각이 발달했을 수 있고, 형제자매 사이에서 어쩔 수 없이 비교당하며 살아왔던 경험들 때문일 수 있다. 그럴 때는 내가 나와 비교를 해 보면 좀 괜찮을 수 있다. 살아오면서 힘들고 고통스러운 시간이 있었을 텐데 그때 나는 힘든 시절을 어떻게 보냈는지, 그 상황을 어떻게 극복해 나갔는지 생각해 보는 것이다. 물론 비교를 안 하고 온전한 내 모습을 하나님이 어떻게 보실지만 생각할 수 있다면 더할 나위 없이 좋겠다. 이렇게 과거의 나와 지금의 나를 비교해 보는 과정을 하나님 앞에 온전히 나아가는 여정으로 본다면 좋겠다.

그렇다면 근면성이 발달하려면 어떻게 해야 할까. 내가 노력하고 수고한 것에 대해서 칭찬을 받아야 한다. 예를 들어 열심히 공부해서 받아쓰기 열 문제 중 아홉 문제를 맞혔다. 그때 "와, 정말 노력했구나" 하고 칭찬을 받으면 근면성이 발달할 수 있다. 그런데 부모가 "이 한 개는 왜 틀렸어? 이거 안 틀렸어야지. 안 틀리려면 어떻게 해야겠어?" 나아가서 "다른 애들은 어때? 반 평균은 넘어야지"라고 말하면 어떨까. 내 노력에 대한 어떤 피드백도 없고, 결과에 대한 피드백만 있다. 노력에 대한 긍정적인 평가를 받지 못하거나 다른 사람과 비교를 당하면 열등감과 비교의식이 더 심해질 수밖에 없는 것이다.

열등감은 지나친 자기 몰입의 일종이다. 앞선 장에서 우리가 관계적인 존재로 창조되었다고 이야기했다. 하나님이 나를 창조했지만 저 사람도 창조했다. 그러면 나뿐만 아니라 저 사람까지도 같이 볼 수 있어야 우리가 관계의 균형을 이룰 수 있다. 그런데 열등감은 '나는 왜 이래?' '왜 나한테만 이런 일이 생기는 거야?' '나는 왜 이렇게 부족해?'라는 생각에 집중한다. 지나친 자기 몰입이다. 근면성이 발달하지 않을 때 생길 수 있는 양상이다.

반대로 타인이 나를 어떻게 볼까에 지나치게 집중하는 타인지향성도 사실 자기 몰입의 형태 중 하나로 볼 수 있다. 요즘 대중교통을 이용 못 하는 친구들이 참 많다. 타인지향성 때문에 그렇다. '저 사람들이 나를 어떻게 볼까?' '나를 한심하다고 생각하진 않을까?' '내가 너무 뚱뚱하다고 흉보지는 않을까?'에 지나치게 집중하다 보니 사람 많은 곳에 못 간다. 이것이 열등감의 양상으로 갈 수 있다. 혹시 부모 중에 자녀에게 "남들이 우리를 보면 뭐라고 생각하겠니?"라든가 "크리스천이라면서 이렇게 행동하면 사람들이 욕해"라는 식의 말을 자주 했다면, 앞으로는 조금씩 줄여 가면 좋겠다. 물론 내 자녀가 남들에게 예의 바르게, 단정하게 보였으면 좋겠다는 마음으로 이야기하는 것이겠지만, 이런 이야기를 많이 듣고 자란 자녀들은 자신이 중요하지 않다고 느끼게 된다. 나라는 존재보다 다른 사람의 시선이 더 중요하다고 여기고, 다른 사람 생각에 너무 많은 에너지를 쓰게 될 수 있다.

건강한 크리스천이라면 나를 성찰하고 타인을 관찰하면서 관계의 균형을 이룰 수 있어야 할 것이다. 열등감을 덜 가지려면 어떻게 해야 할까. 내가 지금까지 해 온 노력에 대해서 스스로 칭찬해 보는 것이다. 예컨대, '그 정도면 할 만큼 했네'라는 생각을 발달시킬 수 있다. 스스로를 칭찬하지 못한다는 것은 지나친 자기 비난에 매몰되어 있어서 그렇다. 이런 얘기를 하면 어떤 사람들은 "그러다가 교만해지겠어요"라고 한다. 그런데 왜 우리가 교만해지는 것은 그렇게 조심하면서 자기를 향한 비난은 스스럼없이 하는 걸까. 이상한 일이다. 우리가 자기 비난에 빠졌을 때 가장 힘들어하실 분은 하나님이 아닐까. 하나님은 우리를 그렇게 열등한 존재로 창조하시지 않았다. 한 사람 한 사람 귀한 존재로 고유하게 창조하셨다. 따라서 우리가 스스로를 열등한 존재로 여기고 있다면 회개해야 한다. 지나친 열등감으로 힘들다면 살아오면서 내가 수고했던 일, 잘했던 일을 떠올리면서 '맞아, 내가 그때 참 애썼지. 참 수고했지'라고 나를 스스로 인정해 보면서 지나친 자기 비난, 열등감에서 빠져나오는 것을 하나님이 기뻐하실 것이라 믿는다.

내가 지나온 시절 칭찬할 만한 일이 없다고 생각하는 사람도 많다. 그럴 때 나는 주로 초등학교 1학년 입학하던 날을 예로 든다. 낯설게 새롭게 시작하는 그날, 그 어린아이가 얼마나 긴장했겠는가. 엄마가 있었을 수도 있고, 없었을 수도 있다. 만약 엄마가 함께하지 않았다면 그 긴장과 두려움은 더욱 컸을 것이다. 그런데 나는 그 두려움을 이기고 낯선 초등학교 의자에 바른 자세로 앉아서 적응하려고 애썼을 것이다. 그러면 "그래, 초등학교 1학년 입학식을 치르던 나야, 그 긴장감을 견디느라 애썼겠다" 해줄 수 있지 않을까. 그 정도는 나를 지지해 줄 수 있지 않을까.

어느 인생의 한 시점에서 그 힘든 시절을 지나오느라 내가 어땠을까 하는 것들을 좀 알아봐 주면 좋겠다. 그럴 때 지나친 열등감으로 빠지는 것에서 멈춰서서 다시 근면성으로 돌아올 수 있을 것이라 믿는다.

정체성 확립과 역할 혼란의 단계

5단계는, 정체성 확립과 역할 혼란의 단계이다. 정체성 확립이란 '나는 누구인가?'에 대한 답을 찾아가는 것이라고 할 수 있다. '나는 누구인가?'라는 정체성을 확립하려면 내가 그동안 선택해 왔던 것들, 내 결정들이 축적되어 있어야 한다. 이 선택과 결정은 크고 결정적인 것만 포함되는 것이 아니다. '지금 공부할까, 아니면 놀까?'라든가 '국어 공부는 어떻게 하지?'와 같은 작은 선택들까지 포함한다. 이런 결정들이 축적되어야 '나는 누구인가?'를 알아갈 수 있다는 것이다.

이 정체성을 확인하는 과정에서도 또래 집단이 아주 중요하다. 부모님이 관여하는 것들도 필요하지만, 내가 소속되어 있는 집단 안에서 나를 확인하는 여정이라 할 수 있다. 그리고 이때 심리적으로 부모와 힘겨루기를 한다. 가만 보면 우리가 어느 조직에 소속되었을 때 누군가와 힘겨루기를 하는 사람들이 있다. 은근히 신경전을 벌이면서 '네가 이기나 내가 이기나 해보자' 하는 것이다. 물론 이게 정상적인 심리적 과정일 수 있다. 한번은 반찬 가게에서 반찬을 사려고 들어갔다. 마음에 드는 반찬이 있는데 이걸 어떻게 해야 할지 몰라서 매장 직원에게 "이것 어떻게 담아야 해요?" 하고 물었다. 그랬더니 그 직원이 한쪽에 쌓아 놓은 용기를 가리키면서 "저기 있잖아요. 안 보이세요?" 하는 것이다. 기분이 너무 상했다. 내가 컨디션이 좋았다면 '저분도 오늘 좀 많이 힘들었나 보다' 했을 텐데, 그날은 나도 조금 지쳤던 날이어서 쉽사리 기분이 나아지지 않았다. 나중에는 계산을 하면서도 심통이 나서는 고객 번호도 대충 알려 주고 나가면서도 아무 인사도 하지 않았다. 평소 같으면 "감사합니다" "수고하세요" 같은 인사를 했을 텐데, 그날은 하기가 싫었다. 그 직원도 역시 내게 "안녕히 가세요" 라든가 "감사합니다" 같은 인사를 하지 않았다. 경미하지만 서로 힘겨루기를 한 것이다.

이렇게 힘겨루기가 내 인생을 괴롭히는 일들이 있다. 이것을 아예 대놓고 해야 하는 시기가 필요한데, 이게 바로 5단계, 정체성 확립과 역할 혼란 단계이다. 보통은 청소년기에 이 단계가 진행된다. 그래서 청소년들이 부모와 힘겨루기를 하는 것이다. 이것을 너무 이상하게 여기면 안 된다. '어? 애가 지금 나랑 힘겨루기를 하네' 하면서 너무 당황할 필요 없다. 청소년들은 부모와 힘겨루기를 좀 해봐야 한다. 그냥 '마땅히 해야 할 심리적 과제를 하나 보다'라고 생각하면 된다. 이 단계를 건강하게 지나가면 인생의 힘겨루기가 큰 이슈로 자리 잡지 않는다. 그런데 이 단계를 잘못 지나가면 평생 여기저기서 사람들 붙잡고 힘겨루기를 한다. 심리적 미해결 과제로 남아서 우리 삶을 계속 흔드는 것이다.

그러면 이 단계를 건강하게 지나가려면 어떻게 해야 할까. 자녀가 부모와 힘겨루기를 하려고 할 때는 부모가 그 힘을 인정해 주는 과정이 필요하다. 아이들이 처음 태어나면 덩치가 굉장히 작다. 주먹을 쥐어 봐도 부모의 것은 굉장히 크게 느껴질 것이다. 그러면 아이가 볼 때 "우리 엄마, 아빠 완전 힘세다!" 할 것이다. 이 시기 아이가 보기에 부모는 세상 그 자체이다. 그 어떤 히어로보다 강하고 센 사람들이다. 이런 시기가 있어야 한다. 그래야 자라면서 그 부모와 나를 비교하면서 지금 내가 어느 정도쯤 왔는지 알 수 있는 것이다. 내가 지금 엄마보다 작은지, 혹은 큰지, 아빠보다 작은지, 큰지를 가늠하면서 나를 알아 가는 것이다. 물리적인 크기만 가늠하는 게 아니라, 심리적 위치 또는 심리 대상으로서의 크기까지 가늠한다. 이것이 정체성이 확립되어 가는 과정이다.

이 시기 비교의 축이 부모이다. 그래서 부모가 언제나 그 자리에 같은 모습으로 있어 주는 것이 중요하다. 어느 때는 부모가 확 쪼그라들어서는 아이들에게 지기만 하다가, 또 어느 때는 확 커져서 "이 녀석이 어디서 감히!" 하면 아이들의 중심축이 흔들린다. 사춘기가 되면 아이들이 반항을 한다. 점점 커 나가는 과정이다. 그런데 이때 부모가 "이 자식이 어디서 반항이야?, 네가 날 감히 무시해?" 하면 아이들은 커질 수가 없다. 반대로 아이가 반항하는데 부모가 "네가 그러니까 너무 무서워" 하면서 엄마는 막 울고, 아빠는 자녀에게 끌려다니면서 어쩔 줄 몰라 하는 태도를 보이면 이럴 때도 아이들은 성장할 수 없다. 부모는 자리를 지켜 줘야 한다. '홀딩'해야 한다. 그래야 아이들이 그것을 기준 삼아

당분간 커지기도 하고 작아지기도 하면서 자기를 알아 갈 수 있다. 정체성을 확립시킬 수 있다.

청소년기는 어느 때는 내가 우주를 정복할 수 있을 것만 같이 자신감에 넘치다가도, 곧바로 땅굴을 파고 지하 깊은 곳까지 들어갈 수도 있는 시기이다. 이렇게 내가 굉장히 커지기도, 또 작아지기도 하는 것이다. 이런 것들을 건강하게 경험하는 것이 정말 중요하다. 이럴 때 나는 내가 사람들과 관계를 맺으면서 무엇을 원하는지도 알게 되고 내가 좋아하는 것은 무엇인지, 싫어하는 것은 무엇인지, 나는 어떤 사람인지를 알아 가는 것이다. 그런데 이런 경험이 없으면 정체성에 혼란을 겪는다. 내가 누구인지도 모르고 뭘 원하는지도 모르는 상태가 된다. 또 내가 원하는 것이 있더라도 표현하는 것이 어렵고, 맞서서 쟁취하는 것이 어렵다. 이런 나의 심리적 상태나 위치를 모르니 다른 사람을 지나치게 의식한다. 그러다 보면 역할 혼란에 빠진다. 다른 사람들이 원하는 가치를 수용하려고만 하니 내가 누구인지를 모르는 것이다.

대표적인 예가 부모가 갈등할 때, '불쌍한 우리 엄마' 또는 '불쌍한 우리 아빠'에 너무 빠져드는 것이다. 이렇게 되면 내 정체성이 온전히 확립되기 어렵다. 부모가 싸우는 것이 마치 내 책임처럼 느껴진다. 내가 중재해야 한다고 생각한다. 그러면 내게는 부모를 중재하는 역할만 있다. 부모도 은연중에 자녀에게 의지한다. "네가 있어야 우리 가정이 그나마 이 모습을 유지한다"

는 식의 요구를 자녀에게 하게 된다. 그러면 자녀는 내가 지금 무엇을 원하는지, 무엇이 하고 싶은지, 무엇을 좋아하는지를 탐색하는 데 에너지를 쓸 수 없다. '부모화 된 아이'라는 말이 있다. 부모 사이에 갈등이 심하면 그 사이를 중재하고 또 부모 대신 동생들을 돌본다. 부모 역할을 하면서 청소년기를 보낸다. 내 인생을 내가 원하는 대로 살아가지 못하니 정체성 확립에 어려움이 있다.

정체성 확립에서 중요한 또 한 가지가 성 역할이다. 요즘 사회적으로 성 정체성이 문제가 되고 있다. 내가 남자인지, 여자인지 안다는 것은 신체적인 안정감을 느낀다는 것이고, 또 내가 어디를 향해서 가고 있는지를 안다는 것이다. 이럴 때 우리는 외부로부터 인정받는 경험이 반복되고, 자기가 단단해지는 경험을 할 수 있다.

친밀감과 고립감 단계

6단계는, 친밀감과 고립감 단계이다. 어느 교회에서 강의 요청이 왔는데, 주제가 대단했다. 미혼 남녀를 대상으로 결혼을 못하는 이유와 그들의 심리를 분석해서 그에 대한 대처 방안까지 강의를 해달라는 것이었다. 그래서 이 6단계를 가지고 이야기했다. 우리는 어떻게 해야 친밀감 형성을 건강하게 할 수 있을까.

먼저 우리가 친밀감을 형성하려면 5단계까지의 과제가 어느 정도 발달되어 있어야 한다. 완벽하게 발달되어야 한다는 뜻은 아니다. 자율성의 문제, 주도성의 문제, 근면성의 문제, 정체성 혼란의 문제를 확립하지 못하면 친밀감 형성에 영향을 줄 수 있다. 연애를 하든 뭘 하든 타인과의 친밀한 관계를 형성하는 데에 심리적 이슈들이 장애물이 될 수 있다는 말이다.

친밀감과 고립감은 성인 초기 단계에서 일어나는 심리적 과제이다. 청소년기에서 자기 몰두에서 벗어나서 내가 어떤 사람인지, 내가 어디를 향해서 가고 있는지를 확립하고 나면, 다른 사람이 보이는 것이다. 다른 사람에 대해 관심을 깊이 갖게 되고 그 단계에서 친밀감을 형성할 수 있다. 그런데 이 정체성 형성이 잘 되지 않으면 여전히 자기중심적인 사고에 몰입되어 있다. '나는 누구일까?' '나는 왜 이런 생각을 하고 이런 말을 했을까?' '나는 왜 그 사람들한테 이런 태도를 보인 걸까?'만 계속 생각하면 타인이 내 삶으로 들어올 수 있을까. 건강한 관계 형성으로 나아가려면 '내가 이렇게 했을 때 저 사람은 뭘 느낄까?'로 태도의 변화가 있어야 하는데, 그게 없다면 관계 형성이 어렵다. 여기서의 친밀감은 단순히 친한 느낌 정도가 아니라 서로의 삶에 깊은 개입을 허용하면서 깊어지는 친밀한 관계를 의미한다.

자기중심적 사고에 몰입되어 있으면 타인과의 친밀감이 아니라 고립감으로 가게 된다. 관계를 맺더라도 내 세상으로 다른 사람을 들이는 친밀한 관계는 어렵고, 피상적이거나 형식적인 관계에 머물게 된다. 그러나 인간은 관계를 중요하게 여기도록 태어났기 때문에 누군가 나를 찾아 주면 좋겠고, 어느 집단에 소속되거나 필요한 사람이 되고는 싶다. 그런데 다가가는 태도가 성숙하지 못하다. 타인에게, 혹은 이 조직에게 내가 어떻게 행동해야 도움이 되는지, 어떻게 말해야 좋은지를 모르기 때문에 고립되는 상태가 되는 것이다.

적절한 수준의 고립감은 누구나 필요하다. 아무리 친한 사이여도 나 혼자만의 시간이 필요하다. 이런 시간은 내가 생각하고 어떻게 지낼 건지 계획할 수 있다. 그것은 나아가 적절한 수준의 친밀한 관계 형성에 도움이 된다. 그런데 정체성 확립의 결여로 친밀감이 발달하지 못한 사람들의 고립은 이것과 다르다.

친밀감을 형성하기 어려운 예로, '자기애성 성격장애'라고 해서, 흔히 '나르시스틱하다'고 표현하는 성격장애가 있다. 자기중심성이 아주 강한 사람을 말한다. 이런 사람은 주변 사람들이 나를 떠받들고 내가 이야기하는 주제에 사람들이 끌려오기를 기대한다. 내가 주인공이 되기를 바란다. 이런 사람들은 타인과 친밀감을 형성하기가 어렵고, 타인의 필요를 어떻게 채울지에 대해서 잘 생각하지 못한다. 모든 초점이 나에게 맞춰져 있어서 그렇다. 이들에게 관심은 '나는 어떤 때 좋지?' '나는 어떤 때 싫지?' 같은 것이고, '저 사람은 어떤 때 좋을까?'라든가, 타인이나 상황을 조망하는 능력이 현저하게 떨어진다. 그들은 사람들이 나를 칭찬하기만을 바란다. 내가 저 사람을 칭찬할 때 어떤 일이 일어나는지를 조망하는 능력이 없다.

이것은 타인지향성과는 조금 다른 양상이다. 타인지향성은

'내가 저 사람에게 어떻게 보여질까?'에 집중하는 것인데, 이 자기애성 성격장애는 그런 생각조차 하는 것이 어렵다. 그들은 '내가 이 조직에 어떤 영향을 미칠 것 같은지' '나로 인해서 저 사람이 어떤 마음이 들 것 같은지' 같은 생각들을 하지 못한다. 그래서 진짜 친밀한 관계를 맺지 못하고 피상적인 관계에 머무르기 쉽다. 그러므로 진정한 친밀감을 이루려면 타인과 관계 맺을 때 상대에 대한 관심뿐 아니라 만남에 대한 깊은 헌신이 있어야 한다.

생산성과 침체감 단계

7단계는, 생산성과 침체감 단계이다. 성인 중기 단계인데, 이 무렵 대부분의 사람은 직장에 다니거나 생산적인 노동을 하게 된다. 앞선 단계를 적절하게 수행해 온 사람은 이 시기에 생산성을 추구한다. 여기서 말하는 생산성은 단순히 출산의 개념이 아닌, 다음 세대에게 가치를 전수하는 등의 활동을 통해 내 존재 가치를 확장해 나아가는 것을 말한다. 또 공동체와 사회에 도움이 되는 일을 하고자 하며, 능력을 펼치는 활동들을 하고자 한다. 그래서 좋은 결과물들을 만들어 내는, 즉 생산성 있는 일들을 하게 된다. 가치가 있는 물건을 만든다든지, 지식을 전파하는 행위들, 공동체에 유익이 되는 행동들이 이 생산성과 관련 있는 일들이다. 그런데 생산성이 없을 경우에 어떤 일이 일어날까. 과도한 자기 몰두에 빠진다. 이것은 정체감 확립에서 못 넘어온 것이다. 그리고 공허해한다. 내가 뭔가 의미 있는 일을 하고 있는 것 같지 않을 때, 쓸모없는 존재처럼 여겨질 때 느끼게 되는 공허함이다. 그리고 인생이 지루하다고 느낄 수 있다.

내담자 중에 마흔 살까지만 인생을 살고 그만둬야겠다는 생각에 온통 사로잡힌 사람이 있었다. 그분의 인생을 보면 '나는 쓸모없는 사람이야. 나는 누군가에게 도움이 되지 않아' 같은 생각으로 온통 지배되어 있었다. 그러니까 인생이 지루하다. 지루한 인생을 지속하는 것이 의미 없다고 생각했다. 이런 사람들이 보통 불평불만이 많다. 남들은 다 바쁘게 살아가는데 나만 의미 없는 인생을 산다고 생각하는 것이다. 자기 몰두이다. 그러니 자신에게 불만이 있거나 밖을 향해 불만이 있다. 매사에 비판적인 태도가 될 수도 있다. 주변에 불평불만이 많고, 계속해서 대안 없는 비판만 얘기하는 사람들을 살펴보면, 스스로 내 인생이 생산적이지 않다고 생각하는 사람들이 많다. 내가 누군가에게 도움이 된다는 생각을 조금이라도 한다면 이 비판적인 태도가 줄어들 수 있다.

물론 우리는 살다 보면 누구나 일시적인 침체기를 겪는다. 뭔가를 시도했다가 실패하고 좌절할 수밖에 없는 인생이다. 이럴 때 '내가 하는 일이 의미가 없나?' '이게 이 조직에 도움이 안 됐나?' 하면서 침체기를 겪는 것이 일반적이다. 다만 이 과정을 슬기롭게 극복해 나가는 게 이 단계의 핵심 문제라고 할 수 있다.

어느 누가 매사에 불평불만과 비판적 태도를 가지면서 사람들이 다 날 싫어하는 것을 바라겠는가. 그런데 나도 모르게 그런 일들이 반복된다면 내가 큰 생산성에 너무 비중을 두지는 않았는지 생각해 볼 필요가 있다. 소소한 어떤 일을 해냈을 때도 우리는 충분히 생산적인 인생을 살아간다고 할 수 있다. 길가에 핀 작은 꽃이 그냥 그 자리에 있어도 누군가에게는 기쁨이 될 수 있듯이 거창한 것이 아니라도 충분히 누군가에게 도움을 줄 수 있다는 것을 기억하면 좋겠다.

자아통합과 절망 단계

마지막 8단계는, 자아통합과 절망 단계이다. 이 단계는 노년기의 단계인데, 평균 수명이 길어지면서 이 단계를 시기적으로 딱 어느 나이 대라고 구분하기가 어려워졌다. 80-90대 노인이라도 생산성 단계에 있을 수 있기 때문이다. 혹은 이른 사람들은 50대부터 자아통합 단계가 시작되기도 한다. 그래서 나이로 구분하기보다는 총체적으로 노년기 마지막 단계라고 이해하면 좋겠다.

우리는 필연적으로 쇠퇴를 경험할 수밖에 없다. 기독교 심리학자 김용태 교수가 "우리는 살면서 죽는 연습을 하는 존재다"라는 말을 했다. 예를 들어 인간은 태어나 8년을 살면 여덟 살이라고 한다. 나이는 이렇게 살아온 시간을 숫자로 제시한다. 그런데 이것은 곧 우리가 살아야 할 인생이 줄어들고 있다는 말이기도 하다. 이렇게 살면서 죽는 것을 동시에 한다는 말이다. 우리는 이렇게 죽음을 향해서 가는 인생이다.

쇠퇴를 경험하면서 사회적인 역할도 줄어든다. 젊어서 아주 풍성한 사회생활을 했더라도 노년기에 접어들면 그 역할들이 줄어든다. 이 사실을 내가 수용하지 않으면 어떤 증상이 나타난다. 내가 혈기왕성하던 시절만 생각하면서 무리하다가 번아웃이 오기도 하고, 내가 원하는 만큼 할 수가 없다는 사실을 마주하며 내적 갈등을 겪기도 한다. 이런 내면의 갈등은 필연적으로 존재하는 시간이고, 이것을 해결해야 하는 시즌이 바로 노년기이다. 이 시기에 우리는 살아온 생애를 돌이켜보고 그것이 가치가 있었는지, 의미가 있었는지 평가하게 된다. 그런데 우리 인생이 꼭 의미 있는 일만 있었을까. 아니다. 후회되고 아쉬운 일, 속상했던 일, 안타까운 일, 인생을 다시 산다면 절대로 하지 않았을 결정들도 수두룩할 것이다. 어느 누가 오점 없는 인생을 살겠는가. 우리가 이런 것들을 인정하고 한계를 받아들이면서 그 안에서 의미를 찾아가는 것이 바로 이 자아통합 단계이다. 떠올리기 힘들고 후회되는 인생의 어느 한 부분이 있더라도 전체적으로는 지나온 인생에 만족하면 그것이 곧 자아통합을 이룬 것이다.

다시 강조하지만 인생을 꼭 성공적으로 살았기 때문에 자아통합을 이루는 것이 아니다. 실패를 거듭하며 보내온 인생이더라도 그럭저럭 나름대로 가치가 있었다고 느낀다면 이것이 자아통합으로 옳게 가고 있는 것이다. 그런데 의외로 사회적으로 부와 지위를 얻고도, 소위 성공한 인생을 산 것 같은데도 노년기에 이르러 이 자아통합을 못 느끼는 사람들이 꽤 있다. 자식들도 번듯하게 키웠고, 내로라하는 집안과 결혼도 시켰고, 떵떵거리면서 살아왔는데 그래도 여전히 부족한 것 같고 열등하다는 생각에서 벗어나지 못한다. 그런데 어떤 사람은 '가난한 환경에서 그래도 내가 우리 가족 삼시 세끼 굶기지 않으려고 열심히 살았다' 하면서 만족한다. '그래도 내가 이 가족을 해체시키기 않고 꾸역꾸역 여기까지 잘 왔구나' 하면서 의미와 보람을 찾는다. 자아통합을 이룬 것이다.

'내 인생이 가치가 있었나? 의미가 있었나?' 같은 질문은 참 주관적이다. 누가 어떤 기준을 가지고 '당신 인생 가치 있었어!'라고 결정해 주는 것이 아니다. 이때 내 인생에 혐오감을 느끼면서 받아들이지 않으면, 심한 경우 내 한계를 수용하지 않으면 다른 인생을 시도하는 데 급급할 수 있다. 다른 인생을 시도한다는 게 뭘까. 예를 들어 내가 지금 50대 여성인데, 이렇게 살아가는 인생이 너무 마음에 안 든다. 하나도 가치 있게 산 것 같지 않다. 그러면 '내 인생이 의미 있는 삶이었다'라는 것을 반증하고 싶어진다. 그럴 때 자녀가 있으면 모든 화살이 자녀에게로 쏠릴 수 있다. 자녀에게 "내가 너를 키우면서 이렇게 애썼으니 이제 너도 나한테 해야 할 몫을 보상하거라" 하면서 무리한 요구를 하는 것이다. 지금까지는 꽤 괜찮은 성품으로 살아온 것 같은데 갑자기 노년기가 되면서 성품이 옹졸해지고 괴팍해지는 이유가 여기에 있다. 갑자기 말이 없어지거나 관계를 소홀히 하기도 한다. 폐쇄적으로 가는 것이다. 인생을 잘 살아오다가 마지막 단계에서 이러는 것이 참 안타깝다.

이 단계에서 심리적 과제가 잘 수행되지 않는 또 다른 이유가 있다. 죽음에 대한 과도한 두려움에 압도되는 것이다. 이럴 때도 절망감이라는 부정적인 특성이 야기된다. 여기에 대해서 김용태 교수는 "우리 크리스천들은 중간 세상에서 살아야 하는 존재다"라며 좋은 팁을 준다. 에릭슨도 부정적인 특성을 완전히 경험하지 않으면 긍정적인 특성도 발달하기 어렵다고 이야기한다. 그래서 두 가지 특성이 발달하되 긍정적인 특성 쪽으로 조금 더 기울어져야 건강하다고 할 수 있는 것이다.

예를 들어서, 어떤 남자가 폭력적인 아버지 밑에서 자랐다. 그래서 이 남자가 "나는 앞으로 결혼해서 가정을 이루면 절대 가족에게 폭력을 쓰지 않을 것이다!"라고 다짐했다. 이 남자가 이렇게 다짐하게 된 것은 아버지의 폭력을 경험했기 때문이다. 결혼 생활의 목표가 폭력을 쓰지 않겠다는 점에만 힘이 들어가면, 다른 엉뚱한 곳에서 문제가 생긴다. 폭력은 쓰지 않지만 인상을 쓰고 있다든지, 화가 나서 동굴에만 들어간다든지, 소통을 단절하는 등의 증상이 생긴다. 이 역시 폭력의 다른 양상이 된다. 폭력이 너무 싫지만 우리 안에 일부분 폭력적 성향이 있을 수 있다. 그래서 우리가 죄인이라는 것이다. 꼭 물리적인 폭력만이 아니라 지나친 통제도 일종의 폭력으로 이해할 수 있다. 따라서 우리가 '이거 아니면 저거' 식의 흑백논리로 상황들을 바라볼 것이 아니라, 내 안에 폭력적인 모습이 있을 수도 있고, 없을 수도 있다고 여기며 마음에 여유를 두는 것이 중요하다. 이렇게 중간 세상에서 살려고 할 때 오히려 더 건강하게 인생을 채워 나갈 수 있다. 화를 절대 내지 않겠다고 다짐하는 사람도 자칫 한쪽으로 치우치게 될 수 있다. 죄인은 치우친 쪽에서 다른 증상을 만들어 낼 수밖에 없다. 그러므로 우리는 화를 내기도 하고 참기도 하는 중간 세상에서 살아야 한다.

우리가 죽음을 너무 두렵고 막연한 것으로만 여기면서 죽지 않으려고만 한다면 어떻게 될까. 병리적 반응이 나타날 수 있다. 이미 우리는 살아온 만큼 죽음을 향해 가는 인생인데, 젊어서만큼 다리도 쌩쌩하지 않고 고관절도 저려 오는데 이것을 받아들일 수 없다면서 수고해 봐야 뾰족한 수가 없다. 40년 전에 만 보 걸었다고 지금도 만 보를 너끈히 걸을 수 있겠는가. 내가 지금 3천 보를 걸을 수 있다는 것을 수용할 수 있어야 한다. 중간 세상에 산다는 것이 바로 이런 것이다. 하나님이 허락하신 삶의 여정에서 허락해 주신 만큼의 건강을 누리며 사는 것 자체에 의미가 있는 것이다. 그것이 내가 살아온 인생도 존중하고 또 다가올 죽음에 대해서도 수용할 수 있는, 진정한 자아통합의 단계라고 할 수 있을 것이다.

10
chapter
소통도 건강하게 하세요

에릭 에릭슨의 심리사회 발달단계를 좀 더 확장해서 기독교적으로 이해해 보고자 한다. 전체를 다 다루지는 않고, 그중 1단계 신뢰와 불신, 2단계 자율성과 수치, 3단계 주도성과 죄책감 단계를 다뤄 볼 것이다. 신뢰 단계를 다뤄 보려는 것은 우리가 하나님을 믿느냐 믿지 않느냐, 신뢰하느냐 신뢰하지 않느냐 하는 것이 결국 신뢰와 불신 단계와 관련이 있기 때문이다. 아울러 하나님은 우리를 자율성과 주도성을 가진 고유한 존재로 창조하셨다. 이 에릭슨의 심리사회 발달단계를 기독교적으로 이해해 봄으로써 하나님이 창조하신 인간의 본래 모습에 대해, 그리고 건강한 상호작용에 대해 생각해 보고자 한다.

신뢰 단계의 기독교적 이해
첫째는, 신뢰와 불신에 대한 기독교적 이해이다. 크리스천에게 "하나님을 믿으세요?"라고 묻는다면 대부분 "당연하죠"라고 답할 것이다. 그런데 만약 "내 옆에 있는 아무개님을 믿으세요?" 한다면 어떨까. 사람을 믿는다는 것은 참 쉽지 않다. 만약 내가 유아기 때 부모님이 일관성 있게 행동해 주지 않으셔서 내가 이 신뢰 단계에서 불신이 발달한 상태라면 더더욱 사람을 믿을 수 없을 것이다. 앞서 이야기했듯이 이렇게 신뢰가 발달하지 않은 사람에게서 나타나는 행동이 있다. 의심하는 것이다. 타인과의 관계에서도, 심지어 나와의 관계에서도 끊임없이 의심한다. 남을 의심하기도 하지만, 나 스스로를 못 믿기도 한다. 그래서 계속해서 확인한다. 이런 행동들은 서로의 관계를 해치기도 한다.

발달심리학자들은 인간에게 행동의 변화를 일으키려면 그 행동이 수정될 때까지 일관성, 지속성, 항상성을 갖고 무엇인가를 해야 한다고 말한다. 일관성, 지속성, 항상성이 뭘까. 무엇인가를 변함없이 계속, 꾸준히 해주는 것이다. 만약 사랑하는 사람이 내게 "나 사랑해?"라고 묻는다. 처음에는 "그럼, 당연하지. 사랑해"라고 말해 준다. 그런데 이런 질문을 매일, 수년에 걸쳐 매일같이 듣는다면 어떨까. 만약 질문에 지쳐서 "이제 그만 물어봐" 한다면, 이것은 일관성, 지속성, 항상성이 없는 것이다. 이때 사랑하는 사람은 믿음의 문제가 미해결 과제로 남게 된다. 그런데 만약 항상 일관되게, 지속적으로 "그럼, 당연하지. 사랑해"라고 말해 준다면 어떨까. 그럴 때 상대방은 내면에 미해결 과제로 남았던 신뢰의 영역이 나로부터 채워질 것이다. 언제까지 해주어야 하냐고 질문할 수 있다. 또 얼마만큼 해야 하냐고 질문할 수 있다. 결핍의 크기만큼 채워 주는 시간, 양, 질이 필요하다.

이것이 이웃을 정서적으로 사랑하는 방법이라고 제안하고 싶다. 우리는 이웃을 사랑하는 것이 무엇인지 알고 있다. 배고파서 굶는 사람이 있을 때 음식을 주는 것이다. 옷이 없어 떨고 있는 사람이 있을 때 옷을 주는 것이다. 무엇보다 핵심은 하나님을 모르는 사람에게 복음을 전하는 것이다. 우리가 왜 복음을 전해야 하는가. 이웃을 사랑하라는 하나님의 명령을 지키기 위해서이다.

그런데 현대사회에서 사람들이 참 괴로워하는 영역이 이 정서적인 영역이다. 믿고 싶은데 믿어지지 않아서 너무 괴로워한다. 배우자가 다른 짓을 하지 않을 거라는 걸 정말 믿고 싶지만 믿어지지 않아서 여러 가지 행동을 하고 증상을 발현시킨다. 교회에 와서 하나님을 믿고 싶은데 믿어지지 않아서 괴로워한다. 우리 구역 식구들, 목장 식구들이 나를 소외시키지 않을 거라는 걸 너무 믿고 싶지만, 내가 살아온 인생의 여정에서 그렇게 나를 신뢰하며 대해 준 사람이 없어서 이게 안 믿어져 괴롭다.

심지어 좀 믿어질 때, 한편으로 좋으면서 그 믿음이 가짜일까 봐 또는 사라질까 봐 불안해진다. 불안하면 또 확인하려고 하다가 투사적 동일시가 일어나서 그나마 생긴 믿음마저도 사라지게 만드는 행동을 한다. 투사적 동일시는 불안을 줄이기 위해 익숙한 환경으로 되돌아가는 행동이다. 예를 들어 사람들이 나를 소외시킬까 봐 두려웠는데 공동체에 소속되어 안정감이 들었다. 좋기는 한데 혹시 그 사람들이 나를 소외시킬까 봐 한편에 불안한 마음이 있다. 그때 다정하게 말하는 게 어렵고 친절하게 진심으로 인사하게 되지 않는다. 타인을 대할 때 냉소적, 부정적 태도로 대하거나 사람들이 좋아하지 않을 만한 행동을 한다. 그러면 다시 소외되는 일이 일어난다. 그제야 소외되면 어쩌나 하는 불안이 줄어들면서, '역시 사람들은 나를 소외시키는구나'라고 마음을 굳히게 된다. 사람들을 좀 믿어 보려고 다시 불신의 영역으로, 이전의 삶에서 익숙한 상태로 회귀한다. 이런 현상을 투사적 동일시라고 한다.

그런 사람들을 비난만 할 일이 아니다. 이웃을 정서적으로 사랑한다고 할 때, 상대방의 결핍되어 있는 영역을 정서적으로 채워 주는 행동이 사랑일 것이다. 신뢰가 되지 않아서 고통스러워하는 지체에게 우리는 그 사람을 믿어 주고, 또 그 사람이 우리를 믿도록 기다려 주는 것. 위의 경우처럼 투사적 동일시를 일으켜서 뾰족뾰족한 행동을 할지라도 밀어내지 않는 태도가 사랑이다. 우리가 하나님이 사랑하시는 그 명령에 순종해서 상대방이 뭔가를 믿을 수 있도록 정서적으로 일관성, 지속성, 항상성을 가지고 상호작용을 한다면 그들이 신뢰, 믿음의 영역으로 넘어올 수 있는 기반을 마련하게 될 것이다.

자율성과 주도성 단계의 기독교적 이해

둘째는, 자율성과 주도성에 대한 기독교적 이해이다. 하나님이 우리를 자율적이면서 주도성을 가지고 살아가도록 창조하셨다는 사실을 앞에서 계속 살펴보았다. 이런 자율성과 주도성을 확보하지 못할 때 우리 삶이 어떠할지, 그리고 자율성과 주도성을 해치는 일들이 우리 안에서 어떻게 일어나는지를 살펴보고자 한다. 앞 장에서 자율성과 주도성이 발달하지 못할 때의 부정적인 측면이 자기의심과 수치심, 그리고 죄책감이라고 했던 것을 기억하면서, 이해해 보면 좋겠다.

우리는 알게 모르게 타인의 자율성을 많이 침범한다. 예를 들어 무례한 도움 행동이 있다. 교회에 어떤 사람을 딱 보니 도움이 필요해 보인다. 그래서 오지랖 넓게 "집사님, 이리 와 봐. 내가 하라는 대로 해" 하면서 도움을 주려고 한다. 순수하게 돕고 싶은 마음에서 시작할 수 있는데 사실 당사자는 그 조언이 불편할 수 있다. 도움이 필요한 사람들은 이런 도움이 처음에는 좋다. 그러다가 반복되면 뭔가 불편해져서 완곡하게 거절을 표하는데도 "무슨 소리야. 내가 하라는 대로만 하면 집사님 되게 편해질 거야" 하면서 무례한 단계로까지 나간다. 이것이 그의 자율성을 침범하는 것일 수 있겠다는 생각을 해봐야 한다.

우리가 잘 아는 가스라이팅이 자율성 침범의 극단적인 예이다. '너는 나 없이는 안 될 거야' '나는 너보다 너를 더 잘 알고 있거든' 이런 식의 메시지를 옆에서 계속 듣는다면 어느 순간 그 말이 맞는 거 같고, 내가 어떻게 살아야 할지를 그 사람이 더 잘 안다고 생각하게 된다. 내 삶의 주체가 상대방이 되는 것이다. 내 인생인데 내가 고민하고 결정하자니 두려워지고, 의존성이 더 커진다. 벗어나고 싶어도 혼자 살 수 없을 것 같은 두려움에 압도되어 파괴적인 관계를 유지하는 사람들이 있다. 이만큼 자율성을 침범한다는 것은 무서운 일이다. 사랑이라는 탈을 쓰고 일어나니 알아차리기 어려울 수 있다.

우리 주변에 도움 받기나 도움 청하기를 지나치게 못 하는 사람들이 있다. 이런 마음도 건강한 상태라 볼 수는 없다. "죄책감을 잘 느껴 버릇하는 사람"이라는 개념이 있다. 길트 프론니스(Guilt Proneness)인데, 죄책감이라는 심리적 주제가 삶에 많은 영향을 주기 때문에 이런 개념이 나왔다. 이 개념이 쉽게 이해되지 않을 수 있는데, 쉽게 말해 '죄책감을 잘 느끼는 사람' 정도로 받아들이면 좋을 듯하다. 코헨과 그의 동료 학자들은 스스로를 질책하는 경향성 있는 사람들을 연구했다. 이런 사람들은 사회적인 지지를 덜 구한다고 한다. 그러니까 "나 좀 도와주세요"라는 말을 잘 못한다는 것이다. 바로 옆에 도움받을 만한 사람이나 사회적 시스템이 있음에도 도움을 구하는 행동을 안 한다는 것이다. 그리고 스스로를 과하게 질책하는 경향성이 있는 사람들과 그렇지 않을 사람들에게 동일한 과제를 주면서 전문가 그룹과 능력치가 낮은 그룹 중 협력자를 선택할 수 있도록 옵션을 줄 때, 스스로를 질책하는 경향성이 있는 사람들은 능력치가 낮은 사람들을 골랐다. 상대방의 발목을 잡을까 봐 협력을 피하는 것이다.

우리 주위에도 죄책감을 잘 느끼는 사람들이 많다. 규칙을 지키는 게 중요하고 슈디즘(당위적 사고)이 큰 사람일수록 초자아가 강하다고 할 수 있는데, 초자아가 강할수록 주위에 민폐를 끼치면 안 된다는 생각에 사로잡혀 있기도 하다. 얼핏 이웃에 피해를 주면 안 된다는 생각은 건강해 보인다. 그런데 다시 생각해 보면 좀 이상하지 않은가. 인간은 어차피 죄인이다. 우리는 이 땅에 혼자서는 살아갈 수 없다. 어울려 살다 보면 주변의 도움을 받게 될 때도 있고, 내가 도와야 할 일도 생긴다. 민폐를 끼치지 말아야 한다는 지나친 강박은 오히려 나 자신을 해치는 결과를 가져온다.

물론 도움받는 것을 너무 아무렇지 않아 하고, 나아가 '나는 도움 받는게 당연해' '아무도 나를 안 도와주니까 내가 이렇게밖에 살 수 없는 거야'라고 생각하는 것도 건강하진 않다. 그러나 도움받는 것 자체를 너무 괴로워하면서 민폐 끼치는 일이라고만 생각하고 죄책감 느끼지 않아도 된다. 사마리아 여인이 우물물을 길으러 나왔을 때, 예수님이 그녀에게 다가가 "내게 물 좀 다오" 하셨다. 이것은 부탁이었다. 그녀는 정오에 물을 길러 올 정도로 사람들을 피했고, 관계적으로도 아주 어려워 자존감이 낮을 수밖에 없었다. 그런데 그녀에게 예수님이 무언가 부탁하셨을 때, 그녀는 '아, 내가 쓸모 있는 사람이구나'라는 것을 느꼈다. 도움을 주고받는 경험은 모두에게 유익할 수 있다.

그런데 우리가 여기에서 주의 깊게 살펴볼 부분이 있다. 이렇게 도움이 필요한 사람에게 예수님이 다가가신 방법이다. 예수님은 "내가 도와줄게. 너 이렇게 해야 한다"고 하시지 않았다. 다만 "내게 물 좀 다오"하고 상대방을 존중하며 다가가셨다. 심지어 예수님 자신이 도움이 필요하다고 요청하시는 모습이다. 우리도 누군가를 돕고자 할 때 "내가 하라는 대로 하면 돼" 하면서 상대방의 자율성을 침범하면서 몰아붙이면 안 된다. 혹시 도움이 필요한지 물어본다거나 내가 어떤 도움을 주기를 원하는지를 물어보면서 곁에 있어 주는 것만으로도 충분한다. 기회가 되면 도움 받을 수 있는 기관이나 제도 등이 있다는 정보 정도는 알려줄 수 있겠다. 그러고 기다리다 보면 어느 틈에 "나 도움이 필요해"라고 말해 올 수 있다. 그때까지는 조금 기다려 줄 필요가 있다. 그들의 자율성을 존중하는 것이다.

어린 자녀들은 부모의 절대적인 도움이 필요한 시기가 있지만, 사춘기 이상 자녀들을 대할 때도 이런 태도가 필요하다. "엄마가 도와줄 수 있어. 엄마가 도와줄게. 이렇게만 해!"라고 말하는 것은 자율성을 침범하는 것이다. "내가 너를 좀 돕고 싶은데, 괜찮아?"라고 물어보거나 "내 도움이 필요하면 얘기해"라고 말하고 기다려야 한다. 그래야 자녀의 자율성이 존중된다. 만약 성인기 자녀와 잘 지내고 싶은 마음이 앞서서 "이번 주말에 시간 좀 내. 엄마가 너한테 좀 사줄 게 있어"라고 말했다고 해보자. 상황에 따라서 그것도 좋은 방법이지만, 자율성을 존중한다면 "이번 주말에 너랑 데이트를 좀 하고 싶은데, 네 생각은 어떠니?" 하고 의견을 물어보는 것이 좋다. "내 생각은 이런데, 네 생각은 어때? 나와 생각이 다르면 이야기해 주렴. 네 의견이 우리에게 도움이 될 것 같아"라고 말할 때 자녀의 자율성과 주도성을 여는 상호작용이 될 수 있다.

아울러서 내 자율성을 스스로 존중해 줄 필요가 있다. 앞서서도 이야기했지만, 누가 "뭐 드실래요?" 하는데 아무 생각 없이 "아무거나요" 한다거나 "나는 괜찮아요"를 습관적으로 하는 것은 나를 존중하지 않는 것일 수 있다. 한 번쯤은 '나는 뭘 원하지?'라고 스스로에게 질문을 던져볼 수 있어야 한다.

크리스천이 흔히 "내 주권을 하나님 앞에 드린다"는 고백을 많이 한다. 그런데 그 주권이 내게 있었던 적이 있어야 하나님께 드릴 수 있지 않을까. 적어도 '내 주권을 드린다'라고 말할 때 주체가 나여야 한다. 만일 내가 나로 살아 본 적이 없다면, 엄마가 살라는 대로 살았거나 아빠가 원하는 대로 살았다면, 내가 한 번도 행사해 본 적이 없는 주권을 하나님 앞에 어떻게 드리겠는가.

"내가 하나님 앞에 순종합니다" 할 때도 마찬가지이다. 순종하는 주체가 나여야 한다. 하나님이 창조 때 주신 자율성과 주도성을 가진 주체자로 있어야 한다. 이것은 나르시스틱한 것과는 다른 개념이다. 사울이 말끝마다 '내가, 내가, 내가' 했던 것과는 다르다. 하나님이 창조하신 그 자율성과 주도성을 갖고 있는 내가 나를 소외시키지 않는다는 의미가 있다. 선택의 기로에서 '내가 원하는 게 뭐지?' '내가 어떻게 하면 좋을까?' '내가 이런 반응을 하네?' 하면서 내가 순종하고 결정해야 하는 것이다.

자율성과 주도성이 결여될 때 자기애성 성격장애나 회피성 성격장애, 의존성 성격장애로 이어질 수 있다. 요즘 점점 회피성, 의존성 성격장애가 젊은 세대 안에서도 확산되고 있다. 그만큼 자율성과 주도성이 침범받는 상호작용이 많다는 뜻일 것이다. 회피성이 뭘까. 어려운 과제가 있으면 해결하려 하지 않고 직면하지 못하는 것, 못 본 척하고 피하는 것이다. 그러면서 의존성으로 이어지는데, 이런 사람들은 종종 '내 문제를 당신이 좀 대신 해결해 주세요'라는 태도를 취한다. 안타깝게도 성장 과정에서 부모의 개입이 많을수록 회피성 또는 의존성이 될 가능성이 높다. 어려움을 스스로 해결해 본 경험보다 부모가 대신 해결해 준 경험이 많은 것이다. 그러다 보면 자기 확신이 점점 부족해지고, 내가 뭘 원하는지, 뭘 하고 싶은 것인지 직면하지 못한다. '지금 내가 당한 어려움이 뭘까? 이걸 내가 어떻게 헤쳐 나가면 좋을까?'라는 생각을 해본 경험이 많지 않고, 그러다 보니 '나는 할 수 있어!'라는 자기 확신이 떨어진다.

자율성과 주도성을 지키려면

자율성과 주도성을 빼앗지 않는 팁이 있다. 첫 번째는, '질문하기'이다. 이게 간단해 보여도 쉽지 않다. 우리가 보통 자녀에게 "학교에서 어땠니?"라고 물어본다. 그런데 어떤 사람들은 이런 질문을 못 한다. 자녀에게서 "힘들었어요" "학교에서 외로워요" "요즘 친구와 문제가 좀 있어요" 등의 부정적인 대답이 돌아올 것이 두려운 것이다. 연애를 시작할 때, 소위 '썸 타는 단계'에서 "저를 만나는 게 좀 어떠세요?"라는 질문을 못 하는 것과 비슷하다. 행여 상대로부터 "사실 좀 별로예요"라는 대답이 돌아올 것이 두려운 것이다.

우리가 질문하지 않으려고 하는 일이 자율성과 주도성을 뺏는 일들이다. 어떤 엄마는 집에 온 자녀에게 "너 배고프니?"라고 물어보지 않고 밥을 차린다. 배가 고플 거라고 짐작만 한 것이다. 그런데 자녀는 배고프지 않았다. 집에 오는 길에 친구와 떡볶이를 사 먹고 왔다. 그래서 밥을 안 먹으면 어떻게 될까. 화가 난다. 질문을 해도 문제이다. 엄마가 자녀에게 "오늘 학교에서 어땠어?" 하고 물었더니 아이가 "나 오늘 좀 힘들었어"라고 했다. 이때 어떤 엄마는 "그러게 엄마가 어제 일찍 자라고 했지? 밤에 만날 게임하고 잠을 안 자니 학교에서 힘들지" 한다. 걱정돼서 하는 말인 것은 알지만, 자녀는 자신을 이해하려고 하는 것 같지 않고 오히려 이 말이 잔소리로만 들린다. 자녀가 힘들었다고 할 때, "아이고, 힘들었어?" 라고 반영한 다음에, 뭐가 힘들었는지 물어본다면 건강한 상호작용이 이루어질 수 있다.

자율성과 주도성을 지키기 위한 팁 두 번째는, '경계 세우기'이다. 먼저는 시간적인 경계를 세워야 한다. 예를 들면, 사역자들과 뭔가 의논하기를 원할 때 휴가 기간인지, 퇴근 이후 시간인지 등을 고려해 보는 것이다. 내가 원하는 것들이 있더라도 조금 담아 두고 기다려 보자. 공간적인 경계도 지켜야 한다. 대표적인 것이 노크하는 것이다. 자녀 방에 들어갈 때 문을 벌컥 열고 들어가지 말아야 한다. 때로는 전화 통화를 하고 싶을 때 상대방의 일정을 고려해서 먼저 문자메시지로 통화 가능한 시간을 물어볼 수도 있다. 이렇게 말하면 어떤 사람들은 "너무 선 긋는 것 아닙니까?" 한다. 그런데 그동안 자율성과 주도성을 많이 침범하고 침범받았던 관계에서는 정반합이 필요하다. 경계를 좀 세웠다가 관계가 조금 건강해지고 수그러들었다면 다가갈 수 있다.

자율성과 주도성을 지키기 위한 팁 세 번째는, '추측하지 않기'이다. '애가 지금 기분이 이럴 거야'라는 생각은 그저 내 짐작이다. 이런 것들을 좀 줄여 갈 필요가 있다. 앞서 말했듯, 우리는 모호한 상황에서 불안할 때 그 상황을 명료화하려고 행동을 드라이브한다. 불안을 줄이려는 움직임. 추측이나 짐작하는 행위도 모호한 상황을 모호하게 내버려두지 못해 일어난다. 자녀가 들어오면서 한숨을 쉰 것을 가지고 학교에서 자녀에게 큰일이 있었을 거라고 짐작하고 자녀의 친구나 친구 엄마에게 전화해서 무슨 일 있냐고 알아보려고 한다면 좀 이상하지 않을까. 추측하지 말고, 직접 자녀에게 무슨 일 있는지, 한숨을 쉬는 이유가 있는지 등을 물어보는 상호작용이 자율성과 주도성을 지켜 주는 일이다. 물론 대답을 듣지 못하더라도 말이다.

자율성과 주도성을 지키기 위한 팁 네 번째는, '역할 주기'

이다. 예컨대 기도제목을 물어본다거나 중보기도를 요청하는 것이 여기에 속한다. 예를 들어 자녀가 친구랑 다퉜다. 그럴 때 "걔 전화번호 내놔 봐" 하는 것보다는 "그 아이랑 다퉈서 네가 속상했겠다. 너는 어떻게 하고 싶어?" 하고 물어보는 것이다. 자율성을 존중하는 것이다. 나아가 "엄마가 어떻게 도와주면 좋겠니?" 하고 물어본다. 어떤 아이는 이런 질문을 받았을 때 대답을 못 한다. 그렇다고 다그치지 말고, "생각나면 이야기해 줄래?" 하면 된다. 배우자와도 마찬가지이다. 아내가 시댁 때문에 힘들어한다. 그러면 남편이 "속상하겠네. 당신은 어떻게 하고 싶어?" 하고 물어봐 주는 것이 좋다. 나아가 "내가 어떻게 도와주면 좋겠어? 생각나면 얘기해 줄래?"라고 물어본다. 이런 것은 관계 안에서 연습이 필요하다. 우리가 할 수 있는 좋은 질문 하나가 "내가 당신을 위해서 기도하고 싶은데 어떻게 기도하면 좋을까?"이다.

그리고 책임과 통제를 구별해야 한다. 누군가를 통제하는 건 자율성을 침범하는 것이다. 예수님이 맹인 거지 바디매오에게 "네게 무엇을 하여 주기를 원하느냐" 하고 물어보신 것이 과연 몰라서였겠는가. 누구나 그의 1번 소원이 눈 뜨는 것이라는 걸 알았을 것이다. 그런데도 물어보신 것은 그와 상호작용하길 바라신 것이다. 자율성과 주도성을 인정하는 것은 결국 상대와 상호작용하겠다는 능동적 태도이다.

위의 내용들이 타인의 자율성과 주도성을 빼앗지 않는 내용이라면, 스스로 나의 자율성과 주도성을 지키고 키우는 팁들이 있다.

첫째, '민폐 끼치는 행동을 피하지 않기' 또는 '도움을 편안하게 구하기'이다. 이상하게 들릴 수 있지만, 앞서 말했듯이 우리가 죄인이라는 것을 구체화해 볼 때 우리는 누군가에게 피해를 끼치지 않을 수 없는 존재이다. 그런데 피해를 끼치지 않으려는 게 삶의 목적이 된다면, 민폐를 끼치지 않겠다는 삶의 본질이 되고 그러다 보면 나라는 존재가 얼마나 중요한지를 놓치게 되는 원리가 있다. 사마리아 여인에게 도움을 구했던 예수님의 모습을 통해 우리가 얻어야 할 교훈은 누군가에게 도움을 구하는 행동, 더 나아가서 부담을 주는 행동이 때로는 필요하다는 것이다. 우리는 그럴 수밖에 없는 존재임을 받아들이면 좋겠다. 물론 평소에 수많은 민폐를 당당하게 끼치는 사람들에게는 해당하지 않는 이야기이다. 민폐 끼치는 걸 죽기보다 싫어하는 사람들에게 해당되는 주제임을 기억하길 바란다.

둘째, '욕구를 알아차리고 정서적으로 표현해 보기'이다. 이 말 역시 이상하게 들릴 수 있다. 자기 욕구가 무엇인지 알아차리기를 어려워하는 사람이 생각보다 많다. 내담자 중에 먼 곳에서 운전해서 오는 분이 있었다. 사전 설문지에 호소 문제를 적는 난이 있는데, '죽고 싶은 마음이 들어서 상담을 신청함'이라고 적혀 있었다. 본격적인 상담을 시작하면서 내가 물었다.

"살고 싶으신가요?"

"살고 싶으니까 여기까지 멀리 운전해서 왔지요."

내가 다시 물었다.

"그래요. 얼마나 힘드시면 이렇게 멀리까지 운전해서 오셨겠어요. 그런데 살고 싶으세요?"

"몇 번을 말씀드려요. 살고 싶으니까 지금 여기 온 거잖아요."

나는 질문의 방법을 바꿨다.

"제게 ○○ 씨의 마음을 알려 주시겠어요? '선생님, 저 살고 싶어요'라고 얘기해 주실 수 있으신지요?"

무슨 이야기를 하는 것인지 눈치챘는가. "살고 싶으니까 여기까지 왔지요"와 "내가 살고 싶습니다"는 완전히 다른 이야기이다. 그는 어렵게 입을 열어 "네. 저 살고 싶어요"라고 말하면서 많이 울었다.

생각으로 말하는 것과 마음으로 말하는 것은 엄청난 차이가 있다. 어떤 때에는 내가 무엇을 원하는지도 잘 모를 수 있다. 내 상태를 기술하는 것 또는 해석해서 표현하는 것은 내 마음을 돌보는 것이 아닐 수 있다. 내가 뭘 바라는지, 바랬는지를 정서적으로 접촉하면서 표현하는 것이 진정으로 마음을 돌보는 일이다. 이게 생각보다 어렵다. 구별도 잘 안 된다. 우리가 훈련받지 않아서 그렇다.

셋째, '자책하는 마음 줄이기'이다. 이 역시 우리가 하나님이 아니기 때문에 부족하거나 실수할 수밖에 없고, 따라서 부정적인 마음이 들 수 있는 존재임을 인정하는 데서부터 출발해야 한다. 또 앞 장에서 살핀 여러 가지 욕구가 있다는 것도 수용해야 한다.

한번은 신앙생활을 신실하게 하는 가정에서 자란 내담자가 있었다. 상담 과정에서 어린 시절이 떠오르지 않을 정도로 많은 억압이 있었다는 사실을 알았다. 초자아로 여러 가지 욕구를 억압하고 있다 보니 신경증적 불안이 심했다. 신경증적 불안은 용납할 수 없는 욕구들이 튀어나올까 봐 억압기제를 강하게 사용함으로써 일어나는 불안이다. 그러다가 어렵게 기억 하나가 떠올랐는데, 열 살 때 동생에게 장난감을 양보했던 일이었다. 부모님의 동생에게 양보하라는 말씀에 슬퍼하다가 양보했는데, 그날 저녁에 누나가 되어서 장난감을 선뜻 양보하지 못했던 자기 모습을 반성하면서 괴로워했다고 했다. 하나님이 기뻐하시는 일을 자신이 주저했다며 반성했다는 것이다. 그래서 나는 그때 얼마나 슬펐는지, 그 장난감을 얼마나 주기 싫었는지를 물어봤다. 그러자 "그러면 안 되잖아요. 누나인데…. 그리고 하나님이 물건을 나누어 쓰는 걸 기뻐하시잖아요"라고 대답했다.

자아(ego)는 한없이 약하고 초자아(superego)만 크게 자리 잡은 심리 구조라고 할 수 있다. 그러나 그렇지 않다. 장난감이 내게 얼마나 소중했는지, 그래서 그 장난감을 얼마나 양보하고 싶지 않았는지 내 마음을 아는 것이 중요하다. 율법적인 기준 또는 양보해야만 한다는 당위가 더 우선되다 보면 자아감이 취약해진다. 자책이 우선되면 내 자아는 취약해지고 내 자율성과 주도성을 약하게 만드는 순환으로 이어진다는 것을 기억하면 좋겠다.

마지막으로 '구별하기'이다. 어떤 상황이 벌어졌을 때 내가 할 수 있는 것과 할 수 없는 것, 하고 싶은 것과 하기 싫은 것, 해야 하는 것과 하지 않아도 되는 것을 구별해 보아야 한다. 그뿐 아니라 짐작과 사실을 구별하는 것도 연습하면 좋겠다. 앞서 시댁 때문에 힘들어하는 아내에게 남편이 "내가 어떻게 도와주면 좋겠어? 생각나면 얘기해 줄래?"라고 물었을 상황을 예로 들어 보자. 이때 아내가 어떤 것을 도와달라고 말했지만, 그 부탁을 다 들어 주지 못 할 수도 있다. 남편의 상태도 있으니, 남편은 아내가 요청한 것 중에 도와줄 수 있는 것과 없는 것을 구별해야 한다. 그러면 아내는 뭐 하러 말하라고 했느냐고 반문할 수 있다. 그런데 그렇지 않다. 아내가 원하는 게 뭔지를 듣는 것, 아는 것 자체가 의미가 있다. 상대방이 뭔가에 대해서 답했을 때 다 들어 주어야 한다고 전제하면, 이미 압도되어 오히려 아내에게 물어 볼 수 없게 된다. 그러면 상호작용을 시작도 못 하게 된다. 그렇게 되면 아내는 더 외로워진다.

남편은 남편의 몫이 있고 아내는 아내의 몫이 있다. 남편은 물어볼 수 있고, 아내는 대답할 수 있으며, 아내의 요구에 대해서 남편은 자신이 할 수 있는 것과 할 수 없는 것을 구별해서 행동할 수 있다는 사실을 기억하기 바란다.

11

chapter

가족은 사회적 관계가 아니라,
정서적 관계입니다

누가복음 24장에 보면 엠마오로 가는 두 제자가 부활하신 예수님과 만나는 장면이 나온다. 두 제자는 예루살렘에서 30리 거리의 엠마오로 가는 길이었다. 30리는 약 11킬로미터 정도이다. 이 먼 길을 함께 걸으며 둘은 무슨 대화를 나눴을까. 14절에 보면 "이 모든 된 일을 서로 이야기하더라"라고 했다. 이후 구절을 보면 두 사람이 예수님의 십자가에서 죽으심과 부활 사건을 두고 이야기하고 있었다는 사실을 알 수 있다.

그런데 재미있게도 그 길을 부활하신 예수님이 동행하신다. 그들은 예수님을 알아보지 못한다. 16절에 보면 "그들의 눈이 가리어져서"라고 한다. 어쨌든 제자들이 예수님에 관해 이야기를 나누고 있고, 당사자인 예수님이 그 곁에서 이야기를 함께 들으며 동행하는데, 제자들은 예수님을 알아보지 못하는 아주 흥미로운 상황이다.

그때 예수님이 두 제자에게 물으신다.

···너희가 길 가면서 서로 주고받고 하는 이야기가 무엇이냐···
17절

예수님이 정말로 그들의 이야기가 무슨 말인지 몰라 물으셨겠는가. 그러면 뻔히 알면서 두 제자에게 이렇게 물어보시는 이유가 뭘까. 제자들은 이 질문을 듣고 걸음을 멈춘다. 그리고 "아니, 예루살렘에 있었으면서 요 며칠 거기서 일어난 일을 당신 혼자 모른다는 말입니까?" 한다. 그러니까 예수님이 또 물으신다.

이르시되 무슨 일이냐··· 19절

제자들은 그동안 예루살렘에서 있었던 일들을 이야기해 준다. 이렇게 이야기를 나누다가 마침내 목적지에 도착했고, 날이 저물어 그들은 쉴 곳을 찾아 들어간다. 그리고 그곳에서 함께 식사한다. 예수님은 거기서 떡을 가지사 축사하시고 떼어 그들에게 주셨고, 그때 제자들은 눈이 밝아져 예수님을 알아본다. 성경은 하나님의 우리를 향한 말씀이니, 심리 정서적인 측면 즉 마음의 원리에 대해서도 알려 주신다고 믿기에 이 장면을 읽을 때이게 심리 정서적 측면과 참 연관이 있겠다는 생각을 했다.

옳고 그름이 우선되지 않는 관계

엠마오로 향하는 제자들에게 나타나신 예수님을 통해 정서적 관계의 특징에 대해 생각해 보았다. 정서적 관계란 무엇일까. 사회적 관계가 아닌 관계이다. 대표적인 것이 가족이다. 가족은 정서적 관계이지 사회적 관계가 아니다. 그러면 정서적 관계의 특징은 뭘까.

사회적 관계에서는 '옳으냐, 그르냐' '잘했냐, 못 했냐' '성취가 얼마나 있냐' 같은 사항이 중요하다. 그런데 정서적 관계는 이런 것들이 중요하지 않다. 정서적 관계는 친밀함을 우선한다. 즉 이 관계의 목적은 친밀함이다. 하나님과의 관계도 마찬가지이다. 만약 하나님이 우리에게 "너 이거는 잘했는데, 이건 못 했다" 하시거나 "그 일은 옳은 일이 아니다. 너는 옳지 못한 일을 했다"는 말을 먼저 하시는 분이라면 어떨 것 같은가. 과연 우리가 그분과 친밀해질 수 있을까. 그런데 성경은 다윗이, 아브라함이, 모세가 하나님과 얼마나 친밀했는지를 이야기한다. 하나님이 그들을 친구로 부르셨다는 것이다.

그러면 친밀한 관계에서는 어떤 일들이 수반되어야 할까. 누가복음 24장으로 돌아가서 예수님이 제자들에게 나타내신 것들을 차례로 살펴보자.

첫째로, 예수님은 엠마오를 향하는 제자들에게 다가가셨다. 그리고 동행하셨다. 다른 버전 성경을 보면 '가까이 가서'라고 표현한다. 이것은 마치 우리 인생길을 동행해 주시는 하나님의 모습을 보여 준다. 먼 여정을 가까이 가서 동행한다는 것은 정서적으로 친밀한 관계에서 일어나는 일이다. 그런데 이때 제자들이 뭔가 엉뚱한 이야기를 한다. 사실 그들은 예수님의 부활을 확실히 믿지 못했다. 그분이 자기들을 구원해 줄 메시아인 줄 알았는데 죽었다는 사실에 낙심하고 있었다. 부활하셨다는 소문이 있지만 의심하고 있었다. 그러나 예수님은 그들과 정서적인 관계에서의 친밀함을 갖기 원하셨다. 그래서 그들에게 가까이 가셨다.

둘째로, 예수님은 그들에게 "무슨 일이 있었습니까?" 하고 두 번이나 물어보셨다. 자녀가 하교하여 집에 온다. 기운이 없어 보인다. 선생님과 상담을 했는데, 요즘 학교에서 문제가 좀 있다고 한다. 때로는 꼭 이유를 들어서가 아니라 그냥 자녀에게 무슨 일이 일어났는지 뻔히 알 때도 많다. 그리고 그럴 때 어떻게 하면 이 문제가 해결되는지도 알고 있다. 그런데 낙심해 있는 자녀에게 "야, 너 이런 일 있었다며? 뭐 그런 일로 고민해? 그건 이렇게 하면 금방 해결되잖아" 하면 어떻게 될까. 문제 해결은 쉽게 될 수 있다. 그런데 부모와 자녀 사이 상호작용 과정을 통한 친밀함이 생기지는 않을 것이다. 이때 엄마가 "무슨 일이야? 왜 이렇게 기운이 없어?"라고 물어보면 두 사람 관계는 상호작용을 풍성히 할 수 있다. 마치 엠마오로 올라가는 두 제자에게 예수님이 물어보신 것처럼 말이다.

셋째로, 예수님은 제자들이 경험한 것을 먼저 이야기하도록 기다리셨다. 이렇게 뭔가를 모른 척 묻고, 상대가 먼저 이야기할 수 있도록 기다리는 일, 이것이 정서적 관계에서 일어나야 할 대표적인 일이다. 우리는 긴장하면서 겪은 이야기를 내가 풀어낼 때 긴장이 내려가는 경험을 한다. 선교사님들이 선교지에서 사역한 후 돌아왔을 때 디브리핑이라는 것을 한다. 선교지에서 겪었던 일들, 사건과 상황들, 심지어는 트라우마가 될 만한 이야기들을 스스로 얘기하면서 정리하도록 돕는 활동이다. 이때 듣는 사람은 어떤 평가나 판단을 하지 않고, 화자가 편하게 얘기하도록 촉진자로서 있어야 한다. 스스로 이야기하다 보면 해석도 되고 정리도 되면서 새로운 조망도 생긴다. 이게 말의 기능이라고 할 수 있다.

넷째로, 예수님은 제자들의 말을 충분히 들으신 후에 옳은 방향을 자세히 설명하셨다. 25-26절에서 "이르시되 미련하고 선지자들이 말한 모든 것을 마음에 더디 믿는 자들이여 그리스도가 이런 고난을 받고 자기의 영광에 들어가야 할 것이 아니냐" 하셨다. 정서적 관계라 할지라도 옳고 그름을 제시해야 한다. 다만 타이밍이 중요하다.

다섯째로, 예수님은 제자들과 음식을 함께 드셨다. 이것이 뭘까. 식탁 교제이다. 이때 예수님은 "너희 어떻게 나를 못 알아볼 수 있니?" 하면서 어떤 평가나 판단을 하지 않으셨다. 그저 그들과 떡을 떼셨다. 함께 식사하는 것의 중요성은 크리스천이라면 익히 알고 있겠지만, 뭔가를 같이 먹을 때 생기는 친밀감은 정

성경적 마음 이해 ─── 편한 마음

서적 관계에서 꼭 필요하다.

이렇게 다섯 가지 과정을 거치고 나자 제자들에게 어떤 변화가 일어났는가. 그제야 눈이 열려서 예수님을 알아본다. 이것이 정서적 관계에서 나타나야 할 모습이다. 옳고 그름을 판단한다거나 누가 더 잘했고 잘못했는지를 따지는 것보다는, 서로 만나 이야기를 묻고 들으며 교제할 때, 즉 건강하게 상호작용할 때 친밀함이 생길 수 있다.

우리는 가정에서도, 교회 공동체 안에서도 "똑바로 하세요" "제대로 좀 하세요"라는 말을 종종 한다. '똑바로' '제대로' 이런 말들은 긴장하게 하고 멀어지게 만든다. 다른 예로, 우리가 교회에 모임이 있는데 한 분이 연락도 없이 한 시간이나 늦었다. 어떻게 하겠는가. "집사님, 지금이 몇 시예요? 11시에 모이기로 했으면 11시까지 오셔야죠" 한다. 이런 옳은 말들이 굳이 필요할까. 그 집사님이 이 당연한 사실을 몰라서 지각했겠는가. 대신 우리가 "걱정했어요. 무슨 일 있으셨어요?" "피치 못할 사정이 있으셨겠지요? 이야기해 주실 수 있으시겠어요?" 하고 경험을 나눌 수 있도록 기회를 준다면 어떨까.

특히 교회 안에서는 온갖 사건 사고들이 벌어지고, 그러다 보면 잘못된 정보가 전달되기도 한다. 사실과 다른 소문들이 돌기도 하면서 오해하고 마음 상하는 일들이 생긴다. 그러다 보면 정말 세상에서와 다를 것 없이 서로를 손가락질하고 막말하면서 싸우기도 한다. "당신 그러고도 장로냐? 권사냐?" "기도하는 사람 맞아? 성경을 읽은 건 맞아?" 한다. 그러나 때로 억울한 일이 있더라도 "권사님, 왜 그러셨는지 제가 궁금해요. 이유가 있을까요?" 하고 물어본다면 어떨까. 물론 쉬운 일이 아니다. 정서적으로 얽힌 것들이 있으면 더 속상하고 화가 날 것이다. 그렇지만 우리가 예수님을 닮아 가려는 크리스천으로서 방향성을 상호작용과 친밀함에 둔다면 좋겠다.

이렇게 서로 감정이 상하고 난 뒤에 우리가 식탁 교제를 할 수 있을까. 당연히 어렵다. 식탁에서 음식을 앞에 두고 교제한다는 것은 매우 특별한 일이다. 서로 긴장감을 내려놓고 이런저런 대화를 나누는 자리이기 때문이다. 식탁 앞에서는 일의 성과나 목표 같은 것들을 브리핑하지 않아도 된다. 때로는 결론 없이, 맥락 없이, 두서없이 얘기해도 전혀 이상할 것 없는 곳이 식탁 앞이다. 생각해 보라. 우리가 보통 연애할 때 애인과 밥을 먹으면서 대화한다. 그런데 이때 어떤 의도를 두고 맥락을 갖추어 조리 있게 이야기하는가. 그렇지 않다. 회사 이야기하다가 갑자기 친구 이야기가 떠오르기도 하고, 친구 이야기하는데 문득 과거 경험이 떠오르기도 한다. 상대방이 이렇게 생각나는 대로 이야기한다고 해서 "너 지금 그렇게 장황하게 얘기하면 안 되지?" 하는가. 그렇지 않다. 연인들은 그냥 의식의 흐름대로 나누는 대화를 즐기고, 거기에서 친밀감을 느낀다. 이렇게 친밀해야만 이루어질 수 있는 대화가 있다.

그런데 우리가 결혼하고 자녀를 키우면서 피곤에 찌들어 있으면 상대방이 의미 없이 늘어놓는 이야기가 피곤해진다. 그러면 "그래서, 무슨 말이 하고 싶은 거야?" 한다든가 "결론이 뭐야?" 한다. 그러면 말하는 사람은 이런저런 이야기를 늘어놓다가도 뜨끔해진다. 거리감이 생긴다.

또 우리는 어떤 일이 벌어지고 난 다음에는 꼭 교훈을 얻으려고 한다. 결론을 내리고 싶어 한다. 자녀들과 식탁에서 대화할 때도 꼭 교훈을 주면서 대화를 마무리하려고 한다. "그러니까 잘하자" "노력하자" 하는 것이다. 이상하지 않은가. 가정은 정서적 관계이다. 사회적 관계가 아니다. 따라서 가정은 구성원이 서로 친밀하면 된다. "그랬구나" "정말 별일이네" 하고 대화가 끝나도 이상할 것 없다.

자녀가 부모와 한 상에서 밥 먹기 싫어하면 혹시 내가 너무 아이들에게 교훈을 주려고만 한 것은 아닌지 돌아보자. 친구가 늘 내게 "너는 이게 문제야, 이건 고쳐야 해" 하고 말하면 만남을 유지할 수 있을까. 늘 나를 지적하고 평가하고 비난하는 사람과 친밀하게 지낼 수 있을까. 이런 사람들을 계속 만나고 싶을까.

제자들과 한 상에 앉은 예수님은 그들을 비난하지도, 평가하지도 않으셨다. 왜 지금까지 나를 알아보지 못했느냐고, 왜 너희는 내가 부활한 것을 믿지 못했느냐고 서운함을 내비치지도 않으셨다. 다만 다가가 동행하셨고, 물어보셨고, 그들이 충분히 이야기할 수 있게 하셨고, 바른 방향을 알려 주셨고, 같이 음식을 잡수셨다. 그러자 그들의 눈이 밝아져 예수님을 알아봤다. 예수님께 친밀하게 나아갔다. 이것이 정서적 관계이다. 정서적 관계에서 옳고 그름을 내세우면 힘들어진다.

잘하든 못하든 존중하는 관계

정서적 관계의 특징 또 한 가지는, 유능함이 우선되는 가치가 아니라는 것이다. 뭘 잘하느냐 못 하느냐가 중요하지 않다는 말이다. 예를 들어, 자녀가 둘 있다. 한 자녀는 공부를 잘한다. 한 자녀는 늘 꼴찌만 도맡아 한다. 그러면 공부 잘하는 자녀는 필요하고 못하는 자녀는 필요 없는가. 부부 중에 한 사람은 집안일을 많이 하는데 한 사람은 못한다. 그렇다고 집안일 못하는 사람은 이 가정에 없어도 되는 존재인가. 그렇지 않다. 정서적 관계에서는 능력치의 정도와 상관없이 모두가 서로에게 중요한 존재이다.

사회적 관계에서는 조금 다르다. 유능한 사람들을 더 필요로 하고, 능력치에 따라 더 대접받을 수 있다. 능력치가 떨어지면 그만큼 패널티도 있다. 그러나 정서적 관계에서는 그렇지 않다. 가정에서 자녀가 공부를 잘해야만 인정받고, 좋은 대학, 좋은 직장에 다녀야만 존중을 받는다면 어떨까. 형제가 성적으로 차등을 두어 저녁밥을 먹는다거나 선물 받을 수 있는 기회를 얻을 수 있다면 어떨까. 이런 성공이나 성취는 가족의 목적이 아니다. 우리에게 가족이 있는 이유는 서로 삶의 동반자가 되어 주기 위해서이다.

우리가 이 차이를 알아야 하고 또 구분할 수 있어야 한다. 특히 교회 공동체는 정서적 관계이면서 동시에 사회적 관계이다. 능력치도 중요하지만, 그렇다고 성공이나 성취가 목적이 되어서는 안 된다. 정서적 관계는 정서적인 지지가 있어야 한다. 친구가 힘들 때, 실패할 때, 좌절할 때 서로 떠나지 않고 지지해 주는 경험을 제공함으로써 하나님의 부르심의 소명대로 살아가도록 돕는 관계가 정서적 관계이다.

내가 이 정도 이야기하면 어떤 사람들은 이렇게 말한다.

"그런데 배우자가 잘못된 행동을 계속 합니다. 그 일로 저를 너무 힘들게 합니다. 그런데 그걸 지적하지도, 바로 잡아주지도 않고 지켜만 보고 있어도 되나요?"

그러면 나는 거꾸로 물어보고 싶다. 잘못을 지적하고 고치라고 말해 주면 배우자가 그 행동을 고치는가. 성인 자녀에게도 마찬가지이다. 이것 고치라고 계속 알려 주니 바뀌던가. 물론 상대방이 잘못된 행동을 계속하는데 묵인하고 방관만 할 수는 없다. 잘못됐다는 것을 알려줄 필요는 있다. 그래서 잘못된 행동을 고쳐 나갈 수 있다면, 문제를 해결할 수 있다면 더할 나위 없이 좋을 것이다.

그런데 자칫 잘못된 방법으로 상대방의 잘못을 고치려다가 관계가 깨질 수 있다. 상대방에게 지나치게 상처를 줄 수가 있다. 자녀의 잘못된 행동을 바로잡겠다고 애쓰다가 결국 돌이킬 수 없을 정도로 관계가 깨져 버린 가정의 상황을 많이 봐 왔다. 상처

를 주는 한이 있더라도, 관계가 깨지는 한이 있더라도 바로잡아
야 할 정도로 중차대한 문제인지 아닌지의 판단에는 지혜가 필
요하다. 아무리 화가 나도 밥은 주고 혼내라는 옛 어른들의 말씀
이 바로 이런 것이다. 아무리 대단한 잘못을 저질렀다고 해도 엄
동설한에 무일푼으로 내쫓는다거나, "더는 내 자식 아니다! 호적
파 가라!" 같은 말은 해서는 안 된다. 좀 더 지혜롭게, 관계를 깨
트리지 않으면서 문제를 해결할 수 있는 방법은 없을까. 최소한
의 연결감은 유지하면서 문제를 해결해 보는 것이 어떨까 제안
한다.

한 번은 한 가족을 만났는데, 딸에게 성 중독이 있었다. 한
번 결혼했다가 이혼한 이력이 있었는데, 결혼 후에도 계속해서
다른 남자를 찾아다니고 만나느라 이혼하게 됐다. 그 가정의 아
버지는 교회에서 장로님, 어머니는 권사님이었다. 얼마나 억장
이 무너졌겠는가. 그런데 성 중독을 호소하는 사람 중에는 굉장
한 외로움, 공허함, 허전함을 느끼는 사람들이 있다. 이들은 타인
과 피부를 접촉하는 것만으로 지독한 외로움이 잠시 사라지는
것을 경험한다. 그러다 보니 자기가 성 중독인지, 아니면 외로움
때문에 그러는지를 잘 구분하지 못 한다. 이 내담자도 그런 경우
였다. 만나서 이야기를 나누다 보니 그녀의 마음에 굉장히 커다
란 구멍이 있었고, 그 사이로 찬바람이 쌩쌩 불고 있었다. 그러니
누구든 만나서 스킨십이라도 해야 그 허전함이 조금 채워지는
것 같은 느낌을 받고 있었다.

그녀에게도 신앙이 있었는데, 그러다 보니 이 공허감을 신앙의 힘으로 풀어 보려 애쓰고 있었다. 그런데 아무리 여기저기 훈련을 받아도 조절이 잘 되지 않았다. 그러니 이제는 죽고 싶다는 생각에 빠져 자살 시도를 하기에 이르렀다. 이럴 때 신앙이 있는 사람들은 대부분 영적으로 접근하여 해결하려고 한다. 사탄을 대적해야 한다면서 대적기도도 한다. 물론 대적기도에 대한 것에 상당 부분 동의한다. 그런데 그녀의 공허감은 과거 어린 시절 트라우마에 노출됐던 것이 잘 해결되지 않은 데서 기인하고 있었다. 그러다 보니 외로움을 극복하지 못하고 성 중독과 같은 양상을 보인 것이다.

그녀를 상담하면서 조금 놀랐던 부분이 있다. 그녀의 가족을 만났을 때였다. 그때 장로님이던 아버지가 내게 "걔는 더 이상 내 딸이 아닙니다. 인연을 끊으려고 합니다. 차라리 딸이 죽었으면 좋겠습니다"라고 말했다. 딸이 저러고 있는 것이 집안 망신이고 덕이 되지 않는다면서 말이다. 얼마나 고통스러우면 그렇게까지 말하실까 싶어 마음이 안 좋았다. 그렇지만 생명보다 귀한 것이 있는가. 괴로운 마음에 늘어놓는 넋두리라기엔 너무 지나친 말이었다.

가족이 도덕적으로 잘못된 행동을 할 때 우리는 너무 큰 실망감을 경험한다. 정말 가까운 사이기 때문에 더욱 충격이 크다. 그렇지만 "그건 잘못된 행동이니 더는 하지 마라!"라고 한다고 해서 문제가 해결되지 않는다. 잘못인지 몰라서 그 행동을 하는 것이 아니다. 그만하고 싶은데 잘 안 되는 것이다. 그런데 거기다가 "창피해 죽겠다! 집안 망신이다!"라고 윽박지르면서 이야기하면 정서적 지지를 얻을 수 없다. 행위에 대한 평가를 통해서는 정서적인 지지를 받을 수 없다.

만약 이때 가족이 "비록 이런 행동을 하더라도 네가 우리 딸이라는 건 변함이 없다"고 이야기해 줄 수 있었다면 어땠을까. 물론 주변 시선도 있고, 행동이 고쳐지지 않을 때 고통스러울 수는 있지만, 정서적 관계에서는 "그래, 너도 많이 힘들겠다"고 하는 상호작용이 있어야 한다. 무조건 "너 그러면 안 돼" "하나님 앞에서 그건 죄다"라고만 하면서 율법적으로 접근하면 정서적 관계라 보기 어렵다. 이렇게 정서적 관계에서는 친밀함이 옳고 그름보다 우선되어야 한다.

이게 쉽지 않다. 배우자가 외도를 하거나 경제적으로 어마어마한 손실을 끼치고, 주식 중독, 알코올 중독 등에서 빠져나오지 못하면 주변 사람들도 함께 너무나 고통스럽다. 그럴 때 "미쳤어?" "제정신이야?"라고만 하면 문제 해결의 실마리는 더욱 요원해진다. "당신이 그 행동을 지속하는 이유가 있을까?" "당신도 누구보다 괴로울 텐데 어찌하면 멈출 수 있는지 생각나는 게 있을까?" "혹시 나나 다른 가족이 어떻게 도우면 좋을지 있다면 알려줘요"라고 해보라. 주의해야 할 것은, 이런 상호작용은 '상대방이 그 행동이 잘못되었다는 사실을 인식하고 있을 때'라는 전제 조건이 있다. 그 잘못된 행동을 고치려고 노력하는데 그게 잘 안되는 상황에 해당하는 이야기이다.

친밀감을 방해하는 요인들

정서적 관계의 친밀함을 방해하는 요인들이 있다. 관계보다 내 진정성을 앞세우는 경우이다. 보통 '진정성'이라고 하면 우리는 좋게 생각한다. 그런데 이런 경우는 어떨까. 부부들을 상담하다 보면 상대방에게 애정 표현하는 것이 관계에 도움이 된다는 걸 알면서도 하지 않는 부부를 많이 본다. 왜 그런지 물어보면 "온전히 사랑하지 않는데 어떻게 사랑한다고 말합니까?" 또는 "좋을 때가 있지만 그렇지 않을 때도 있기에 사랑한다는 표현이 적절하지 않습니다"라고 한다.

나는 그런 분들에게 "배우자 분을 온전히 사랑하지 않는다는 말씀인 거네요. 그러면 사랑하는 마음의 그 크기를 0부터 100까지 숫자로 가늠해 본다면 어느 정도일까요?" 하고 묻는다. 그러면 "0은 아니고, 한 20 정도 되는 것 같습니다" 한다. 그러면 또 "내가 당신을 사랑한다고 얘기하려면 어느 정도일 때 가능할까요?" 하고 묻는다. 많은 사람이 "90이나 100은 되어야 할 것 같아요"라고 말한다. 이렇게 사람들은 자신의 진정성을 중요하게 여긴다. 마음이 100퍼센트가 아니라면 표현하지 못한다고 여긴다. 이런 사람들에게 이렇게 물어보고 싶다.

"하나님이 맺어 주신 배우자와의 관계보다 자신의 진정성이 더 중요하다고 생각하시는 건가요?"

마음을 표현한다는 것은 참 어렵다. 어떻게 말해야 우리 관계가 좋아질지 잘 알지만 진정성에서 가로막힐 때가 많다. 그런데 내 기준에 조금 못 미치더라도 하나님이 기뻐하시는 관계가 되기 위해 필요한 게 있다면 비록 20밖에 없는 감정이라 할지라도 표현해 볼 수 있는 것 아닐까. 내 진정성을 너무 중요하게 여기다가 하나님이 허락해 주신 관계를 해치고 있지는 않은가.

부모 자녀 관계에서도 마찬가지이다. 자녀들에게는 부모님의 칭찬이나 인정이 필요하다. 그래서 내가 "자녀에게 칭찬하는 것이 도움이 됩니다"라고 말하면 많은 부모님이 "칭찬할 게 있어야 칭찬을 하죠" 한다. 그런데 부모의 칭찬은 일종의 마중물과 같다. 칭찬 한마디가 마중물이 되어서 자녀를 움직이게 한다. "얘가 뭔가 잘하게 되면 그다음에 칭찬할게요"라는 말은 조건화된 반응이다. 정서적인 관계는 a하면 b한다는 거래식의 관계가 아니다. 뭐가 있어야 칭찬할 수 있다든지, 뭔가 선행되어야 인정이 나갈 수 있다는 식의 반응은 친밀감이 목적인 관계에서는 부적절하다.

진정성 외에도 친밀감을 방해하는 몇 가지 예가 있다.

첫째, '공로 의식'이다. "내가 이 집안을 위해 얼마나 고생했는지 알아?" 하는 것이다. 내가 한 수고와 노력을 알아 달라고 하는 것이다. 이런 사람들은 뭐만 하면 "이거 내가 한 거야" 한다. "너희가 이렇게 편하게 사는 거 다 내 덕분인 줄 알아" "10년 전 우리 교회에 이런 거 없었는데, 이렇게 좋아진 거 다 내가 한 거야” 한다. 이렇게 공로 의식으로 가득 차 있는 사람과는 친해지기가 참 어렵다. 물론 큰 교만으로 가지 않기 위해서는 자잘하게 자랑하는 것도 필요하다. 그러나 단순히 생색내는 차원이 아니라 '나는 당신들과 다르다'라는 전제가 있는 공로의식은 친밀감에 방해가 된다.

둘째, '흥정 의식'이다. '내가 이만큼 했으니 당신도 이 정도는 해야지' 하는 것이다. 이런 흥정 의식이 있는 사람들은 하나님에게도 흥정할 수 있다. “하나님, 내가 기도를 이만큼 했으니 이것은 들어주세요” 하는 것이다. 사람과의 관계에서는 어떨까. 자녀들에게 “너 엄마 아빠가 이만큼 해줬으면 성적으로 보답해야지” 하는 사람들이 있다. 반대로 “너 이거 안 해? 그럼 나도 안 해” 한다. 배우자와의 관계에서 이런 사람들이 많다. 우리는 인간인지라 당연히 어느 정도의 흥정 의식이 있을 수밖에 없지만 매사에 흥정하려고 하거나, 양보나 헌신이 없이 늘 정확하게 흥정하려고 하면 할수록 관계 친밀감은 어려워진다.

부부를 상담하다 보면 한쪽 배우자가 고통과 외로움 속에서 오랜 시간을 보낸 사례를 자주 만난다. 그럴 때 상담 과정에서 가해 배우자가 피해 배우자에게 “내가 그동안 당신을 정말 힘들게 했던 것 같아. 정말 미안해” 하고 진심을 다해 사과한다. 그 얘기를 들은 피해 배우자는 눈물을 참지 못한다. 한평생 그렇게 듣고 싶었던 이야기를 들었으니 얼마나 마음에 위로를 얻겠는가. 부부가 같이 손을 마주잡고 한참을 울다가 상담실을 떠난다. 과연 이 두 사람 사이가 좋아졌을까.

대부분 사과를 받은 배우자는 뭔가 모르게 계속 화가 난다고 하거나 아니면 다소 우울해진다고 말한다. 왜 그럴까. "내가 평생을 그 고통 속에서 살았는데, 미안하다 한마디로 퉁 치자고?" 하는 것이다. 사과한 사람은 "미안하다고 했는데 뭘 더 어떻게 하면 돼? 시간을 되돌릴 수 없잖아! 어쩌라고? 그만 좀 해!" 한다. 이런 것이 흥정 의식이다. '내가 미안하다고 했으니 너는 나를 용서해야지!' 하는 것이다. 차라리 미안하다는 얘기를 안 듣느니만 못 하다. 그 얘기가 너무 듣고 싶었는데, 막상 듣고 나니 허탈해지는 것이다.

이럴 때는 미안하다는 말과 더불어서 변화된 행동이 수반되어야 한다. 그게 없으면 피해 배우자는 억울한 마음이 더 들 수 있다. 어떻게 평생을 참으며 지내온 마음이 하루아침에 나아지겠는가. 이때는 흥정 의식보다는 공감과 인정이 필요하다. 가해 배우자는 피해 배우자가 화내는 마음을 공감해 주고 인정해 주며 행동의 변화를 통해 기다려 줄 수 있는 여유가 필요하다.

부모 자녀 관계도 마찬가지이다. 어느 부부가 사이가 좋지 않아 자주 다투는데, 그 일로 자녀가 우울과 무기력, 공황 증상, 대인기피증 등을 호소했다. 상담하면서 부모가 그 자녀에게 "우리가 몰랐다. 미안하다. 우리가 너에게 상처를 줬구나" 했다. 상담은 거기까지 하고 마무리하지만, 사실 자녀는 그때부터 또 다른 이유로 힘들어진다. 자녀에게는 여전히 과거의 상처가 남아

성경적 마음 이해 ─── 편한 마음

고통이 사라지지 않았는데, 부모는 "미안하다고 하면 됐잖아. 이제 그만 해라" 하는 것이다. 어떤 부모는 "부모가 애써 용기를 내서 미안하다고 했는데 안 받아들여?" 하는 태도로 다가간다. 그것은 문제 해결 방법이 아니다. 이럴 때 부모가 "그래, 네가 용서하는 데 시간이 좀 필요하겠지"라고 말해 주어야 한다. '그 시간을 기다리는 게 우리의 몫이겠구나' 하고 생각해야 한다. 용서는 사건이 아니라 과정이다. 따라서 용서하기 위해서는 시간이 필요하고 과정을 지나가야 한다.

셋째, '당위적 사고'이다. 우리에게 '이래야만 한다' 또는 '그러면 절대 안 된다'는 생각들이 있다. '배우자는 이래야 한다' '남편은 이래야 한다' '아내는 이래야 한다' '자녀는 부모를 공경해야 한다'는 식의 당위적 사고가 있다. 이런 당위적 사고가 강하면 강할수록 관계가 힘들어진다.

한 권사님이 외국에 사는 며느리에게 전화를 걸었는데, 며느리가 친구들과 있다면서 "지금 통화가 좀 곤란한데, 있다가 전화 드릴게요" 했다고 한다. 그런데 그 말에 권사님이 화가 너무 났다. "어떤 말이 그렇게 불편하시던가요?"하고 물었더니, "나는 시부모를 모시고 살았는데, 아무리 곤란하고 불편해도 다 감수했어요. 아무리 내가 하고 싶은 게 있어도 시부모님이 하라시는 게 있으면 다 제쳐놓고 시키신 일 했어요. 그런데 우리 며느리는 내 전화보다 친구와 만나는 걸 더 중요하게 생각하더라고요. 어떻게 그럴 수 있어요?"라며 속상한 마음을 토로했다. 이처럼 권사님에게는 '며느리는 무엇보다 시어머니의 전화를 일 순위로 두어야만 한다'는 당위적 사고가 강하게 자리 잡고 있었다. 우리 안에 이런 당위적 사고가 강하게 자리 잡고 있을수록 관계 회복이 어려울 수 있다.

그밖에 친밀감을 방해하는 요인 중에 불안이 있다. 불안에 대해서는 12장에서 더 자세히 다뤄 보도록 하겠다.

친밀감을 방해하는 관점들

친밀감을 방해하는 몇 가지 관점을 정리해 봤다.

첫째, '기능주의적 관점'이다. 인간을 기능으로, 즉 뭔가를 잘하고 못하는 것으로 평가하는 관점이다. 예를 들어 공부를 잘해야 좋은 학생이고, 부모의 말을 잘 들어야 좋은 자녀라고 생각하는 관점이다. 선교사 중 자신이 '사역을 더 열심히 잘해야 하나님이 기뻐하시고, 만일 사역에서 실패하면 왠지 하나님이 싫어하실 거 같다'고 하는 사람들이 있다. 자라온 환경에서 '무엇을 잘해야 칭찬이나 인정을 받으면서 자란 경우'에 형성되는 주된 특성이라고 할 수 있다.

그러나 기능하는 것과 존재적으로 존귀한 것은 분명히 구별해야 한다. 기독교적으로도 우리가 무엇을 잘 못하더라도 고귀한 존재라는 사실이 달라지지 않는다. 그런데도 뭘 잘해야 귀한 존재라는 생각은 경험에서 생긴 가치조건화라고 할 수 있다. 이러한 관점은 기능이 약하거나 부족할 수 있는 사람에 대해 낮게

성경적 마음 이해 ──── 편한 마음

평가하고, 더 낮게 기능하는 사람을 높이 평가하는 엘리트주의와 연결된다. 물론 기능을 잘해야 하는 영역이 있고, 이런 사람들을 유능하다고 말할 수는 있다. 그러나 유능과 무능의 주제는 존재의 존귀함 여부를 결정하는 요소가 아니라는 의미이다. 유능하다고 해서 더 존귀하다고 말할 수 없다. 그럼에도 우리가 기능적으로 부족하고 스스로의 기대에 미치지 못할 때, 마치 쓸모없는 사람처럼 느낄 때가 있다. 이때 올바른 신앙적 태도는 '아, 내가 무능하구나. 그렇다고 존귀하지 않은 건 아니지'라고 생각하는 것이다.

둘째, '결과중심적 관점'이다. 대화 중에 "그래서 결과가 어떻게 됐다고?" "결론이 뭐야?"라는 말을 잘하는 사람이 있다. 과정이 아니라 결과로 판단하는 것이다. 그러면 과정의 가치가 굉장히 평가 절하된다. 자녀가 최선을 다해서 공부했는데 시험 결과가 좀 안 좋게 나왔다. 그러면 최선을 다한 행동이 의미가 없어지는가. 그렇지 않다. 그 과정 자체가 충분히 의미 있다. 그게 어떤 다른 성과로 연결되지 않더라도 최선을 다해 본 경험 그 자체에 굉장히 의미가 있다는 말이다. 따라서 내게 뭔가를 결과만 보고 판단하려는 태도가 있다면, 과정의 가치도 중요하게 여기도록 관점을 바꿀 필요가 있다.

셋째, '성과지향적인 관점'이다. 돈이 많은 사람이 헌금하는 것과 한 과부가 두 렙돈 헌금하는 것에서 가치가 어느 것에 더 있는지 성경에서 배운다. 예를 들어, A는 어렸을 때 부모로부터 버림받고, 친척 집을 전전하는 환경에서 자라다가 다행히 예수님을 믿게 되었다. 정서적으로 자주 불안전함을 느끼기에 사람들과의 관계에서 피해의식이 있고, 그러다 보니 사람들에게 공격적으로 대하면서 상처 주곤 한다. A는 자기 모습을 회개하며 하나님 앞에서 씨름하며 줄여 가는 중이다. B는 편안한 부모님 밑에서 정서적인 지지를 받으면서 평안한 환경에서 자랐다. 가끔 B도 상처를 주는 행동을 하지만, A보다는 훨씬 좋은 성격이라는 칭찬과 인정을 주위에서 자주 들었다. 이때 단지 드러나는 모습만 보고 B가 더 훌륭하다고 말할 수 있을까. 보이는 성과, 양적인 가치에 집중하면 질적인 변화의 가치를 상실할 수 있다. 교회나 가정과 같은 공동체가 지나치게 성과를 지향하다가 혹시 본질을 놓칠 수 있음을 기억해야 한다.

마지막으로, '이성(과학) 우선적 관점'이다. 논리적이고 이성적으로 생각하고 판단해야 할 영역이 있다. 반면에 논리와 이성으로 설명할 수 없는 영역들도 있으며, 때로는 논리와 이성만 우선되면 안 되는 영역들이 있다. 정서적 관계인 가족이나 친구들과의 관계에서는 믿어지지 않아도 믿어 주어야 할 때가 있고, 이해되지 않아도 따뜻하게 지지해 주는 것이 힘이 될 때가 있다. 이런 것은 우리가 이미 경험하고 있다. 많은 부부가 부부싸움하다가 "너 왜 말이 앞뒤가 안 맞아? 너 지난번에는 그렇게 이야기 안 했는데 지금은 왜 말을 바꿔? 왜 거짓말해? 뭐 숨기는 것 있지?" 한다. 부부간 상호작용 기저에 '말이 앞뒤가 안 맞으면 안 된다'

'말이 바뀌는 것은 문제가 있다'는 관점이 흐르는 것이다. 이때 상담자마저 말의 앞뒤를 확인해 보려 하거나, 사실의 진위 여부에 집중하게 되면 상담은 산으로 가게 되다. 많은 관계에서, 사실 여부를 확인하려고 하다가 관계의 친밀성을 해치곤 한다. 역설적으로 인간은 합리적인 존재가 아니기 때문에 합리적이려고 노력한다. 그때 긴장이 생긴다. 따라서 어떤 관계에서는 두서없이, 맥락 없이, 또는 결론 없이 어설프게 이야기해도 되는 관계가 필요하다. 지난번엔 A라고 말했지만, 오늘은 좀 말을 바꿔도 되는 사이이다. 그런 사이가 정서적 관계, 친밀감 있는 관계라고 말할 수 있다.

어떤 사람들은 이렇게 말하면 "그게 바람직합니까?" "그러면 사람이 성장할 수 있겠습니까?" 한다. 그런데 정말 신기한 것은, 성장은 긴장이 풀어질 때 일어나는 현상이라는 것이다. 어딘가 한 군데에서만큼은 정서적 지지를 통해 긴장이 풀어질 때, 그 부르심의 소명에 집중할 수 있는 에너지를 얻을 수 있다는 것이다. 적어도 가정 안에서만큼은 좀 두서없이 맥락 없이 이야기할 수 있다면 어떨까. 가족 간에 친밀감을 방해받지 않도록 노력해 보면 좋겠다.

사랑도 마음이 평안해야
할 수 있어요

지금까지 하나님의 창조 원리에 기반하여 우리 마음의 원리들을 이해하고 해석해 봤다. 우리는 각각 개별적이면서 관계적인 존재로 창조되었기에 개별성을 가지고 연합하면서 살아가는 존재이고, 관계적 책임도 갖고 있다고 이야기했다. 이런 원리들을 알고 균형을 찾아갈 때 우리 마음이 건강해질 수 있다.

그런데, 이 균형을 방해하는 심리적 요인으로 가장 영향을 끼치는 것이 불안이다. 불안은 때때로 친밀감을 방해하기도 하고 부르심의 목적대로, 소명에 합당하게 살아가는 데에도 장애물이 될 수 있다. 불안 때문에 타인을 괴롭히기도 하고 과도한 소비를 하거나 중독에 빠질 수도 있다. 그렇다고 이 불안을 나쁘게만 볼 수 없다. 우리는 불안하기 때문에 내일을 대비하고, 또 기도도 한다. 그렇다면 불안은 오히려 긍정적이라고 평가할 수 있다. 따라서 불안은 좋다, 나쁘다로 설명할 수 없는, 중립적인 정서이다.

우리 중에 불안하지 않은 사람이 있을까. 덴마크의 철학자 쇠렌 키르케고르(Søren Aabye Kierkegaard)에 의하면 불안은 우리의 본질적인 부분이기에 완전히 사라지게 할 수 없다. 실존주의 철학자들은 인간을 세상에 던져진 존재로 표현한다. 따라서 인간은 실존적으로 불안할 수밖에 없다. 철학자들의 도움이 없더라도 성경을 보면 우리 인간은 죄를 지음으로써 하나님으로부터 소외된 상태가 되었고 유한한 존재로 살아가게 되었다. 미래를 알지 못하는 상황에서, 또 여러 가지 한계 때문에 불안은 어쩔 수 없이 찾아온다. 가족 치료의 선구자라고도 불리는 머레이 보웬은 가족 안에서 불안이 일으키는 현상이 있다고 말한다. 보웬의 가족치료 이론을 바탕으로 기독교적으로 우리가 이 불안을 어떻게 이해하고 또 볼 수 있을지, 또 친밀감과 관련시켜 이해해 보고자 한다.

연합을 방해하는 불안

믿음과 불안은 공통점이 있다. 먼저 믿음에 대해서 생각해 보자. 나는 여자이다. 오늘 아침에는 강의를 하고 왔다. 이런 정보를 믿어야만 알 수 있는가. 그렇지 않다. 이것은 믿음의 영역이 아니다. 지금까지 일어난 일들, 당연한 정보들이기 때문이다. 그런데 오늘 저녁에 가족과 외식하기로 했고, 자주 가는 식당 앞에서 만나기로 약속했다. 이것은 믿음의 영역이다. 가족 구성원이 약속을 반드시 지킬 것이라는 믿음이 있어야 마음 편히 약속 장소로 나갈 수 있다. 이처럼 아직 일어나지 않은 미래의 영역은 믿음이 필요하다. 불안도 마찬가지이다. 내 앞에 거친 사람이 있는데 나를 때리려고 씩씩거리리고 서 있으면 어떨 것 같은가. 아마 불안할 것이다. 저 사람이 내게 언제 어떻게 달려들어 폭력을 행사할지 모르기 때문이다. 또 저 사람에게 맞으면 얼마나 아플지도 알 수 없다. 그런데 막상 사건이 벌어져 흠씬 두들겨 맞고 나면 불안하지 않다. 이미 맞았기 때문이다. 이제는 불안보다는 통증에 따르는 고통과 수치, 분노 같은 감정이 남을 뿐이다. 이렇게 우리가 불안한 것은 앞으로 일어날 일 때문이다. 믿음도 불안도 미래를 모르기 때문에 경험하는 것이라는 공통점이 있다. 둘 다 미래를 현재에서 경험한다는 것이다.

간혹 우리가 불안할 때 믿음이 적어서 그런가 한다. 또 믿음이 강하면 덜 불안해지는 거 아닌가 싶다. 그럴 수 있다. 믿음이 분명하고 또렷해지면 모호해서 커지는 불안은 줄어들 수 있을 듯하다. 그러나 다른 한편으로는 심리적으로 과거를 사는 사람들이 있듯이 좀 더 미래를 사는 사람들이 있다. 심리 정서적인 에너지를 과거, 현재, 미래에서 어디에 더 사용하는가는 사람마다 약간씩 다르다. 과거에 축을 두고 사는 사람들은 '예전에 내가 그랬어. 예전에 잘 나갔지' 또는 '내가 그때 왜 그랬을까' 등 과거에 있었던 일에 더 에너지를 쓴다. 이런 사람들의 대표적인 정서가 후회나 자부심이다. 반대로 미래에 축을 두고 사는 사람들도 있다. 어떤 사람들은 비전이나 꿈을 향해서 전진한다. 이때 주된 정서가 설렘이나 기대이다. 그런데 앞으로 일어날 일들을 걱정하고 염려하는 데 에너지를 사용하는 사람도 있다. 이 사람들에게는 주된 정서가 불안이다. 과거나 현재에 축을 두고 사는 사람들보다 불안이 더 크게 작동한다. 그래서 섣불리 믿음이 부족해서 불안한 거라고 얘기할 수만은 없을 듯하다.

그렇다면 심리 정서적 측면에서 불안은 우리를 어떻게 행동하게 하기에 연합을 방해할까?

첫째, 인간은 불안하면 평가적인 반응이 더 나온다. 애매모호하면 더 불안하고, 뭔가가 뚜렷하고 분명해질수록 덜 불안하기 때문이다. 우리가 앞서 6장에서 방어기제와 함께 인지왜곡을 알아보면서 명명, 즉 레이블링에 관해 이야기했다. 주변 사람들의 행동이나 성향을 평가하며 꼬리표를 다는 것이다. 예컨대, '그 권사님은 너무 이기적이야' 라든가 '그 목사님은 너무 권위적이지' 하는 것이다. 왜 그런가. 불안을 줄이기 위해서이다. 그 사람의 행동이나 태도가 모호할 때, 왜 그러는지 해석이 잘 되지 않을 때의 불확실성은 불안하지만, '저 사람은 이기적이라 그래'라고 꼬리표를 달면 모호한 부분이 줄어드는 만큼 불안이 낮아지기 때문이다.

둘째, 인간은 불안하면 자꾸 확인하려고 한다. 모호함, 불확실성, 애매함을 줄이기 위해 통제하려고 한다. 자녀가 학교를 간다고 하고 나갔는데 연락이 안 된다. 그냥 학교 잘 갔으려니 하고 믿으면 되는데, 그게 잘 안 되고 계속해서 불안해하는 사람들이 있다. 불안이 높은 것이다. 그러면 계속해서 자녀에게 전화하고 위치를 묻는다. 심할 경우 위치 추적 애플리케이션을 활용하거나 자녀의 친구를 통해서도 확인한다.

셋째, 관계적으로 불안할 때, 불안을 혼자 다루기 어려워서 누군가와 밀착된 관계를 형성하기도 한다. 밀착이나 융해 관계는 친밀감하고는 다르다. 친밀감은 내가 온전히 나로 있고, 타인도 온전히 타인으로 있는 상태에서 두 개체가 서로 헌신하고 사랑하는 연합된 상태이다. 밀착이나 융해는 서로의 개별성을 유지하는 상태에서의 연합이 아니다. 예를 들어 자녀는 부모가 싸우면 불안을 경험한다. 부모가 걱정되기도 하고, 내 인생이 어떻게 되는 것 아닌가 하는 마음도 든다. 그런데 거기에 엄마가 자녀에게 "이거는 엄마 아빠 문제니까 너희는 신경 쓸 필요 없어"라든가 "너희 때문에 싸우는 게 아니야, 엄마랑 아빠가 알아서 해결할게" 해주면 자녀들은 불안이 줄어든다. 자녀 입장에서는 왜 싸우는지 언제까지 싸울 건지 나 때문인지 등의 정보가 모호하면서 긴장되고 불안해지는데, 부모가 너 때문이 아니라고 명료화시켜 주니 그만큼 불안이 줄어드는 것이다. 그런데 부모가 "너희 엄마 왜 저러는지 모르겠다" "내가 네 아빠 때문에 힘들어 죽겠다. 내가 너 때문에 산다" 그러면 자녀의 불안은 해소되지 않은 상태로 남는다. 그러면서 '우리 엄마(또는 아빠)가 굉장히 힘들구나' 하면서 그 말을 해준 엄마(또는 아빠)와 밀착된 관계를 형성한다. 이것을 보웬은 '융해관계' 또는 '밀착관계'라고 말한다. 융해는 개인의 불안을 다루기 위해 누군가와 지나치게 밀착됨으로써 자신의 개인적 특성인 개별성이 줄어들게 된다.

가족 안에서 융해는 많이 일어나는 현상으로, 이자 관계(두 사람의 관계)가 불안정할 때 다른 가족 구성원을 끌어들여 자신의 불안을 줄이는 방법으로 사용된다. 이런 과정은 의식적으로 일어나기보다는 무의식적이고 자연적으로 일어난다고 볼 수 있다. 예를 들어 남편이 외도할 때 아내가 너무 불안한 나머지 딸에게 남편을 비난하면서 자신의 어려움을 호소한다. 이때 딸은 엄마와 밀착, 융해되어 아빠를 같이 비난하게 된다. 이때 남편은 정서적인 배우자가 사라지기 때문에 그 공간을 채울 대체물을 찾는데 사람이 될 수도 있지만 일, 돈, 어떤 활동 등이 될 수도 있다. 꼭 외도 같은 큰 사건이 아니더라도 인생을 고달프게 희생하면서 사는 힘든 아버지를 보는 아들이 아버지와 융해될 수 있다.

이와 같이 불안이 우리 안에서 어떻게 움직이면서 연합을 방해하는지를 몇 가지만 기술해 보았다. 불안해서 평가적으로 반응하게 되고, 통제하려 하고, 누군가와 밀착 융해되려고 하면서 우리는 나의 개별성도 상실하고 연합도 놓치게 된다는 것을 알 수 있다.

그럼에도 연합해야 하는 이유

나단 애커만(Nathan Ackerman)이라는 학자가 "가족은 상호작용하는 요소들의 합이며 가족 구성원 모두는 유기적으로 연결되어 있다"고 말했다. 가족 또는 그만큼 밀접한 공동체는 서로 영향을 주고받을 수밖에 없다는 말이다. 상대방이 어떻게 지내느냐가 내게도 영향을 줄 수밖에 없고, 내가 어떤 상태냐가 상대에게도 영향을 줄 수밖에 없는 것이 가족 공동체라는 말이다. 그래서 각 구성원은 서로 유기적으로 연결돼 있다. 마치 그물망 같다. 그물망에 공이 떨어지면 어떻게 될까. 연결된 선들이 다 같이 출렁거린다. 공에 맞은 선뿐 아니라 망 전체가 출렁거린다. 가족도 마찬가지이다. 내가 출렁거리면 가족이라는 그물 전체가 출렁거린다. 밀접하게 연결되어 있기 때문에 영향을 받을 수밖에 없다.

현대로 갈수록 우리는 이러한 가족 간의 상호작용을 점점 더 이해하지 못한다. 가족을 내가 선택할 수 있는가. 그렇지 않다. 태어나면 내 선택과 상관없이 소속되는 곳이 가정이고 가족이다. 그리고 이 자유가 없는 소속은 내 인생 전반을 쥐고 흔들 정도로 강력한 것이다. 8장에서 매슬로의 욕구이론과 함께 소속에 대한 욕구를 알아보면서 과거에 비해 현대로 갈수록 우리가 강제적으로 형성되는 소속감이 약화되고 있다는 이야기를 했다. 지금 40-50대 이상을 살아가는 사람들은 과거 학창시절을 떠올려 보면 학교가 마음에 안 든다고 "나 자퇴하고 홈스쿨링할래요" 같은 생각은 쉽게 못 했다. 그런데 요즘은 그 시절보다는 좀 더 쉽게 자퇴나 홈스쿨링을 선택한다. 이웃이나 친구와 문제가

성경적 마음 이해 ——— 편한 마음

생기면 그 문제를 해결하는 선택지에 이사나 전학도 포함된다. 이런 선택지가 생겨서 더 파괴적으로 치닫는 결과를 피할 수 있기도 하지만 때로는 피하는 선택지가 많아질수록 우리는 타인과의 상호작용에 대하여서 씨름하며 성장하고 성숙하는 기회들을 잃는다. 일명 '지지고 볶는다'고 하는 것들이 많이 없어지는 것이다.

그러다 보니 개인이 선택하여 폐쇄적으로 고립되어 가는 현상도 일어난다. 대표적으로 은둔형 외톨이의 등장이다. 학교만 안 가는 것이 아니다. 그 어떤 공동체에도 소속하지 않는다. 처음부터 혼자 있는 것을 편의대로 선택한 것은 아니었을지라도 어쩌다 보니 사람들과의 접촉을 피해서 아무도 보지 않는 곳, 나 혼자 모든 것을 결정할 수 있는 곳인 집안, 내 방에서만 생활하는 것이다. 6장에서도 폐쇄성은 심리적 면역력을 저하시킨다는 말을 했다. 사람들을 대하는 게 힘들어서 혼자 있기를 선택하고, 외부와의 접촉을 줄이면 다양한 사람들이나 다른 자극에 노출될 기회가 더 줄어들 테고 그러면 폐쇄성이 더 심해지는 결과가 된다. 어쩌다 SNS나 외부 콘텐츠를 통해서 간접적으로 받아들이는 자극은 진짜 정보(사람들의 민낯)일 가능성이 낮다. 그리고 양방향의 쌍방적인 소통이 아니기에 고립에서 나오도록 돕는 큰 도움이 아닐 수 있다.

이렇게 고립되어 있을지라도 누군가의 영향을 받고, 고립된 나도 누군가에게 영향을 줄 수밖에 없다. 그래서 건강한 연합이 중요하다. 관계적 존재로 건강하게 연합하는 방법을 얘기해 보자.

균형과 분화

결국 우리가 가정 안에서, 공동체 안에서 정서적 건강을 이루어 가려면 개별성과 연합성의 균형을 이루는 것이 정말 중요하다. 개별성과 연합성의 균형을 이룬다는 것은 우선 내가 심리 정서적으로 건강하다는 의미이며, 관계적 존재로서 타인들과 건강한 관계를 맺고 있다는 의미인 동시에 타인들을 정서적으로 사랑하는 의미까지 포함된다. 즉 심리 정서적으로 나를 사랑하고 이웃을 사랑하는 것이다.

그렇다면 개별성과 연합성의 균형에 대해서 좀 더 구체적으로 살펴보겠다.

보웬은 개별성과 연합성의 균형을 자아분화라는 개념으로 정리한다. 그가 말하는 자아분화는 0부터 100까지의 수준이 있다. 낮은 수준은 분화되지 못한 미분화 상태로 다른 사람들에 의해 인생이 지나치게 휘둘리고 불안도도 높다. 기독교적으로 적용해 보면, 미분화된 상태에서는 내 소명에 집중하지 못하고 연합하지 못한 채 고립된다. 그런데 이 자아분화가 높은 수준으로 올라갈수록 내면이 단단하여 타인의 말이나 평가에 쉽게 흔들리지 않고, 자기 주관을 가지고 인생을 결정하며, 하나님의 창조의 목적과 부르심의 소명에 따라 굳건하게 나아갈 수 있다. 하나님은 나를 창조하신 목적이 있고, 부르심의 소명이 있다. 그리고 이

성경적 마음 이해 ——— 편한 마음

렇게 자아분화가 잘 이루어진 사람들은 배우자와 가족, 이웃과 건강하게 연합할 수 있다. 다시 말해 개별성을 가지고 살면서 다른 사람들과 필요에 따라 잘 연합하는 사람이라는 의미가 된다.

그렇다면 자아분화가 잘 이루어지지 않았을 때 가정의 모습은 어떻게 될까. 낮은 분화 수준과 관련된 몇 가지 행동들을 예로 들어 보겠다.

첫째, 다른 사람을 내 정서 상태에 끌어들이기이다. 보웬은 가정 안에서 형성되는 '삼각관계'에 관해 이야기한다. 혹시 엄마와 친하게 지낼 때 아빠를 배신하는 것 같은 느낌에 죄책감이 드는 사람이 있는가. 혹은 엄마가 불편해하는 가족 구성원과 친하게 지낼 때 엄마에게 미안한 마음이 드는가. 아빠와 좀 깊은 이야기를 나누고 싶고 밥도 같이 먹고 싶은데, 그럴 때 엄마에게 미안하다 못해 죄를 짓는 것 같은 불편함을 느끼는가. 엄마가 아빠에 대한 부정적인 감정이 있는 상태에서 내가 아빠와 친밀해지면 엄마를 배신하는 것 아닌가 하는 사고를 하는 것이다. 바로 이런 것이 개별성과 연합성의 균형을 깨는 대표적인 일이다. 내가 엄마의 인생에 밀착되어 있으니 나의 개별성은 훼손되는 것이다.

두 명의 관계에서 한 사람의 불안이 높아질 때, 그가 다른 사람을 끌어들여서 불안을 낮추는 행동을 한다. 앞서 아빠가 바람을 피우고 엄마가 불안이 높아진 가정에 관해 이야기하면서, 이때 엄마가 자녀에게 "네 아빠 정말 나쁜 사람이야" 하면서 자녀를 끌어들여 융해관계를 만든다고 했다. 이때 자녀는 엄마 인생을 본인이 책임져야 할 것 같은 부담이 생기면서 정서적으로 가라앉게 된다. 이것이 바로 보웬이 말하는 삼각관계이다. 그럴 때 자녀는 분화 수준이 낮아진다.

둘째, 간접 대화도 분화 수준이 낮아지는 행동이다. 엄마가 자녀에게 "야, 네가 아빠한테 가서 그 여자 만나지 말라고 얘기 좀 해봐" 식으로 말하면 자녀가 얼마나 힘들겠는가. 이럴 때 자녀가 "그걸 왜 나한테 말해? 엄마가 알아서 해!"라고 하면서 선을 좀 그어 주면 좋은데, '우리 엄마 정말 불쌍하다. 엄마가 얼마나 힘들면 나한테까지 이런 말을 할까? 내가 엄마를 좀 도와야겠다' 하면서, "알았어, 내가 얘기해 볼게" 하는 순간 엄마의 인생을 내가 어느 정도 내 몫으로 갖고 오게 되는 것이다.

헷갈리면 안 되는 것이, 만약 자녀에게 문제가 있을 때 부모가 서로 의논을 하다가 "내가 얘기하는 것보다 당신이 하는 게 좋을 것 같아"라고 해서 아들에게는 아빠가, 딸에게는 엄마가 대화를 시도하는 경우가 있다. 이것은 간접대화가 아니다. 이 경우는 두 사람이 의사결정을 통해서 어떤 방법이 더 효율적일지 합리적인 선택을 하는 것일 뿐이다. 간접대화란 직접 문제를 해결해야 할 당사자가 할 말과 그 책임을 제삼자에게 떠넘기는 것을 말한다. "네가 네 오빠에게 말해서 교회 좀 나가라고 말해 봐" "동생한테 네가 좀 얘기해서 공부 좀 하라 그래" 하는 식이다. 내가 하고 싶은 얘기를 다른 사람을 통해서 하게끔 할 때, 즉 간접대화가

성경적 마음 이해 ──── 편한 마음

자주 이루어질 때 그 두 사람 사이에 융해관계가 형성된다.

셋째, 가족 구성원 사이에 비밀이 많을 때도 분화 수준이 낮아진다. 비밀이 많아지면 짐작하고 추측하는 일이 많아진다. 이렇게 추측할 때 우리는 에너지를 많이 쓰게 된다. 예를 들어 집안에 마약중독자인 형이 있다고 해보자. 동생이 친구들과 어울리면서 "나한테 마약중독인 형이 있어"라고 말하면서 힘든 부분, 그렇지만 또 좋은 부분들을 허심탄회하게 이야기하면 큰 문제가 되지 않는다. 그런데 이 동생을 붙잡고 부모가 "어디 나가서 그런 말 하지 말아라" 하면 그때부터 이 동생은 부담이 생긴다. 밖에 나가서 친구들과 이야기를 나누면서도 '내가 이 말을 해도 되나? 하면 안 되나?' 하는 생각에 에너지를 너무 많이 쓰게 된다. 감추고 숨겨야 한다는 생각 때문에 부르심의 소명대로 에너지를 집중하지 못하고 분산시키게 되는 것이다. 그러면 분화 수준이 낮아진다.

요즘은 이혼율이 높아지고, 이혼 가정, 재혼 가정에서 자라는 자녀가 많지만, 예전엔 그러지 못했다. 그래서 여러 가정의 형태 속에서 자녀들이 그런 것들을 숨기면서 살아가는 일이 많았다. 그밖에도 부모가 알코올중독이 있거나 폭력성이 있을 때도 자녀는 집에서 당하는 고통을 쉽사리 친구들 사이에서 꺼내 놓지 못한다. 비밀을 가지고 안 그런 척, 안 힘든 척하는 것이 거짓 자기의 특징이라고 이야기했다. 이렇게 자기를 커버링하는 데 에너지를 너무 많이 쓰게 되면 부르심의 소명대로 살지 못하고,

그러다 보면 분화 수준이 낮아진다. 가족 비밀은 분화 수준을 낮게 하는 요인이다. 그럴 때 안전한 대상에게 자신의 고통을 조금씩 이야기해 보는 경험이 필요하다. 안전한 대상이 없다면 하나님 앞에 나아가 이야기해 볼 수도 있다.

넷째, 분화 수준이 낮을 때 감정적 압력에 기반에서 뭔가를 선택하게 된다. 이게 무슨 말인가 하면, 상대방은 그렇게 말하지 않았는데 나 혼자 그의 행동을 보고 '나한테 왠지 이런 요청을 하는 것 같아'라고 왜곡해서 생각하는 것이다. 예를 들어 엄마가 자녀에게 "이리 와서 이것 좀 도와라" 하고 말하면 자녀에게는 감정적 압력이 생기지 않는다. 직접적으로 얘기하는 것이기 때문이다. 그런데 엄마가 갑자기 설거지를 하면서 막 신경질을 부리고 짜증을 낸다. 그러면 자녀가 '내가 했어야 했는데, 내가 엄마를 너무 힘들게 하나?' '엄마가 나 때문에 저렇게 화가 났나?' 하고 추측하는 것이다. 이런 정서적 부담을 느끼는 것이 감정적 압력이다. 이런 감정적 압력에 기반해서 뭔가를 결정하는 일들이 반복되면 거짓 자기가 더욱 커지게 된다. 내가 목표를 세워도 다른 사람이나 환경에 쉽게 영향을 받는다. 내가 세운 목표와 계획이지만 자기 확신이 없다. 분화 수준이 낮은 사람들의 특징이다.

위에서 살펴본 예들은 분화 수준이 낮은 경우의 특징이기도 하지만, 그렇게 함으로써 더 분화 수준이 낮아지게 되는 패턴이기도 하다. 그렇다면 반대로 한다면 분화 수준이 올라간다는 의미가 된다. 즉 나의 정서적 상태에 누군가를 끌어들이지 않고 혼자 몫으로 있어 보기, 간접 대화를 줄이고 직접 대화를 시도해 보기, 가족 비밀을 안전한 대상에게 나누어 보기, 감정적 압력에 기반하여 얘기하고 싶어질 때마다 짐작하지 않고 언어화시켜 물어보기 등이다.

보웬은 분화 수준을 높이는 방법으로 다음의 방법을 이야기한다.

첫째, 나보다 분화 수준이 높은 사람하고 상호작용을 지속적으로 하는 것이다. 분화 수준이 가장 높은 사람은 누구일까. 비록 보웬이 기독교인은 아니었지만, 보웬의 이론을 기독교적으로 이해하고 접근하는 학자들은 예수님을 분화 수준 100으로 상정한다. 따라서 우리는 예수님과 상호작용할 때 분화 수준을 끌어올릴 수 있다.

둘째, 가계도를 그려 보는 것과 교육을 통해서 분화 수준을 올릴 수 있다. 가계도를 그려 보면 우리 집에 어떤 정서가 흘러가는지, 정서 처리를 어떤 식으로 하고 있는지, 세대 전수되는 패턴들은 무엇이 있는지 등을 알아차릴 수 있다. 가계도에서 자주 보는 패턴의 예가 중독, 외도, 차별, 집착, 단절, 소원한 관계, 분노, 우울, 통제, 회피 등이 있다. 또한 교육은 분화 수준을 올리는 좋은 방법이다. 심리학적인 정보를 얻으면서 우리 가족의 모습을 적용해 볼 수 있기 때문이며, 이런 종류의 책을 읽는 것도 일종의 분화 수준을 높이는 과정이 된다.

셋째, 과정 질문을 하는 것이다. 불안을 낮추면서 생각을 촉진시키는 질문 기법이 있다. 예를 들어 자녀가 집에 늦게 왔다. 엄마는 불안하다. 이 아이가 늦은 밤 무슨 일을 당하는 것은 아닐까 싶어 불안 지수가 급속도로 올라간다. 그러다가 자녀가 집 문을 열고 들어오면 "왜 이렇게 늦게 다녀!" 하고 화를 낼 수 있다. 그런데 이때 옆에서 누군가가 "애가 늦게 와서 뭐가 가장 걱정이 됐어?" "아이가 위험한 일을 당하면 당신 마음이 어떨 것 같아?" 식으로, 소리 질렀던 행동을 비난하는 것이 아니라 내 마음에서 무슨 일이 일어났나를 생각해 보게 하는 것이다. 과정 질문은 마음에서 일어난 일들을 과정적으로 바라보면서 처리하게 하는 효과가 있다. 이런 질문을 통해 내가 한 행동과 마음을 진지하게 들여다 볼 때 분화 수준이 높아질 수 있다.

나를 사랑하고 이웃을 사랑하기 위한 구체적 실천

지금까지 우리는 개별적인 존재인 동시에 관계적 존재로 창조되었기에 개별성과 연합성이 얼마나 중요한지를 보았다. 이것이 나를 사랑하고 이웃을 사랑하는 행위가 될 수 있음도 이해하게 되었다. 마지막으로 어떻게 나와 이웃을 사랑할 수 있는지, 구체적으로 무엇을 해볼 수 있는지를 살펴보겠다.

첫째, 나의 몫과 상대방의 몫이 있음을 인정해야 한다. 내가 상대의 몫까지 다 감당하려는 것은 개별성과 자율성을 침범하는 일이다. 어린 자녀가 설령 신발 신는 것을 어려워하더라도 한번 해보도록 하는 것이다. 사춘기 자녀가 친구 관계에서 어려움을 겪더라도 부모가 나서서 주도적으로 해결하기보다는, 부모는 돕되 자녀가 이 어려움을 주도적으로 해결할 수 있는 기회를 주어야 한다. 이런 과정에서 그 가족 구성원이 괴로워하는 모습을 견뎌야 할 수 있다. 신발을 신으려 하는데 잘 안 되면 아이가 짜증을 부릴 수도 있고 괴로워하겠지만, 그 과정을 기다려 주는 것이 부모의 역할이다.

간혹 부모가 싸우고 나면 자녀가 부모보다 더 괴로워하는 경우가 있다. 그 사이에서 어떻게든 부모의 사이를 좋게 만들기 위해 애쓰지만 잘 안 될 경우 자괴감에 빠지기도 하고, '나 때문이야'라면서 자책하기도 한다. 그러나 싸운 것은 부모이고, 그 갈등을 주도적으로 해결해야 하는 사람도 부모이다. 자녀로서 부모의 갈등을 나 몰라라 하라는 것이 아니라, '부모의 몫이 있다'는 것을 기억하되, 내가 도울 수 있는 것은 무엇이 있을지 부모에게 물어보며 상호작용하는 것이 가장 건강한 자녀의 반응일 것이다.

그런데 자녀가 부모에게 "혹시 제가 뭐 도울 수 있는 게 있나요?" 하고 물어봤을 때, 부모가 "네가 와서 해결 좀 해봐" "도대체 네 아빠가 내 얘기를 안 들으니까, 네가 얘기 좀 해봐"라고 할 수 있다. 도움을 요청하는 것이다. 거기에 그대로 반응할 필요는 없다. '엄마가(혹은 아빠가) 나에게 도움을 요청했으니 내가 자식 된 도리로 당연히 들어줘야지'가 아니고, '엄마에게(혹은 아빠에게) 그런 도움이 필요하구나'까지만 받아들인 후 나를 살펴야 한다. '내가 할 수 있는 일인가? 내가 이 일을 했을 때 어떤 부담이 있지? 내가 그 부탁을 수행하고 싶은가?' 등의 질문을 통해 내 상태를 체크하는 것이다. 그다음에 할 수 있겠으면 하고, 무리가 될 것 같으면 하지 않아도 괜찮다.

둘째, 지금 여기에서 상호작용하는 과정이 필요하다. 한번은 초등학교 5학년 학생을 만났는데 열 손가락에 손톱이 없었다. 왜 없느냐 물었더니 엄마 아빠가 싸울 때마다 물어뜯었다는 것이다. 그뿐 아니라 틱 증상까지 보였다. 불안을 제대로 처리하지 못한 것이다. 일종의 불안장애 증상이라 할 수 있다. 부모의 싸움은 자녀로서는 온 세상이 흔들리는 지진을 경험하는 것과 같다. 부모의 관계는 한 사람이 정서적으로 안정감을 누릴 수 있는 땅바닥과 같다. 그런데 그게 온통 흔들리니 얼마나 불안했겠는가. 그렇다고 부부가 싸우지 않고 살아가기란 참 힘들다. 그러면 어떻게 해야 할까. 혹시 싸우게 되더라도 아이들에게 "엄마 아빠가 싸우니 네가 많이 불안하니? 긴장되니?"라고 한마디만 해주면 도움이 된다. 그것만 할 수 있어도 자녀의 불안이 확 내려간다. 긴장될 때 그 긴장을 누군가 알아주는 것은 강력하게 심리적 안정감을 가져다 준다. 더불어서 "엄마 아빠가 싸우는 건 네 잘못 때문이 아니야"라고 자녀에게 말해 준다면 자녀는 더욱 안정감을 느낄 수 있다. 이처럼 지금 여기에서 일어나는 불안, 두려움, 공포 등을 알아주면 불필요한 융해가 덜 일어난다. 자녀가 자신의 고유한 개별성을 훼손하지 않아도 되는 결과가 된다.

성경적 마음 이해 ───── 편한 마음

어떤 부부는 소리 내면서 싸우지는 않는데 이상하게 아주 서늘하고 냉랭한 분위기를 유지한다. 이것 역시 정서적 긴장과 불안을 높인다. 이렇게 분위기가 정서적으로 연합되어서 내 안에 경험되는 것들이 있다.

내담자 중 40대 남성이 유난히 비 오는 날을 좋아했다. 비가 오면 마음이 평안해진다고 했다. 혹시 어린 시절 비 오는 날에 대해 떠오르는 것이 있느냐 물으니, 갑자기 눈물을 흘렸다. 반지하에 방 두 개 있는 집에서 살았는데, 방에서 자고 있으면 그의 부모가 그렇게 물건을 집어던지면서 싸웠다고 했다. 그릇이 깨지고 물건이 부서지는 소리가 그를 너무 고통스럽게 했다. 그런데 비가 오는 날엔 그 소리가 조금 묻혀서 잘 들리지 않았다. 반지하다 보니 창밖으로 빗물이 땅에 떨어지는 소리가 아주 크게 들렸는데, 빗소리가 커서 싸우는 소리를 좀 덜 들어도 되었다. 그는 그래서 비오는 날을 좋아했던 것 같다고 이야기했다. 부모의 다툼의 영향이 나이가 들어도 계속되는 것이다.

셋째, 정신화이다. 정신화란 상대방의 의도나 감정, 생각을 이해하는 능력을 말한다. 예를 들어 야근이 잦은 남편에게 아내가 "그렇게 늦게 다닐 거면 뭐 하러 나랑 결혼했어?"라고 말했다고 해보자. 남편으로서는 억울할 수 있다. 놀다가 늦은 것도 아니고, 회사 일이 늦어졌을 뿐이니 말이다. 그래서 "내가 뭐 늦게 다니고 싶어서 그래? 늦을 만하니까 늦은 거 아니야? 그리고 그게 결혼이랑 무슨 상관이야? 내가 야근이 잦은 걸 모르고 결혼한 것도 아니잖아?" 하고 응수했다. 맞는 말이다. 그런데 이 같은 남편의 반응은 아내의 말의 표면적인 의미를 가지고만 이야기한 것이다. 이럴 때 '저 사람이 왜 이런 얘기를 하는 걸까?'를 생각해 보는 것이 정신화이다. 아내가 "그렇게 늦게 다닐 거면 뭐 하러 나랑 결혼했어?"라고 할 때 이 말을 "당신이 옆에 없어서 내가 너무 외로웠어"로 이해해 보는 것이다. 이렇게 말하는 사람에게는 '사랑하는 사람이 내 곁에 있기 위해 노력해 주기를' 원하는 소망이 있다. 그런데 그 소망이 계속해서 좌절되기 때문에 결국 속상함을 표현한 것이다. 그럴 때 남편이 "내가 늦게 와서 당신이 많이 외로웠구나?"라고 말해 준다면 아내의 서운한 감정이 어느 정도 해소될 수 있다.

또 정신화는 '내 행동이나 말투가 상대방에게 어떻게 느껴지는가'를 생각해 보는 능력이기도 하다. 부부 상담을 받으러 와서 "선생님, 제가 이 사람한테 정말 수십 번 얘기했어요" 하는 사람이 많다. 그런데 상대 배우자는 "당신이 언제 그런 말을 했어?" 한다. 상대방이 내 말과 행동을 의도와 다르게 잘못 이해한 것이다. 따라서 내가 상대방에게 수십 번을 이야기한 것 같아도 상대의 행동에 변화가 없으면 다음 단계로 나가야 한다. 어떻게 말하면 이 사람이 내 요구를 이해하고 알아들을 수 있는지 생각해 보는 것이다. 이런 정신화 과정이 곧 신앙생활이 아닌가 생각한다. 인간은 관계적 책임을 가질 수밖에 없게끔 창조되었다고 이야기했다. 따라서 타인과 상호작용하면서 친밀해지는 것이 우리 삶에 굉장히 중요한 과제라 할 수 있다. 그러려면 먼저 '내 행동이나 말투가 타인에게 어떻게 느껴질까?', 또 '어떻게 느껴지게 하면 좋을까?' 등을 고민해 봐야 한다.

넷째, 나를 소외시키지 않기이다. 네 이웃을 네 자신과 같이 사랑하라는 말씀에는 우리 자신을 사랑하는 것이 얼마나 중요한지 내포되어 있다. 나를 사랑하지 않으면 이웃을 사랑할 수 없다고도 해석된다. 그렇다면 정서적으로 나를 사랑한다는 것은 구체적으로 어떻게 하면 되는 것일까. 물론 여러 포괄적인 의미를 내포하고 있겠지만, 그중에는 내 의도와 욕구, 소망, 감정을 이해하고, 이런 것들을 상대가 수용할 수 있는 방법으로 전달하기 위해 고민하는 것도 포함되어야 한다.

화가 나면 말을 하지 않는 아내가 있다. 남편과 싸우고 나서도 화가 풀리지 않으면 말을 잘 안 한다. 왜 그런 행동을 하는 걸까 생각해 보면 이면에는 '저 사람이 내가 얼마나 화가 났는지 좀 알아차려 주면 좋겠다'는 바람이 있다. 그런데 정작 남편은 아내가 말을 안 하면 '저 사람이 화가 났나?'라고 생각하기는커녕 도리어 외로워지고 소외감이 든다. 자기가 외로워지니 상대방이 얼마나 화가 났는지 인지를 못 하게 되는 것이다. 문제는 이런 상황에서 외로움을 느낀 한 쪽이 외롭고 싶지 않아 과잉행동을 할 수 있다. 대표적으로 불평불만을 표현하는 것인데, 집에 와서 "집 안 꼴이 이게 뭐야? 이건 왜 안 했어?" 하면서 말 없는 아내를 비난하는 말들을 하는 것이다. 만약 내 배우자나 가족이 저런 식으로 비난하면서 불평불만 한다면 기분이 어떻겠는가. 내 화를 좀 알아차려 주길 바랐는데 상대방이 도리어 저러고 나오면 더 화가 날 것이다. 이런 일들이 우리 집 안에서, 또 주변에서 계속해서 일어나곤 한다.

이럴 때 우리가 생각해야 할 것이 '과연 내가 이걸 원했는가'이다. 그리고 '내가 얼마나 화가 났는지 상대방이 수용할 수 있도록 어떻게 전달하면 좋을까'를 고민해 봐야 한다. 쉽지 않다. 굉장히 어려운 일이다. 사람을 관찰하고 또 기도하면서 지혜를 구해야 한다.

나를 나로부터 소외시킨다는 것은 무슨 말일까. 내 욕구, 내가 뭘 원하는지, 내 자율성과 주도성을 무시하고 포기하게 하는 것 아닐까. 내가 너무 피곤하고 쉼이 필요한 상태인데도 일중독처럼 어떤 일을 하려고 들 때, 이것이 나를 소외시키는 일일 것이다. 그러면 타인을 소외시키는 것은 무엇일까. 타인의 욕구와 바라는 것, 어떤 경계가 필요한지 등을 생각하지 않고 내 마음대로 하려는 것이다. 때로는 이웃 사랑이라는 명분으로 도움을 주는 것으로도 타인을 소외시킬 수 있다.

반대로 나를 소외시키며 타인을 돌보는 일들도 생긴다. 남이 나를 무시하는 것 같다고 느꼈지만 그걸 참고 나는 여전히 선한 사람, 따뜻한 사람의 태도를 지키는 것, 어찌 보면 정말 대단한 일이다. 내 의지를 끌어올려 지켜 낸 것이니 주변으로부터 굉장히 칭찬받을 만한 일이다. 그런데 그럴 때 "당연히 할 만한 일

성경적 마음 이해 ──── 편한 마음

을 한 거예요"라고 말한다면 어떨까. 그게 당연한 일이 맞는가. 이것은 어쩌면 내 수고를 내가 외면하는 결과일 수 있다. 차라리 "정말 힘들었어요. 그 사람이 너무 미웠지만 참아 냈어요"라고 말하는 것이 건강한 반응일 수 있다.

우리는 이럴 때 나를 소외시키지 않기 위해서 하나님과의 상호작용이 필요하다. '과연 하나님이 지금 나를 어떻게 보실까?'를 우리 삶으로 자꾸 갖고 들어와야 한다. 우리는 '내 잘못이야'가 익숙하다. 실수하면 '하나님이 나를 어떻게 보실까?' 생각하면서 반성하는 것은 잘한다. 그런데 내가 내 의지를 거슬러서 괜찮은 행동을 했다. 내가 무시당하였고 수치심을 느꼈는데도 그걸 외면하고 견디면서 이웃에게 따뜻하고 친절한 태도를 고수했다. 이런 태도가 익숙한 패턴으로 자리 잡은 사람들이 많다. 이때도 '하나님이 지금 나를 어떻게 보실까?'를 생각해 봐야 한다.

가끔 신앙생활을 우아하고 고상한 것으로 여기는 사람들이 있다. 그런데 신앙생활은 심리 정서적인 영역에서도 일어나야 한다. 나에게 익숙한 패턴을 깨고 새롭게 해보는 것이 신앙생활일 수 있다. 예를 들어 타인에게 무시당하고 소외당했을 때 소리 지르고 화를 내면서 관계를 파괴적으로 갖고 가는 양상이 나에게 익숙했다면, 신앙의 힘으로 이런 내 패턴을 거슬러 보는 것이다. 먼저 인사하고, 상대방이 무심하게 반응해도 나는 친절하게 반응하는 것이 신앙생활이 될 수 있다. 또 불안할 때 통제하려고만 들었던 패턴이라면 불안할지라도 기다리면서 인내하고 견디어 보는 게 신앙생활이 될 수 있다. 그리고 내 욕구를 무시하고 타인들에게만 초점이 맞추어져 살아온 사람들에게는 익숙한 패턴을 거슬러서 잠시 타인들보다는 나에게 초점을 맞추고 내 솔직한 욕구에 머물러 보고 때로 표현해 보는 용기가 신앙생활일 수 있다. 이런 방식으로 다가가 본다면 동일한 행동도 각자에게 다르게 해석될 수 있을 것이다.

지금까지 성경에서 말씀하는 마음의 원리들을 하나씩 짚어 보며 우리 마음을 이해해 봤다. 성경은 "모든 지킬 만한 것 중에 더욱 네 마음을 지키라 생명의 근원이 이에서 남이니라"(잠 4:23)라고 말씀한다. 마음과 생각을 지키는 것이 성을 지키는 것보다 어렵다고 말한다. 그만큼 우리의 마음과 생각을 지키는 것이 참 의미 있고 가치 있는 일이라는 생각이 든다. 이런 배움과 이해들을 통해서, 또 적용시켜 가는 과정을 통해서 마음과 생각을 하나님 앞에서 잘 지켜 나가기를 바란다. 그래서 지금보다 훨씬 더 평안한 삶을 편한 마음으로 살아가기를 간절히 바란다.